"十三五"职业教育国家规划教材

桥涵施工技术

主　编　孙媛媛

副主编　周　密　晏晟堃　廖玮琪

WUHAN UNIVERSITY PRESS

武汉大学出版社

图书在版编目(CIP)数据

桥涵施工技术/孙媛媛主编.—武汉:武汉大学出版社,2019.2(2022.1重印)
"十三五"职业教育国家规划教材
ISBN 978-7-307-20695-3

Ⅰ.桥… Ⅱ.孙… Ⅲ.桥涵工程—工程施工—高等职业教育—教材
Ⅳ.U445

中国版本图书馆 CIP 数据核字(2019)第 022286 号

责任编辑:邹 莹　　责任校对:杨赛君　　　装帧设计:吴 极

出版发行:**武汉大学出版社** （430072 武昌 珞珈山）
　　　　(电子邮件:whu_publish@163.com 网址:www.stmpress.cn)
印刷:武汉图物印刷有限公司
开本:787×1092 1/16 印张:14.75 字数:378 千字
版次:2019 年 2 月第 1 版 2022 年 1 月第 2 次印刷
ISBN 978-7-307-20695-3 定价:48.00 元

特别提示

　　教学实践表明,有效地利用数字化教学资源,对于学生学习能力以及问题意识的培养乃至怀疑精神的塑造具有重要意义。

　　通过对数字化教学资源的选取与利用,学生的学习从以教师主讲的单向指导模式转变为建设性、发现性的学习,从被动学习转变为主动学习,由教师传播知识到学生自己重新创造知识。这无疑是锻炼和提高学生的信息素养的大好机会,也是检验其学习能力、学习收获的最佳方式和途径之一。

　　本系列教材在相关编写人员的配合下,逐步配备基本数字教学资源,主要内容包括:

文本:课程重难点、思考题与习题参考答案、知识拓展等。

图片:课程教学外观图、原理图、设计图等。

视频:课程讲述对象展示视频、模拟动画,课程实验视频,工程实例视频等。

音频:课程讲述对象解说音频、录音材料等。

数字资源获取方法:

① 打开微信,点击"扫一扫"。

② 将扫描框对准书中所附的二维码。

③ 扫描完毕,即可查看文件。

更多数字教学资源共享、图书购买及读者互动敬请关注"开动传媒"微信公众号!

前　言

　　桥涵施工技术是高职院校道路桥梁工程技术专业的一门专业核心课。通过本课程学习，学生需熟悉各种桥梁的结构形式，掌握各种桥型的施工方法，为毕业设计和顶岗实习等进阶类课程奠定良好的基础，并为考职业技能证书做好相应的准备。

　　本书结合专业特点、行业要求，以及培养新时代"大国工匠"所需的职业素养要求，采用基于真实工作案例的"任务驱动法"，将课程内容整合成4个完整的桥梁施工案例，每个案例下都有知识讲解和任务点，把教室变成施工现场，学生变为施工员，并融合了大量信息化手段，提高学生学习兴趣，最后通过任务实施对课程内容进行考核，将理论知识、实践技能和实际应用紧密结合，保证学习内容的连贯性。同时注重学生的职业素养培养，在教学目标部分增设"德育素质目标"，课程内容中加入"补充阅读"，系统地组织开发课程中的思政资源。在具体任务的实施过程中，学生不仅可以学到知识和提升能力，还可以促进其职业素养的熏陶与内化，使路桥专业课与思想政治理论课同向同行，形成协同效应，真正做到"课程思政"全覆盖。

　　本书由湖南城建职业技术学院孙媛媛任主编，湖南城建职业技术学院周密、晏晟塈、廖玮琪担任副主编。具体编写分工如下：第1章、第2章由孙媛媛编写，第3章由晏晟塈编写，第4章由廖玮琪编写，第5章由周密编写。全书由孙媛媛统稿。

　　本书在编写过程中参考和引用了大量有关文献资料，在此对相关作者深表谢意。

　　由于编者水平有限，书中难免存在不足之处，敬请读者批评、指正。

编　者

2018 年 10 月

目　　录

数字资源目录

1

认 知 桥 梁

【学习目标】

　　明白什么是桥。

【技能目标】

　　了解桥梁的概念和中国桥梁的发展;掌握桥梁施工员岗位职责。

【德育素养目标】

　　介绍中国桥梁的发展,培养学生爱岗敬业的职业观念和以后身为桥梁施工员的职业自豪感;培养学生的团结协作能力和自我学习能力。

【任务引入】

　　小李是2018年应届毕业生,来到鱼亮子小桥项目部报到。项目经理指派一位师傅孙工带着小李从看施工图开始,跟着施工进度一步一步学习。在进行培训的时候,小李和师傅一起观看了纪录片《厉害了,我的国》,身为一名路桥人,他深深地为中国桥梁的发展感到自豪,但是当师傅问他是否知道为什么要修桥,桥的作用是什么的时候,小李有些懵懂,也不太说得出来什么。而身为一个刚刚上岗的桥梁施工员,他很想做到纪录片中的样子,那么他应该做些什么,要注意些什么呢?

知识储备

1.认知桥

　　截至2018年,我国公路桥梁总数量和总长度均居世界第一。全球超过一半的大跨度桥梁都出现在中国,"最长、最高"这样的纪录不断被写进世界桥梁史。它们不仅让"天堑变成通途",更让"中国桥"成为展示中国形象的新品牌,中国桥梁建设进入了新时代。从半个多世纪前举全国之力修建一座武汉长江大桥,到现在一年建成数千座特大桥,我国桥梁总数已经超过100万座。"纵观世界桥梁建设史,上世纪70年代以前要看欧美,90年代看日本,而到了21世纪,则要看中国。"(出自《厉害了,我的国》)这已是世界桥梁建筑领域公认的观点,也对新时代的桥梁建设提出了新的要求。那什么是桥呢?

　　道路路线遇到江河湖泊、山谷深沟及其他线路(铁路或公路)等障碍时,为了保证道路的连续性,充分发挥其正常的运输能力,就需要建造专门的人工构造物——桥梁来跨越障碍。桥梁既要保证桥面的正常通行,也要保证桥下水流的宣泄、船只的通航或车辆的通行。换句话来说,桥梁就是道路的延伸,桥是架起的路。

2.中国桥梁

(1)中国桥梁的发展。

著名桥梁专家茅以升说过,从一座桥的修建上,就可以看出当地工商业的发展状况和工艺水平。中国桥梁连接着历史和现实的非凡跨越。几千年文明进程留下了大量堪称经典的桥梁艺术品,如赵州桥、卢沟桥等。

赵州桥又称为安济桥,如图 1-0-1 所示,坐落在河北省赵县的洨河上,横跨在 37 m 多宽的河面上,因桥体全部用石料建成,当地称作"大石桥"。其建于隋朝年间(591—599 年),由著名匠师李春设计建造,距今已有 1400 多年的历史,是当今世界上现存第二早(还有一座小商桥)、保存最完整的古代单孔敞肩石拱桥。

图 1-0-1 赵州桥

卢沟桥在北京市西南约 15 km 处丰台区永定河上,是北京市现存最古老的石造联拱桥。如图 1-0-2 所示,卢沟桥为十一孔联拱桥,拱洞由两岸向桥中心逐渐增大,拱圈跨径从 12.35~13.42 m 不等,桥长 213.15 m,加上两端的引桥,总长 266.5 m。在《马可·波罗游记》中它被形容为一座华丽的石桥,后来外国人都称它为"马可波罗桥"。

图 1-0-2 卢沟桥

到近代,由于国力衰弱,桥梁建设逐渐落后。中华人民共和国成立后,中国桥梁重新焕发生机,武汉长江大桥、南京长江大桥、九江长江大桥等一座座大桥飞架南北。

武汉长江大桥(图1-0-3)是中华人民共和国成立后在长江上修建的第一座公铁两用桥,被称为"万里长江第一桥"。武汉长江大桥是苏联援华156项工程之一,于1955年9月动工,1957年10月15日正式通车。全桥长约1670 m,上层为公路桥(107国道),下层为双线铁路桥(京广铁路),1956年6月毛泽东在《水调歌头·游泳》中题写的"一桥飞架南北,天堑变通途",正是对武汉长江大桥沟通中国南北交通这一重要作用的真实写照。作为中国第一个五年计划主要成就,武汉长江大桥图案入选1962年4月发行的第三套人民币,成为中华人民共和国国家建设的重要标志。

图 1-0-3　武汉长江大桥

(2)中国桥梁之最。

①世界最长跨海大桥——港珠澳大桥。

港珠澳大桥(图1-0-4)是中国境内一座连接香港、珠海和澳门的桥隧工程,位于中国广东省伶仃洋区域内,为珠江三角洲地区环线高速公路南环段。港珠澳大桥东起香港国际机场附近的香港口岸人工岛,向西横跨伶仃洋海域后连接珠海和澳门人工岛,止于珠海洪湾;桥隧全长55 km,其中主桥29.6 km,香港口岸至珠澳口岸41.6 km;桥面为双向六车道高速公路,设计速度100 km/h;工程项目总投资额1269亿元。

图 1-0-4　港珠澳大桥

港珠澳大桥于 2009 年 12 月 15 日动工建设;2017 年 7 月 7 日,港珠澳大桥主体工程全线贯通;2018 年 2 月 6 日,港珠澳大桥主体完成验收,于同年 9 月 28 日起进行粤港澳三地联合试运。

2018 年 10 月 23 日,港珠澳大桥开通仪式在广东珠海举行;大桥于同年 10 月 24 日上午 9时正式通车,驾车从香港到珠海、澳门仅需 45 分钟。

②世界跨度最大公铁两用大桥——沪通长江大桥。

正在建设中的沪通长江大桥,主跨 1092 m,建成后将是世界上首座跨度超千米的公铁两用斜拉桥。大桥主塔高 325 m,相当于 100 层楼高,为世界最高公铁两用斜拉桥主塔。2014 年3 月大桥开工建设,28 号主塔墩承台混凝土浇筑于 2017 年 11 月完美收官,进入新的建设阶段,预计 2019 年建成通车。

③世界最长高铁桥——丹昆特大桥。

丹昆特大桥为京沪高速铁路丹阳至昆山段特大铁路桥,全长 164.85 km,是世界第一长桥。大桥纵贯苏南平原河网化地貌,跨公路、铁路、水路,以现代化高铁桥梁的傲然姿态跨越苏南大地,已于 2011 年 6 月正式通车。

④世界跨径最大钢拱桥——朝天门长江大桥。

重庆朝天门长江大桥主跨长 552 m,超过 1996 年建成的跨径 550 m 的黄埔大桥,成为世界跨径最大的钢拱桥。其于 2006 年 3 月动工,2009 年 4 月通车。

⑤世界首座真正意义上的公铁两用跨海大桥——平潭海峡公铁两用桥。

长达 16 km 的平潭海峡公铁两用大桥,是新建福州至平潭铁路、长乐至平潭高速公路的关键性控制工程,是世界上第一座真正意义上的公铁两用跨海大桥。目前,大桥正在紧张施工中,预计 2019 年建成通车。

⑥世界第一高桥——杭瑞高速公路北盘江大桥。

杭瑞高速公路北盘江大桥(图 1-0-5)跨越贵州省六盘水市水城县都格镇和云南宣威市普立乡,是杭瑞高速公路贵州省毕节至都格镇(黔滇界)公路的三座大桥之一。大桥跨越云贵两省交界的北盘江大峡谷,与云南省在建的杭瑞高速公路普立乡至宣威段相接。

大桥由云贵两省合作共建,总投资 10.28 亿元。大桥全长 1341.4 m,桥面到谷底垂直高度 565 m,相当于 200 层楼高。这也是世界最高的跨江大桥,比国外最高桥梁巴布亚新几内亚海吉焦峡谷大桥(管道桥)高出近 100 m。同时,大桥东、西两岸的主桥墩高度分别为 269 m 和247 m,720 m 的主跨在同类型桥梁主跨的跨径中排名世界第二。

图 1-0-5　杭瑞高速公路北盘江大桥

(3)"走出去"的中国桥梁。

中国桥梁正在成为中国与世界的纽带。越来越多"走出去"的中国桥梁,成为海外的"中国地标",为"中国制造"和"中国装备"走出去提供了有效载体。美国旧金山新海湾大桥、马来西亚槟城二桥、孟加拉帕德玛大桥等,这些已经建成或在建的桥梁,连接中国与世界的纽带,成为"中国制造"矗立在海外的"名片"。

中国桥梁,其意义早已不限于自身,更是发展之桥、友谊之桥、合作之桥和通向未来之桥。

3.桥梁的分类

(1)按基本体系进行分类。

桥梁类型多种多样,分类方式也有多种。按照桥梁的基本受力方式,桥梁划分为梁式桥、拱式桥、悬索桥三种基本体系,以及它们之间的各种组合。

①梁式桥(图1-0-6)。

梁式桥是指用梁或桁架梁作主要承重结构的桥梁,在竖向荷载下无水平反力,如图1-0-7所示。由于外力的作用方向与承重结构的轴线接近垂直,故与同样跨径的其他结构体系相比,梁内产生的弯矩最大,通常要用抗弯能力强的材料来建造。梁式桥为桥梁的基本体系之一,施工简单,使用广泛,在中小型桥梁建设中占有很大比例。按照主梁的静力体系,梁式桥又分为简支梁桥、连续梁桥和悬臂梁桥。

图 1-0-6 梁式桥

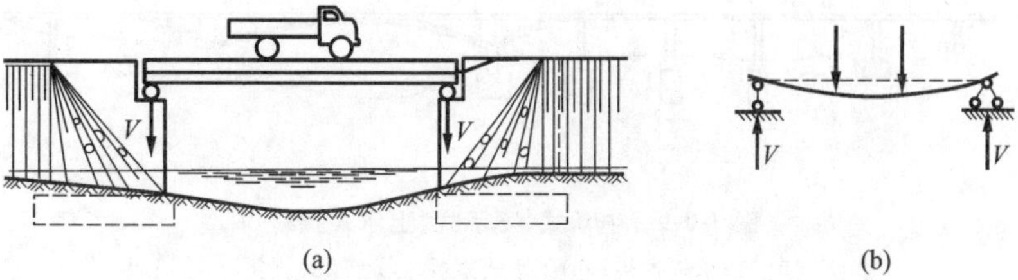

(a)   (b)

图 1-0-7 梁式桥受力示意图

(a)桥跨给两侧桥台的竖向作用力;(b)移动荷载作用下的计算简图

②拱式桥。

拱式桥是用拱作为桥身主要承重结构的桥,拱桥主要承受轴向压力,可用砖、石、混凝土等抗压性能良好的材料建造。这种结构在竖向荷载作用下,桥墩或桥台将承受水平推力,如图 1-0-8 所示,这种水平推力将显著抵消荷载所引起的在拱圈内的弯矩作用,因此与同跨径的梁相比,拱的弯矩和变形要小得多。与梁桥相比,拱桥跨越能力较大;与钢桥及钢筋梁桥相比,可以节省大量钢材和水泥;同时,拱桥还具有养护、维修费用少,外形美观,构造较简单,有利于广泛采用等特点。

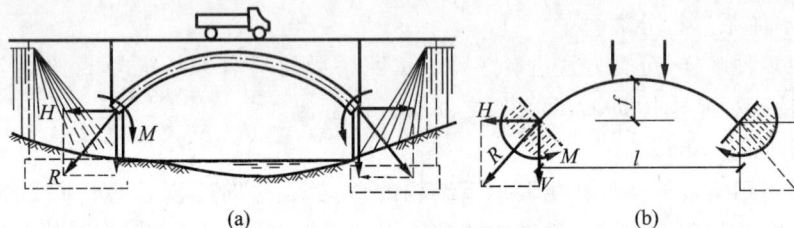

图 1-0-8 拱式桥受力示意图
(a)拱式桥受力图示;(b)移动荷载作用下的计算简图

按照上部结构和行车道的位置进行划分,拱桥可以分为上承式拱桥、中承式拱桥和下承式拱桥,如图 1-0-9 所示。桥面布置在主要承重构件之上的为上承式拱桥,桥面在桥跨结构的高度中间的为中承式拱桥,桥面布置在承重结构之下的为下承式拱桥。

图 1-0-9 中承式、下承式、上承式拱桥
(a)中承式拱桥;(b)下承式拱桥;(c)上承式拱桥

③悬索桥。

悬索桥(图 1-0-10),又名吊桥,是以承受拉力的缆索或链索作为主要承重构件的桥梁,由悬索、索塔、锚碇、吊杆、桥面系等部分组成。悬索桥的主要承重构件是悬索，它主要承受拉力，一般用抗拉强度高的钢材(钢丝、钢缆等)制作。由于悬索桥可以充分利用材料的强度，并具有用料省、自重轻的特点，因此悬索桥在各种体系桥梁中的跨越能力最大，跨径可以达到1000 m以上。1998年建成的日本明石海峡桥的跨径为1991 m，是目前世界上跨径最大的悬索桥。悬索桥的主要缺点是刚度小，在荷载作用下容易产生较大的挠度和振动，需采取相应的措施。

图 1-0-10　悬索桥

④刚架桥。

刚架桥的外形与梁式桥相似，但是上部结构与下部支脚部分是完全刚结在一起的，它的主要承重结构为刚架。它的受力状态介于梁桥和拱桥之间，在竖向荷载作用下，梁部主要受弯，柱脚处有水平推力，如图1-0-11所示。

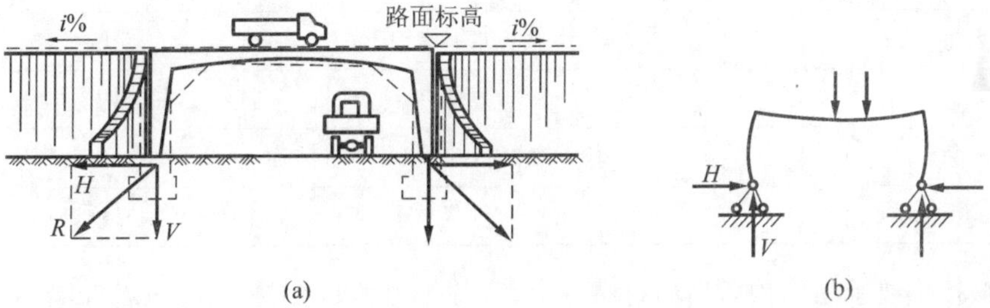

图 1-0-11　刚架桥受力示意图
(a)刚架桥受力图示；(b)移动荷载作用下的计算简图

⑤组合体系桥梁。

组合体系桥梁是指主要承重构件采用两种独立结构体系组合而成的桥梁，如拱和梁的组合、梁和桁架的组合、悬索和梁的组合等。组合体系可以是静定结构，也可以是超静定结构；可以是无推力结构，也可以是有推力结构。结构构件可以用同一种材料，也可以用不同的材料制成。

斜拉桥是组合体系桥梁的一种表现形式，是将主梁用许多拉索直接拉在桥塔上的一种桥梁，是由承压的塔、受拉的索和承弯的梁体组合起来的一种结构体系。其可看作是拉索代替支墩的多跨弹性支承连续梁。其可使梁体内弯矩减小,降低建筑高度,减轻结构重量,节省材料。斜拉桥主要由索塔、主梁、斜拉索组成,如图 1-0-12 所示。斜拉桥是一种比较年轻的桥型,第一座现代斜拉桥是 1955 年德国 DEMAG 公司在瑞典修建的主跨为 182.6 m 的斯特伦松德 (Stromsund)桥。

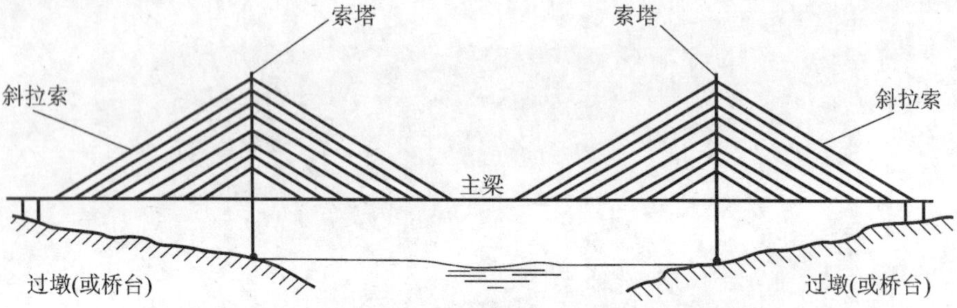

图 1-0-12　斜拉桥的主要组成部分

(2)桥梁的其他分类方式。

除了按照受力特点分成不同的结构体系外,人们还习惯按照桥梁的用途、大小、规模和建桥材料等进行分类。

①桥梁按用途进行划分,可分为公路桥、铁路桥、公路铁路两用桥、农用桥、人行桥、水运桥和管线桥等。

②桥梁按其全长和跨径大小进行划分,可分为特大桥、大桥、中桥、小桥和涵洞。《公路工程技术标准》(JTG B01—2014)关于桥梁分类的规定见表 1-0-1。

表 1-0-1　　　　　　　　　　　　　　　桥梁的分类

桥梁类型	多孔跨径总长 L/m	单孔跨径 L_k/m
特大桥	$L>1000$	$L_k>150$
大桥	$100 \leqslant L \leqslant 1000$	$40 \leqslant L_k \leqslant 150$
中桥	$30<L<100$	$20 \leqslant L_k<40$
小桥	$8 \leqslant L \leqslant 30$	$5 \leqslant L_k<20$
涵洞	—	$L_k<5$

③桥梁按主要承重结构所用的材料划分,可分为木桥、圬工桥(含砖、石和混凝土砌块桥)、钢筋混凝土桥、预应力钢筋混凝土桥和钢桥等。

④桥梁按跨越障碍的性质划分,可分为跨河桥、跨谷桥、跨线桥(又称立交桥)、高架桥、栈桥等。

4.桥梁所受的作用

桥梁在自然界中并不是孤立存在的,它始终受着各种荷载的作用。《公路桥涵设计通用规范》(JGJ D60—2015)将公路桥涵设计采用的作用分为永久作用、可变作用、偶然作用和地震作用四大类,见表 1-0-2。

表 1-0-2　　　　　　　　　　桥梁所受的作用

序号	分类	名称
1	永久作用	结构重力(包括结构附加重力)
2		预加力
3		土的重力
4		土侧压力
5		混凝土收缩、徐变作用
6		水浮力
7		基础变位作用
8	可变作用	汽车荷载
9		汽车冲击力
10		汽车离心力
11		汽车引起的土侧压力
12		汽车制动力
13		人群荷载
14		疲劳荷载
15		风荷载
16		流水压力
17		冰压力
18		波浪力
19		温度(均匀温度和梯度温度)作用
20		支座摩阻力
21	偶然作用	船舶的撞击作用
22		漂流物的撞击作用
23		汽车撞击作用
24	地震作用	地震作用

①永久作用(图 1-0-13)。在结构使用期间,其量值不随时间而变化,或其变化值与平均值比较可忽略不计的作用。公路桥梁的结构自重往往占全部设计荷载的大部分,跨径越大,所占的比例就越高。

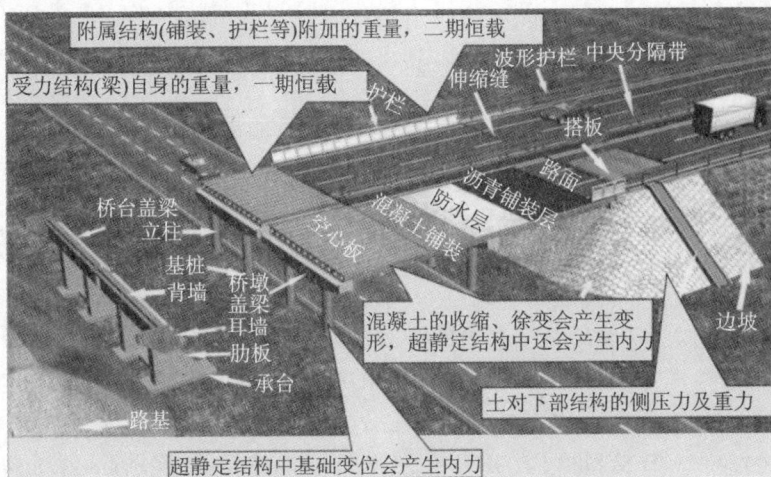

图 1-0-13　桥梁上受到的永久作用

②可变作用。在结构使用期间,其量值随时间变化,且其变化值与平均值比较不可忽略的作用。

公路桥梁的汽车荷载分为公路-Ⅰ级和公路-Ⅱ级。应根据道路的功能、等级和发展要求等具体情况选用设计汽车荷载,见表1-0-3。

表1-0-3　　　　　　　　各级公路桥涵的汽车荷载等级

公路等级	高速公路	一级公路	二级公路	三级公路	四级公路
汽车荷载等级	公路-Ⅰ级	公路-Ⅰ级	公路-Ⅰ级	公路-Ⅱ级	公路-Ⅱ级

汽车荷载由车道荷载和车辆荷载组成。车道荷载应由均布荷载和集中荷载组成。车道荷载用于桥梁结构的整体计算(如主梁、主拱和主桁架等的计算);车辆荷载用于局部加载、涵洞、桥台和挡土墙压力等的计算。

③偶然作用。在结构使用期间出现的概率很小,一旦出现,其值很大且持续时间很短的作用,如地震对桥梁的作用,如图1-0-14所示。

图1-0-14　地震对桥梁的危害

桥梁上的作用不是孤立存在的,我们应根据各种作用的不同重要性和同时作用的可能性,将作用进行组合。

任务实施

任务1:了解桥梁的发展和施工员的岗位职责。

任务目标:能够描述出身边的桥并对其进行简单分析,明白桥梁施工员的岗位职责和工作目标。

任务内容:请学生回答如下问题。

(1)为什么要修桥?

(2)介绍一下身边的桥。

(3)桥梁施工员是干什么的呢?

任务2:掌握桥梁的常见分类及相应特点。

任务目标:能够将桥梁按照结构体系进行分类,并准确描述其相应特点。

任务提示

任务内容:桥梁分类方式多种多样,其中最常用的为按照结构体系进行分类,这种分类方式也最难以理解。根据班级学生人数将全班学生分为6组,小组抽签,共分为6种桥型,分别为梁桥、拱桥、斜拉桥、悬索桥、刚构桥、异形桥。有的班人数比较多,可以分为8组,桥型分类为梁桥、拱桥、斜拉桥、悬索桥、刚构桥、异形桥、铁路桥、组合体系桥。每组根据自己抽到的桥型制作一个PPT,上台汇报。

注意事项:按照教师对PPT的内容和形式(尤其是字体字号)的规定制作PPT,PPT应以图片为主,PPT讲授的内容是该种桥型的特点(优缺点都要包括)及桥型举例。异形桥由于比较难,网上不好找资料,可只举一个例子,其他桥型案例要求至少两个。

任务评价:完成以上任务后,教师和学生可按照自评、互评、师评表(表1-0-4)对每组同学进行评价。

表1-0-4　　　　　　　　　　**自评、互评、师评表**

专业:　　　　　　　班级:　　　　　　　时间:

授课教师		科目	桥涵施工技术	组别								
授课任务				节次			第　　小节					
项目		任务要点		评分标准	1	2	3	4	5	6	7	8
评价体系	严谨认真(30分)	编制的PPT内容完整、翔实,且符合国家标准、行业规范		30								
		编制的PPT内容完整,基本符合国家标准、行业规范		25								
		编制的PPT内容较完整,基本符合国家标准、行业规范		20								
		编制的PPT内容不完整,不符合国家标准、行业规范		10								
	成果质量(10分)	PPT版面制作精美、图文并茂,动画效果流畅,有创新		10								
		PPT版面精美、图文并茂,有动画效果		8								
		PPT版面精美,图文并茂		5								
		PPT版面不精美,没有图片		0								
	协作团结(20分)	分组合理,组员之间融洽,相互之间商量有度,共同完成任务		20								
		分组合理,组员之间交流较少,完成任务		15								
		分组较合理,组员之间无交流,完成任务		10								
		分组不合理,组员无交流,没有完成任务		0								
	表达自信(10分)	大方得体,观点阐述清楚,逻辑性强		10								
		大方得体,观点阐述较清楚,逻辑性较强		8								
		汇报不连贯,观点基本清楚		5								
		汇报慌乱,词不达意,观点阐述不清		0								
	诚信务实(30分)	成果唯一性,无抄袭现象		30								
		成果存在抄袭现象		0								
总分				100								

任务 3：编写鱼亮子小桥施工方案中的施工概述部分。

任务目标：能够看懂桥梁施工图中的设计说明，并根据设计说明编写桥梁施工方案中的施工概述部分。

任务内容：请各位同学根据鱼亮子小桥的设计说明，按照以下格式编写桥梁施工方案中的第一章工程概述部分。

第一章　工程概述

一、工程说明

二、主要工程数量

三、主要技术指标

四、地质、水文情况

  1.地形、地貌

  2.水文地质

  3.气候情况

任务提示

五、施工条件

  1.交通运输条件

  2.施工用水条件

  3.施工用电条件

  4.对外通信条件

  5.动力条件

  6.材料供应条件

  7.其他

任务评价：学生将工程概述部分的电子文档上传到网络课程平台，其他学生为其点赞，评比出"点赞王"并将其作业作为样板在课堂上进行讲评。

2

梁式桥的构造与施工

梁式桥由于具有结构简单、施工方便、造价低等特点,在我国得到了广泛的应用,大部分中小型桥梁都属于梁式桥。

2.1 认知梁式桥

【知识目标】
掌握梁式桥的组成和基本术语。

【技能目标】
能够识读梁式桥设计说明和总体布置图。

【德育素养目标】
培养学生的独立思考能力和学习能力;培养学生的职业素养。

【任务引入】
鱼亮子小桥马上就开工了,现在是施工准备阶段。孙工安排小李先看图纸,小李上学的时候学过看图纸,他知道要先看设计说明部分和总体布置图来掌握这座桥的整体情况。小李打开图纸的设计说明部分,发现里面"新建桥梁主要技术指标"看不太懂,他又看了看总体布置图,发现里面的一些数字和标注自己也不太记得了,这可怎么办呢?

知识储备

2.1.1 梁式桥的组成

梁式桥由上部结构、下部结构、支座和附属设施等基本部分组成。对于梁式桥来说,上部结构和下部结构的分界线为支座。

上部结构是桥跨结构,是路线遇到障碍而中断时跨越障碍的主要承重结构。其作用为承受车辆荷载,并通过支座传递给墩台。

支座是上部结构与桥墩或桥台直接接触处所设置的传力装置,不仅要传递很大的荷载,还要保证上部结构能产生一定的变形。

13

下部结构是桥墩、桥台和基础的总称，是支承桥跨结构并将荷载传至地基的建筑物。桥台设置在桥梁两端，桥墩则在两桥台之间。桥墩用以支承相邻两跨上部结构，为了防止撞击事故，很多航道桥的桥墩还增设了防撞设施(图 2-1-1)。桥台(图 2-1-2)常设置在全桥两端，除了支承边跨上部结构之外，还与路堤相衔接，以抵御路堤土压力，防止填土滑坡和坍落。桥墩和桥台底部埋入土层中，并使全部荷载传至地基的部分，称为基础。基础由于往往深埋于土层之中，有时还需水下施工，因此成为整个桥梁施工中比较困难的部分。

附属设施由桥面系、桥头锥坡、护坡等组成。桥面系通常包括桥面铺装层、伸缩缝装置、栏杆或护栏、人行道、灯柱、排水设施等。

图 2-1-1　航道桥的桥墩增设了防撞设施

图 2-1-2　单跨简支梁(只有桥台,没有桥墩)

2.1.2　桥梁的常用术语

桥梁的基本尺寸术语如图 2-1-3 所示。

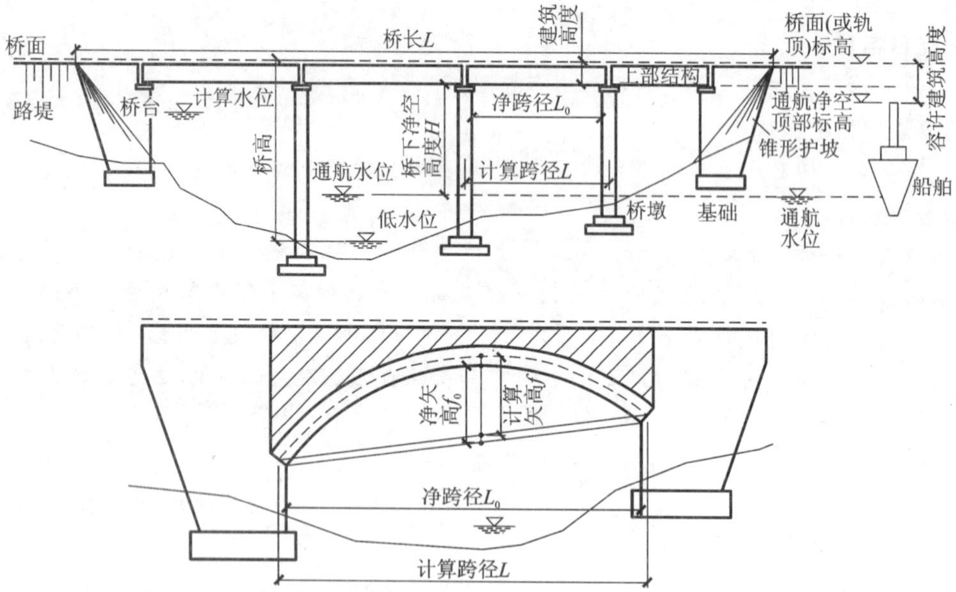

图 2-1-3　桥梁基本尺寸术语示意图

(1)净跨径:用 L_0 表示,对于梁式桥,指设计洪水位线上相邻两桥墩(或桥台)的水平净距离;对于拱桥,指两起拱线间的水平距离。

(2)计算跨径:用 L 表示,对于有支座的桥梁,指桥跨结构相邻两个支座中心间的水平距离;对于拱式桥,指相邻拱脚截面形心之间的水平距离。桥梁结构的力学计算是以 L 为准的。

(3)标准跨径:用 L_b 表示,对于梁桥,是指两相邻桥墩中线之间的距离,或墩中线至桥台台背前缘之间的距离;对于拱桥,则指净跨径。

(4)总跨径:各孔净跨径之和。

(5)拱轴线:拱圈各横向截面(或换算截面)的形心连线为拱轴线。拱桥常用的拱轴线型有抛物线、悬链线、圆弧线。

(6)桥梁全长:有桥台的桥梁为两岸桥台翼墙(侧翼或八字墙)尾端间的距离;无桥台的桥梁为桥面系行车道长度。

(7)桥梁高度:简称桥高,指桥面与低水位之间的高差,或为桥面与桥下线路路面之间的距离。桥高在某种程度上反映了桥梁施工的难易性。

(8)桥下净空高度:设计洪水位或计算通航水位至桥跨结构最下缘之间的距离,以 H 表示,它应保证安全排洪,并不得小于对该河流通航所规定的净空高度。

(9)建筑高度:桥上行车路面(或轨顶)标高至桥跨结构最下缘之间的距离,它不仅与桥梁结构的体系和跨径的大小有关,还随行车部分在桥上布置的高度位置而异。公路(或铁路)定线中所确定的桥面(或轨顶)标高与通航净空顶部标高之差,称为容许建筑高度。桥梁的建筑高度不得大于其容许建筑高度,否则就不能保证桥下的通航要求。

(10)设计洪水位:是根据设计桥梁所在地的水文资料,以百年或是 50 年一遇的频率计算出来的洪水水位。

(11)计算矢高:拱轴线上拱顶与拱脚(起拱线)间高差,用 f 表示。

(12)矢跨比:拱桥中拱圈(或肋拱)的计算矢高 f 与计算跨径 L 之比(f/L)或净矢高与净跨径之比,又称为矢度,用于表征拱的坦陡程度。它不但影响主拱圈内力的大小,还影响拱桥的构造形式和施工方法的选择,同时影响拱桥与周围景观的协调。一般矢跨比小于 1/5 的拱桥称为坦拱,大于或等于 1/5 的称为陡拱。

任务实施

任务 1:阅读小桥总体布置图。

任务目标:能够读懂总体布置图上桥梁的组成和基本参数。

任务内容:图 2-1-4 为鱼亮子小桥的总体布置图,请在图纸上标出该桥的上部结构、下部结构、支座和附属结构的位置,并标出该桥的计算跨径、标准跨径、净跨径、桥梁全长、桥高、桥下净空高度和桥梁建筑高度。

任务评价:完成任务后,请回答以下问题进行自测。

(1)立面图中 K1+019 是什么意思?

(2)鱼亮子小桥上部结构和下部结构分别是什么类型?支座呢?

(3)横坡和纵坡分别代表什么方向?有什么作用?

(4)鱼亮子小桥桥长多少?伸缩缝宽度多少?

(5)立面图中地面线以下的虚线是什么?有什么作用?

(6)鱼亮子小桥的桥下净空高度是多少?

(7)梁式桥上部结构和下部结构的分界线是什么?

(8)桥墩和桥台有什么区别?

(9)桥梁附属构造物包括哪些部分?

(10)梁式桥的净跨径、计算跨径、标准跨径三者中,哪个最大,哪个最小?

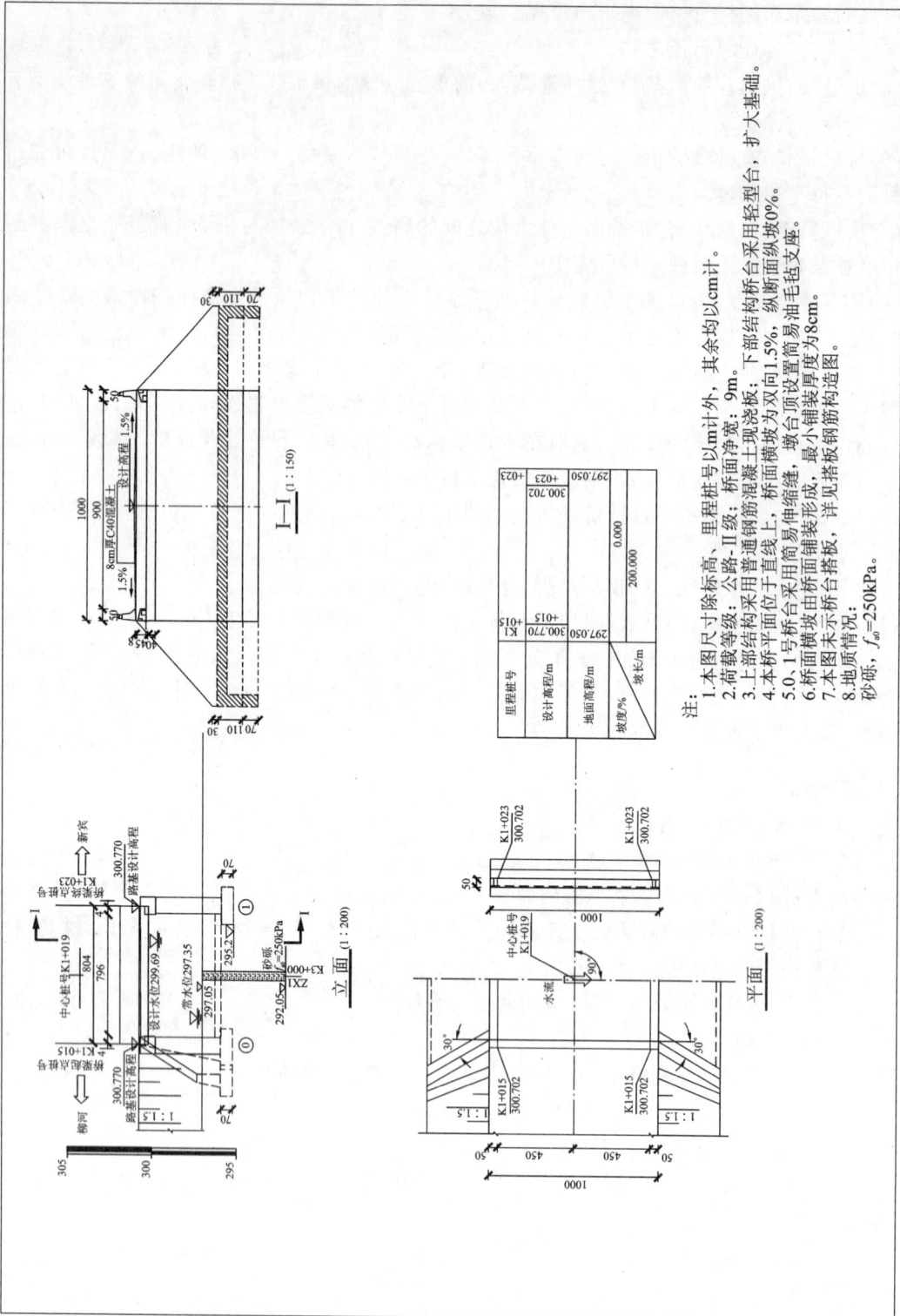

图 2-1-4　鱼亮子小桥总体布置图

任务延伸:识读小桥桥型布置图(图 2-1-5)。

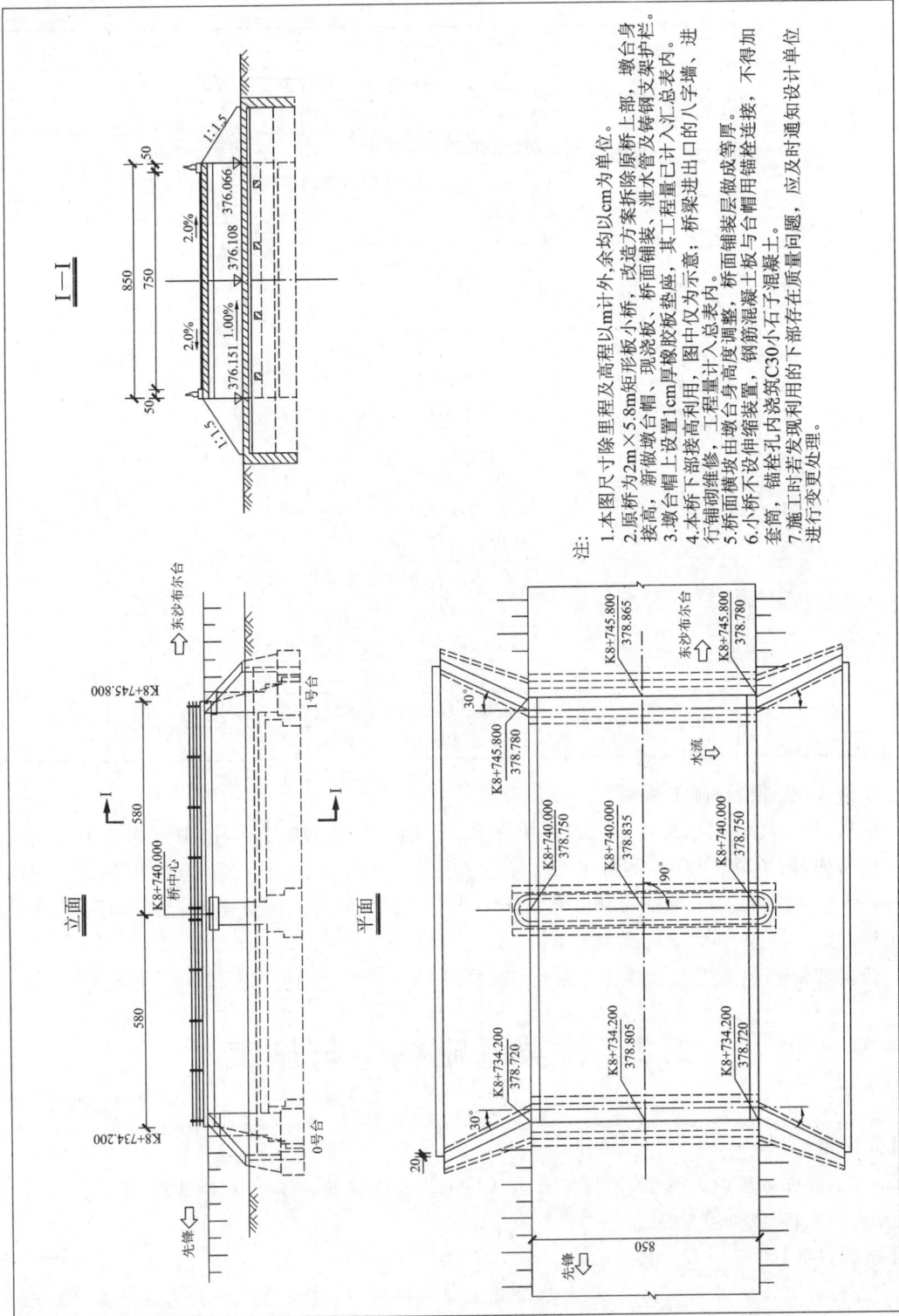

注:
1. 本图尺寸除里程及高程以m计外,余均以cm为单位。
2. 原桥为2m×5.8m短形板小桥,改造方案拆除原桥上部、墩台身接高,新做墩台帽、现浇板、桥面铺装、泄水管及架钢支架护栏,进上工程量已计入总表内。
3. 墩台帽上设置1cm厚橡胶板垫座,其工程量已计入总表内。
4. 本桥下部接高利用,图中仅为示意;桥梁进出口的八字墙,进行铺砌维修,工程量计入总表内。
5. 桥面横坡由墩台身高度调整,桥面铺装层做成等厚。
6. 小桥不设伸缩装置,钢筋混凝土板与台帽用锚栓连接,不得加套筒,锚栓孔内浇筑C30小石子混凝土。
7. 施工时若发现利用的下部存在质量问题,应及时通知设计单位进行变更处理。

图 2-1-5　小桥桥型布置图

任务评价:识读图 2-1-5,按照表 2-1-1 的评分标准对学生任务完成情况进行评比。

表 2-1-1   评分表

评价内容		配分	评分细则	得分
职业素养与操作规范 (20分)		2	语言文明、态度端正、秩序感强	
		3	检查资料是否齐全,做好准备工作	
		5	任务完成后,整齐摆放图纸、作业、工具,整理工作台面	
		5	不损坏工具和设备,故意损坏的本项计 0 分	
		5	严格遵守课堂纪律,故意违背纪律的本项计 0 分	
作品	识图问题回答 (80分)	10	问题:本图中桥梁桥型是什么?有几跨 评价:每问回答正确计 5 分	
		10	问题:本图中桥梁全长是多少?每跨长度是多少 评价:每问回答正确计 5 分	
		10	问题:本图桥梁中心位置桩号是多少 评价:正确计 10 分,错误计 0 分	
		10	问题:本图桥面总跨度是多少 评价:正确计 10 分,错误计 0 分	
		10	问题:本图桥面横坡是多少 评价:正确计 10 分,错误计 0 分	
		10	问题:本图中桥墩基础形式是什么 评价:正确计 10 分,错误计 0 分	
		10	问题:本图总桥梁进水口八字墙与竖向间夹角是多少 评价:正确计 10 分,错误计 0 分	
		10	问题:本图中八字墙顶部倾斜坡度是多少 评价:正确计 10 分,错误计 0 分	

任务 2:编写全桥施工流程。

任务目标:能够根据总体布置图判断桥梁各个组成部分的施工顺序,并写出施工流程图。

任务内容:桥梁工程中,常用施工流程图来表达各项工作的先后次序和逻辑关系。在任务 1 的基础上,根据鱼亮子小桥的总体布置图和设计说明,判断该桥整体的施工顺序,并画出施工流程图。

任务评价:学生将所绘施工流程图上传到授课平台,学生之间进行互相点赞,教师进行点评。

2.2   桥梁基础构造与施工

【知识目标】

了解桥梁基础的类型;掌握扩大基础的施工流程以及施工重点和难点;了解桩基础的施工流程、施工重难点。

【技能目标】

能够识读桥梁基础构造图,复核混凝土量和钢筋量;能够书写扩大基础的施工流程和施工方案。

【德育素质目标】

　　初步理解工匠精神的概念;培养学生的职业责任感和诚信意识;通过任务 3 复核工程量,纠正图纸上的错误,培养学生严肃认真求学的态度。

【任务引入】

　　施工准备已经全部完成了,现在进入下部结构的施工阶段,小李拿着图纸兴冲冲地去问孙工,这个桩基础要怎么施工啊? 没想到,一向好脾气的孙工给了小李一顿臭骂。小李懵了,基础不是一种桩基础吗? 如果不是桩基础的话,那是什么基础类型呢? 这种基础应该怎么施工呢? 在看图纸的时候,孙工告诉小李,上面的工程量可能会有错误,要小李认真复核,小李又懵了,图纸还能有错啊?

知识储备

　　桥梁基础是桥梁结构物直接与地基接触的最下面的部分,是桥梁下部结构的重要组成部分。基础属于结构中的隐蔽工程,基础的安全决定着结构的安全。2009 年 6 月 27 日,上海的一栋竣工未交付使用的高楼整体倒覆,网友称"楼脆脆",如图 2-2-1 所示。

图 2-2-1　上海"楼脆脆"事件

2.2.1　桥梁基础类型

　　按基础埋置的深浅不同,桥梁基础可分为浅基础和深基础。

　　按构造和施工方法不同,桥梁基础可分为明挖基础、桩基础、沉井基础、沉箱基础和管柱基础。

　　1.明挖基础

　　明挖基础也称扩大基础,属于浅基础,是由块石或混凝土砌筑而成的大块实体基础,其埋置深度可较其他类型基础浅,故为浅基础。它的构造简单,由于所用材料不能承受较大的拉应力,故基础的厚宽比要足够大,使之形成所谓刚性基础,受力时不致产生挠曲变形。为了节省材料,这类基础的立面往往砌成台阶形,平面将根据墩台截面形状而采用矩形、圆形、T 形或多边形等。如图 2-2-2 所示,建造这种基础多用明挖基坑的方法施工。在陆地开挖基坑,视基坑深浅、土质好坏和地下水位高低等因素来判断是否采用坑壁支持结构——衬板或板桩。在水中开挖则应先筑围堰。

明挖基础适用于浅层土较坚实,且水流冲刷不严重的浅水地区。由于它的构造简单,埋深浅,施工容易,加上可以就地取材,故造价低廉,广泛用于中小桥涵及旱桥。赵州桥就是在亚黏土地基上采用了这种桥基。

图 2-2-2　明挖基础混凝土施工

2. 桩基础

桩基础是由许多根打入或沉入土中的桩和连接桩顶的承台所构成的基础。外力通过承台分配到各桩头,再通过桩身及桩端把力传递到周围土及桩端深层土中,故属于深基础。图 2-2-3 所示为"楼脆脆"折断的桩基础。

图 2-2-3　"楼脆脆"折断的桩基础

桩基础适用于土质深厚处。在所有深基础中,它的结构最轻,施工机械化程度较高,施工进度较快,是一种较经济的基础结构。有些桥梁基础要承受较大的水平力,如桥墩基础要承受来自左右方向的水平荷载,其桩基多采用双向斜桩;而一些梁式桥的桥台主要承受来自一侧的土压力,多采用单向斜桩。如桩径很大,像常用的大直径钻孔桩,具有相当大的刚度,则可不加斜桩而做成垂直桩基。

桥梁基础多置于水中,故要求桩材不仅强度高,而且要耐腐蚀。在桥梁中常用的桩材为木材、钢筋混凝土和钢材。由于木材长度有限,强度和耐腐蚀性较低,故木桩多用于中小桥梁,且桩顶必须埋在低水位以下,才能长期保存。钢筋混凝土桩的强度和耐久性均比木桩好,多用于较大或重要桥梁,但当遇到含盐量较高的水文地质条件时,也有腐蚀问题,应采取防护措施。中国在 1908—1912 年修建津浦(天津—浦口)铁路洛口黄河桥时,其基础就采用了外接圆直径为 50 cm 的正五边形钢筋混凝土预制桩,桩长 15~17 m。自 20 世纪 50 年代以后,曾广泛采用工厂预制的钢筋混凝土空心管桩,桩外径多为 40 cm 和 55 cm,如 1953—1954 年在武汉修建的汉水铁路桥和公路桥,以及 20 世纪 60 年代修建的南京长江大桥引桥的大部分基础均采用这种桩基。此外,钢筋混凝土钻孔灌注桩(也称钻孔桩)近几十年在世界范围内发展很快,如 1972 年在中国山东北镇建成的黄河公路桥,采用直径 1.5 m、最大入土深度达 107 m 的钢筋混凝土钻孔桩;20 世纪 70 年代末在阿根廷建成跨巴拉那河的两座斜张桥,全部采用直径达 2.0 m、最大入土深度达 73 m 的钢筋混凝土钻孔桩。至于钢桩,主要是钢管桩及 H 形钢桩,其强度高,在土中穿透能力强,在我国有少数桥梁使用过。

3. 沉井基础

沉井基础(图 2-2-4)是一种古老而且常见的深基础类型,它的刚性大,稳定性好,与桩基相比,在荷载作用下变位甚微,具有较好的抗震性能,尤其适用于对基础承载力要求较高,对基础变位敏感的桥梁,如大跨度悬索桥、拱桥、连续梁桥等。

图 2-2-4 沉井基础

4. 沉箱基础

在桥梁工程中沉箱基础主要指气压沉箱基础。它主要用于大型桥梁,当水下土层中有障碍物而沉井无法下沉、桩无法穿透时,或地基为不平整的基岩且风化严重,需要人员直接检验或处理时,常采用沉箱基础。但沉箱工程需要复杂的施工设备,人在高气压下工作,既不安全,效率也低,其水下下沉深度也受到一定限制,故现今一般较少采用。

补充阅读:
布鲁克林大桥

5.管柱基础

管柱基础主要由承台、多柱式柱身和嵌岩柱基三部分组成,如图2-2-5所示。柱身一般包括管柱体、连接法兰盘和管靴三部分。管柱外形类似管桩,其区别在于:管柱一般直径较大,最下端一节制成开口状,在一般情况下,靠专门设备强迫振动或扭动,并辅以管内排土而下沉,如落于基岩,可以通过凿岩使其锚固于岩盘;而管桩直径一般较小,桩尖制成闭合端,常用打桩机具打入土中,一般较难通过硬层或障碍,更不能锚固于基岩。大型管柱的外形又类似圆形沉井,但沉井主要是靠自重下沉,其壁较厚,而管柱是靠外力强迫下沉,其壁较薄。

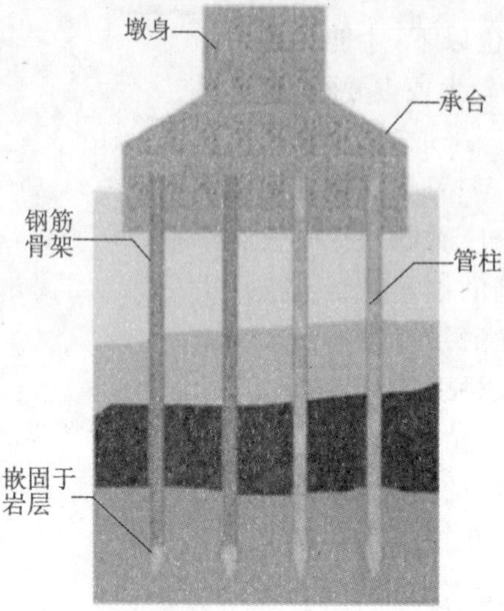

管柱基础适用于较复杂的水文地质条件,尤其在某些特殊条件下,更能展示其广泛适应性。如武汉长江大桥桥址的水文地质条件为:持力层在水面以下深达40 m而洪水期长达8个月,显然对气压沉箱不利;河床覆盖层很浅,不能用管桩基础;基岩表面不平,在同一墩位处高差达5～6 m,也不能用沉井基础。在此情况下,采用管柱基础最为适宜,它不受水深限制,且下端可锚固于岩盘,无须较厚的覆盖层维持柱体稳定,而基础是由分散的柱体支承于岩面,故岩面不平也易于处理。

图 2-2-5 管柱基础

桥梁基础除了上述几种类型外,还可根据不同地质和水文条件而采用一些组合型基础结构。如杭州钱塘江大桥正桥7～15号墩基础,是在沉箱下接木桩;南京长江大桥正桥2号墩和3号墩,则是钢沉井套预应力混凝土管柱基础。

2.2.2　扩大基础的施工

桥梁的扩大基础多是刚性浅基础,其施工方法常用明挖法,是直接在地基上开挖基坑修建而成的实体基础,适合于在岸上或水流冲刷不大的浅水处,且浅表地层承载力合适的地层,构造简单,施工方便。

明挖基础施工前,应对基坑边坡的稳定性进行验算,并应制定专项施工技术方案和安全技术方案。基坑开挖前,应对边坡的稳定性进行监测。对特大型深基坑,除应按照边开挖、边支护的原则进行施工外,还应建立边坡稳定信息化、动态化的检测系统,指导施工。

在开挖基坑前,应复核基坑中心线、方向和高程,并根据地质水文资料,结合现场情况,决定开挖坡度、支护方案以及地面的防水、排水措施。若地基土质较为坚实,开挖后能保持坑壁稳定,可不设置支护,采取放坡开挖。实际工程由于土质关系、开挖深度、放坡受到用地或施工条件限制等因素影响,须采取各种加固坑壁措施,在开挖过程中有渗水时,需要在基坑四周挖边沟或集水井以利于积水排除。在水中开挖基坑时,一般需预先修筑临时性的挡水结构物(称为围堰),如土袋围堰等,然后将基坑内的水排干,再开挖基坑。基坑开挖至设计高程后,必须抓紧进行基底检验、清理与整平工作,及时砌筑基础结构物。因此明挖扩大基础施工的主要内容包括基础的定位放样、基坑开挖、基坑排水、基底检验与处理,以及砌筑(浇筑)基础结构、基坑回填等工作。

1.基础的定位放样

在基坑开挖前,先进行基础的定位放样工作,以便将设计图上的基础位置准确地设置到桥址上。放样工作应根据桥梁中心线与墩台的纵横轴线,推出基础边线的定位点,再放线画出基坑的开挖范围。基坑各定位点的高程及开挖过程中的高程检查,一般用水准测量的方法进行。

2.基坑开挖

(1)陆地基坑开挖。

基坑大小应满足基础施工要求,对渗水土质的基坑坑底开挖尺寸,须按基坑排水设计(包括排水沟、集水井、排水管网等)和基础模板设计而定,通常基底尺寸应比设计平面尺寸各边增加 0.5~1.0 m。基坑可采用垂直开挖、支撑加固或其他加固的开挖方法,具体应根据地质条件、基坑深度、施工期限与经验,以及有无地表水或地下水等现场因素来确定。

①坑壁不加支护的基坑开挖施工方法。在干涸无水河滩、河沟,或有水经改河或筑堤能排除地表水的河沟中;在地下水位低于基底,或渗透量少,不影响坑壁稳定时;或基础埋置不深,施工工期较短,挖基坑时不影响邻近建筑物安全的施工场所,可考虑选用坑壁不加支护的基坑。基坑的形式如图 2-2-6 所示。

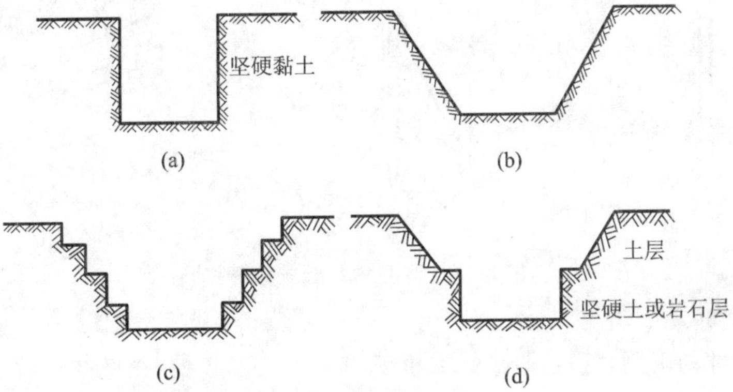

图 2-2-6　无支撑基坑开挖形式

(a)垂直坑壁;(b)斜坡坑壁;(c)阶梯坑壁;(d)上层斜坡下层垂直坑壁

基坑可以采取垂直开挖或者放坡开挖。进行放坡开挖时,如土的湿度正常,开挖的坡度值和土质以及基坑附近的荷载类型有关系。土的湿度可能使坑壁不稳定而引起坍塌时,基坑坑壁坡度应缓于该湿度下的天然坡度。当基坑有地下水时,地下水位以上部分可以放坡开挖;地下水位以下部分,若土质易坍塌或水位在基坑底以上较深,则应加固开挖。基坑坑壁坡度见表 2-1-1。

表 2-2-1　　　　　　　　　　　　　　　　　　　基坑坑壁坡度表

坑壁土类	坑壁坡度		
	基坑顶缘无载重	基坑顶缘有静载	基坑顶缘有动载
砂类土	1 : 1	1 : 1.25	1 : 1.5
碎石类土	1 : 0.75	1 : 1	1 : 1.25
粉质土、黏土	1 : 0.33	1 : 0.5	1 : 0.75
极软岩、软岩	1 : 0.25	1 : 0.33	1 : 0.67
软软岩	1 : 0	1 : 0.1	1 : 0.25
极硬岩、硬岩	1 : 0	1 : 0	1 : 0

　　无水基坑施工中,对于一般小桥涵的基础,基坑工程量不大,可用人力施工方法;大、中型桥梁基础工程,基坑深,基坑平面尺寸较大,挖方量多,可用机械或半机械施工方法。

　　②坑壁有支护加固的基坑开挖施工方法。如果基坑壁坡不易稳定,并有地下水渗入,或放坡开挖场地受限,或各类工程量太大,可按具体情况采用挡板支撑、钢木结合支撑、混凝土护壁(喷射混凝土护壁、现浇混凝土护壁)、钢板桩支撑、锚杆支护及地下连续墙等支护措施。

　　常用的坑壁支撑形式包括:直撑板式支撑、横撑板式支撑、框架式支撑、锚桩式支撑、锚杆式支撑、锚碇板式支撑及斜撑式支撑等,如图2-2-7所示。其施工方法根据土质情况不同,可一次挖成或分段开挖,每次开挖深度不宜超过2 m。

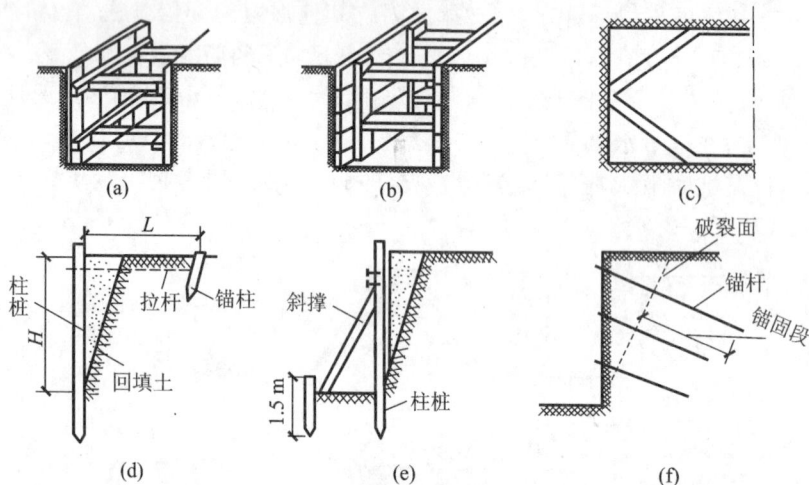

图 2-2-7　常见的坑壁支撑形式

(a)直撑板式支撑;(b)横撑板式支撑;(c)框架式支撑;(d)锚桩式支撑;(e)斜撑式支撑;(f)锚杆式支撑

　　当基坑受条件的限制,开挖深度大,只能垂直或大坡度开挖,在地基土质较好、渗水量较小的情况下,可用喷射混凝土或锚杆(锚索)挂网喷射混凝土加固基坑坑壁,逐层开挖,逐层加固。当基坑为不稳定的强风化岩质地基或淤泥质黏土时,可用锚杆挂网喷射混凝土护坡,如图2-2-8所示。基坑开挖深度小于10 m的较完整风化基岩,可直接喷射素混凝土。

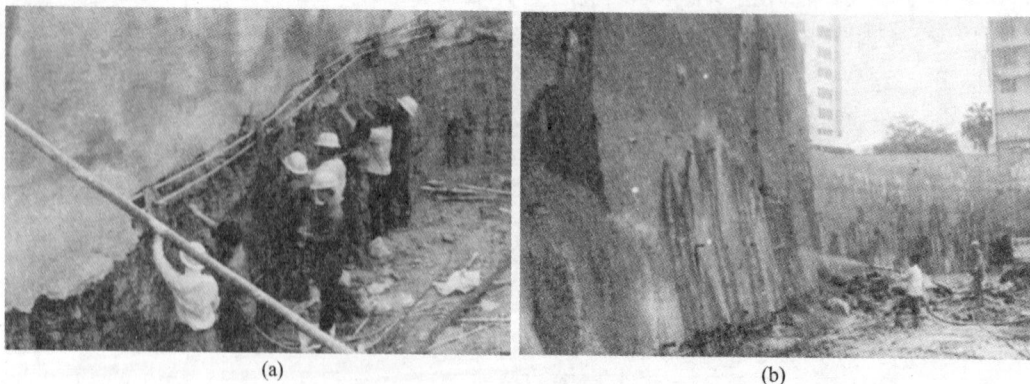

图 2-2-8　锚杆挂网喷射混凝土加固基坑施工

(a)安装钢筋网;(b)喷射混凝土

③开挖注意事项。

a.土方开挖应遵循"开槽支撑、先撑后挖、分层开挖、严禁超挖"的原则。

b.施工前必须做好地面排水和降低地下水位工作,地下水位降至基坑底面以下 0.5～1.0 m后,方可开挖。降水工作应持续到回填完毕。

c.开挖基坑按规定的尺寸合理确定开挖顺序和分层开挖深度,连续施工。挖出的土除预留一部分用作回填外,不得在场地内任意堆放,应把多余土运到弃土区,以免妨碍施工。为防止坑壁滑塌,根据土质情况及坑(槽)深度,在坑顶两边 1.0 m 范围内不得堆放弃土,在此距离外堆土高度不得超过 1.5 m,否则,应验算边坡的稳定性。在坑边放置有动载的机械设备时,也应根据验算结果,离开坑边较远距离,如地质条件不好,还应采取加固措施。

d.为了防止基底土(特别是软土)受到浸水或其他原因的扰动,基坑(槽)挖好后,应立即做垫层或浇筑基础,否则,挖土时应在基底标高以上保留 150～300 mm 厚的土层,待基础施工时再挖去。

e.如用机械挖土,为防止基底土被扰动,结构被破坏,不应直接挖到坑(槽)底,应根据机械种类,在基底标高以上留出 200～300 mm 厚土层,待基础施工前人工铲平修整。

f.挖土不得挖至基坑(槽)的设计标高以下,如个别处超挖,应用与基底土相同的土料填补,并夯实到要求的密实度。如用原土填补不能达到要求的密实度,应用碎石类土填补,并仔细夯实。重要部位如被超挖时,可用低强度等级的混凝土填补。

(2)水中基础的基坑开挖。

水中基础的基坑开挖时,要先变有水施工为无水施工,要采用围堰或临时改河措施排除水流影响,并在开挖过程中采取措施排除坑外渗水和地下水,施工难度明显增大,施工成本也增加很多。桥梁水中基础施工最常用的方法就是围堰法,围堰的作用主要是防水和围水,有时还起到支撑施工平台和基坑坑壁的作用。

①一般规定。

a.围堰顶面高程应高出施工期间可能出现的最高水位(包括浪高)0.5～0.7 m。

b.围堰外形设计应考虑河水流速增大的影响。

c.围堰的基底应比基础的平面尺寸增加 0.5～1.0 m。

d.围堰结构和断面应满足堰身强度、稳定和防水要求。

②桥梁常用围堰类型。

常见的围堰形式有土围堰、土袋围堰、钢板桩围堰、钢筋混凝土板桩围堰、套箱围堰和木(竹)笼围堰等。

土围堰的施工要求:堰顶宽度可为 1～2 m。筑堰材料宜用黏性土或砂夹黏土,围堰填筑应自上游开始至下游合龙,如图 2-2-9(a)所示。当围堰的水深不大于 1.5 m、水流速度不大于 0.5 m/s 时可用土围堰。

土袋围堰的施工要求:堰顶宽度可为 1～2 m。土袋码放应自上游开始至下游合龙,如图 2-2-9(b)所示。当围堰的水深不大于 3 m,水流速度不大于 1.5 m/s 时,应采用土袋围堰。

当围堰的水深为 1.5～4 m,水流速度较大时,应采用竹、铅丝笼围堰。

各类土的深水基础,可用钢板桩围堰,如图 2-2-10 所示。钢板桩围堰适用于砂性土、黏性土、碎石土及风化岩石等河床的深水基础,不用于坚硬岩石河床。插打钢板桩时,必须有可靠的导向设备,保证位置准确,一般由上游向下游施打。为了防止漏水,钢板桩的接头位置应错开,可采取捶击、振动、射水辅助下沉。

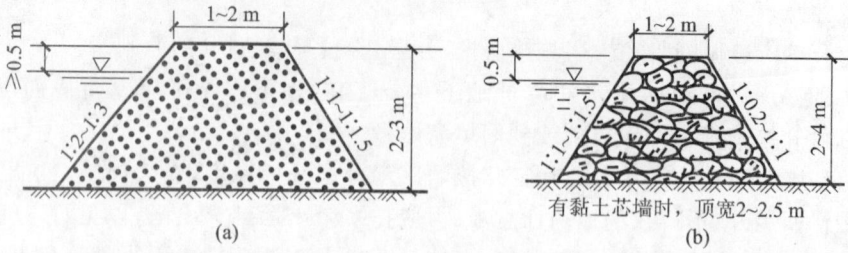

图 2-2-9 土围堰和土袋围堰

(a)土围堰;(b)土袋围堰

图 2-2-10 钢板桩围堰

黏性土、砂类土及碎石类河床上可用钢筋混凝土板桩围堰。

对埋置不深的水中基础或修建桩基的水中承台可用套箱围堰,如图 2-2-11 所示。无底套箱围堰用木板、钢板或钢丝水泥制成,内部设钢木支撑,根据具体施工条件制成整体式或装配式。

图 2-2-11 黄石长江大桥的钢套箱围堰

套箱施工可分为准备、制作、就位、下沉、清基和浇筑水下混凝土等工序。准备搭设工作平台,可采用浮动或固定平台形式;制作即在岸上加工拼装组件,或就地组装成整体运往工作平台就位下沉,或组件运往工作平台拼装后下沉;就位是将无底套箱在工作平台上定位,按测量控制就位于基础位置;下沉是将套箱吊起,拆去工作平台上脚手板等阻碍下沉的水平构件,计算机控制同步、缓慢下沉,保证套箱位置平稳,不得倾斜,并用绞车等设备随时校正套箱位置。下沉套箱之前清除河床表面障碍物,如果套箱设置在岩层上,应整平岩面;如果基岩岩面倾斜,应将套箱底部做成与岩面相同的倾斜度,以增加套箱的稳定性并减少渗漏。下沉到位后,可采用吹砂吸泥或静水挖抓砂泥方法进行水下清基。清基完成后,经检验合格便可筑水下混凝土封底,再抽干套箱内积水,浇筑基础、墩台。

3. 基坑排水

围堰完工后,需将堰内积水排除。在开挖过程中,也可能有渗水出现,必须随挖随排。抽水设备的排水能力应大于渗水量的 $1.5 \sim 2.0$ 倍。常用的排水方法包括集水坑(沟)排水法、井点降水法、帷幕法等。

(1)集水坑(沟)排水法(图 2-2-12)。

除严重流沙外,通常情况下集水坑(沟)排水法均适用。集水坑(沟)的大小,主要根据渗水量的大小而定。集水沟沟底应低于基坑底面,集水沟沟底宽不小于 $0.3 \, \text{m}$,纵坡为 $1\% \sim 5\%$。如排水时间较长或土质较差,沟壁可用木板支撑防护。集水坑一般设在下游位置,坑深应大于进水龙头高度,并用荆篱、竹篾、编筐或木笼围护,以防泥沙阻塞吸水龙头。

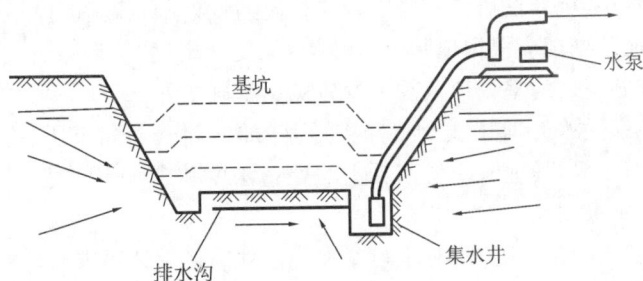

图 2-2-12　集水坑(沟)排水

(2)井点降水法(图 2-2-13)。

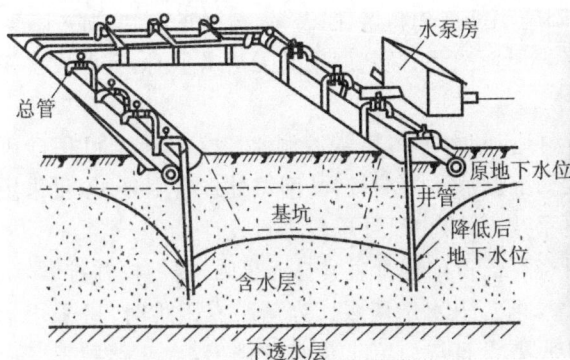

图 2-2-13　井点降水法

在软土地区基坑开挖深度超过 3 m,一般就要采用井点降水法。井点降水法是在基坑开挖前,在基坑四周埋设一定数量的滤水管(井),利用抽水设备抽水使所挖的土始终保持干燥状态。其适用于粉、细砂或地下水位较高、有承压水、挖基较深、坑壁不易稳定和普通排水方法难以解决的基坑。

(3)帷幕法。

帷幕法是在基坑边线外设置一圈隔水幕,用以隔断水源,减少渗流水量,防止流沙、突涌、管蚀等地下水的作用。有深层搅拌桩隔水墙、压力注浆、高压喷射注浆、冻结帷幕法等。

4.基底检验与处理

基础是隐蔽工程,基坑施工是否符合设计要求,在基础浇筑前应按规定进行检验。施工人员要在监理工程师在场见证的情况下挖至设计高程自检并报请监理工程师现场监督检查,将检验情况填写到地基检验表上,报请监理工程师复验批准后,进行基础施工。

(1)检验内容。

①检查基坑平面位置、尺寸大小、基底高程。

②检查基底土质情况和承载力是否与设计文件相符。

③检查基底处理和排水情况。

④检查施工日志和有关试验资料。

(2)基底处理。

对符合设计要求的细粒土、特殊土等基底,经修整完成后,应尽快进行基础的施工,不得使基底浸水或长期暴露;基坑开挖后如基底的地质情况与设计不符,应按程序进行设计变更并应对地基进行处理。地基处理应根据地基土的种类、强度和密度,按照设计要求,并结合现场情况,采取相应的处理方法。地基处理范围至少应宽出基础之外 0.5 m。

①对强度低、稳定性差的细粒土及特殊土地基,如饱和软弱黏土层、粉砂土层、湿陷性黄土、膨胀土、季节性冻土等,处理时应视该类土的处置深度和含水率等情况,采取固结、换填等措施,使之满足设计要求。

②粗粒土和巨粒土地基的处理:对于强度和稳定性满足设计要求的粗粒土及巨粒土基底,应将其承重面平整夯实,其范围应满足基础的要求。基底有水不能彻底排干时,应将水引至排水沟,然后在其上修筑基础。

③岩层基底的处理:对风化的岩层,应挖至设计高程并满足地基承载力要求后尽快进行封闭,防止其继续风化;在未风化的岩层上,基础施工前应先将淤泥、苔藓、松动的石块清除干净,并凿出新鲜岩面;对坚硬的倾斜岩石层,应将岩层面凿平;倾斜度较大无法凿平时,宜凿成多级台阶,台阶的宽度不宜小于 0.3 m。

④影响基底稳定的溶洞的处理:处理溶洞地基时,不得堵塞溶洞水路。干溶洞可用砂砾石、碎石、干砌或浆砌片石及灰土等回填密实。当基底干溶洞较大,回填处理有困难时,可采用桩基进行处理。桩基的设置应履行设计变更手续,并应由设计单位进行设计。

⑤泉眼地基的处理:对有泉眼的地基,可将有螺口的钢管紧紧打入泉眼,盖上帽并拧紧,阻止泉水流出;或向泉眼内压注速凝的水泥砂浆,再打入木塞堵眼。当堵眼有困难时,可采用管子塞入泉眼,将水引流至集水坑排出;或在基底下设盲沟引流至集水坑排出,待基础圬工完成后,再向盲沟压注水泥浆堵塞。采用引流方式排水时,应注意防止砂土流失引起基底沉陷。基底泉眼,无论采用何种方法处理,都不应使基底泡水。

（3）基底加固。

我国地域辽阔，自然地理环境不同，土质强度、压缩性和透水性等性质有很大差别。其中，有不少是软弱土或不良土，诸如淤泥质土、湿陷性黄土、膨胀土、季节性冻土以及土洞、溶洞等。当桥涵位置处于这类土层上时，除可采用桩基、沉井等深基础外，也可视具体情况采用相应的地基加固措施，以提高其承载能力，然后在其上修筑扩大基础，以求获得缩短工期、节省投资的效果。

一般软弱地基土层的加固处理方法可归纳为如下四种类型。

①换填土法：将基础下软弱土层全部或部分挖除，换填力学物理性质较好的土。

②挤密土法：用重锤夯实或砂桩、石灰桩、砂井、塑料排水板等方法，使软弱土层挤压密实或排水固结。

③胶结土法：用化学浆液灌入或粉体喷射搅拌等方法，使土壤颗粒胶结硬化，改善土的性质。

④土工聚合物法：用土工膜、土工织物、土工格栅与土工合成物等加筋土体，以限制土体的侧向变形，增加土的周压力，有效提高地基承载力。

5. 基础砌筑

扩大基础的种类有浆砌块(片)石、加石混凝土和片石混凝土、钢筋混凝土基础等。现将施工方法分别介绍如下。

（1）浆砌块(片)石。

砌块在使用前必须浇水湿润，将表面的泥土、水垢清洗干净。砌第一层砌块时，如基底为岩层或混凝土基础，应先将基底表面清洗、湿润，再坐浆砌筑。砌筑应分层进行，各层先砌筑外圈定位行列，然后砌筑里层，外圈砌块与里层砌块交错连成一体。各砌层的砌块应安放稳固，砌块间应砂浆饱满、黏结牢固，不得直接贴靠或脱空。

（2）混凝土。

旱地浇筑钢筋混凝土基础，应在对基底及基坑验收完成后尽快绑扎、放置钢筋；在底部放置混凝土垫块，保证钢筋的混凝土净保护层厚度，同时安放墩柱或台身钢筋的预埋部分，保证其定位准确；对全部钢筋进行检查验收，保证其根数、直径、间距、位置满足设计文件和技术规范要求，即可浇筑混凝土。拌制好的混凝土运输至现场后，若高差不大，可直接倒入基坑内；若倾卸高度过大，为防止发生离析，应设置串筒或滑槽，槽内焊上减速钢梳，保证混凝土整体均匀运入基坑，用插入式振捣器振捣密实。浇筑应分层进行，但应连续施工，在下层混凝土开始凝结之前，应将上层混凝土灌注捣实完毕。基础全部筑完凝结后，要立即覆盖草袋、麻袋、稻草或砂子，并洒水养护。养护时间，普通硅酸盐水泥混凝土为7 d以上，矿渣水泥、火山灰质水泥或掺用塑化剂的混凝土应为14 d以上。

水中混凝土基础在基坑排水的情况下施工方法与旱地基础相同，只是在混凝土凝固后即可停止排水，也无须进行专门的养护工作。

6. 基坑回填

基坑回填(图2-2-14)施工应符合相关规范要求及下列规定：

（1）基坑的回填宜采用透水性材料，不得采用含有泥草、腐殖物或冻土块的土。

（2）应分层夯(压)实，严格控制分层厚度和密实度，应设专人负责监督检查，检查频率为

50 m² 检验 1 点,不足 50 m² 时至少检验 1 点,每点都应合格,宜采用小型机械压实。透水性材料不足时,可采用石灰土或水泥稳定土回填;回填土的分层厚度宜为 0.1～0.2 m。台背两侧的填土应分层夯实,其压实度不应小于 96%。

图 2-2-14 基坑回填

2.2.3 桩基础的施工

桩基础按承受荷载的工作原理不同分为摩擦桩、柱桩、嵌岩桩;按施工方法不同又分为钻孔灌注桩、挖孔灌注桩、沉入桩等。沉入桩和钻孔灌注桩的应用最为广泛,现就这两种桩基础的施工方法进行详细介绍。

1. 沉入桩施工

沉入桩是利用打桩设备将预制钢筋混凝土桩或预应力混凝土桩(图 2-2-15)沉入地基土中的桩基础。

(a)   (b)

图 2-2-15 预应力混凝土桩

(a)管桩;(b)方桩

(1)沉入桩的施工技术准备。

①沉桩前应处理空中和地面的障碍物,平整场地或搭设支架、平台,做好准备工作。

②在旱地打桩时,只需将打桩设备移动范围的地面整平、夯实,再铺设垫木、钢轨及简单脚手架。在浅水打桩时,组成桩排架再搭设工作平台。在深水中,则需拼组打桩船在船上打桩。

设置脚手架时,应留出桩位。桩位根据墩(台)的纵横中心线测定并做出标志;水中的桩位,须用导框控制。

③打桩前应合理安排打桩顺序,尽量减少桩架移动距离;当基坑较小、土质密实时,应由中间向两端进行打桩,当基坑较大、桩数较多时,应分段进行打桩。

④编制施工组织设计、施工工艺设计和工序质量控制设计;编制作业指导书和操作规程;制定安全、质量保证及防治措施;组织技术交底和技术培训。

(2)沉入桩施工。

常用的沉桩方式可分为锤击沉桩和静力压桩,如图 2-2-16 所示。沉桩前,应对桩架、桩锤、动力机械等主要设备部件进行检查;开锤前应再次检查桩锤、桩帽或送桩与桩中轴线是否一致;沉桩开始时,应严格控制各种桩锤的动能。如桩尖已沉入施工图标示标高,但沉入度仍达不到要求,应继续下沉至达到要求的沉入度为止。图 2-2-17 为工人在进行接桩。

沉桩时,如遇到下列情况应立即停止锤击施工,查明原因,采取措施后才能继续施工:沉入度突然发生急剧变化;桩身突然倾斜、移位;桩顶破碎或桩身开裂、变形;桩侧地面有严重隆起现象或其他不正常现象。

(a) (b)

图 2-2-16　常用的沉桩方式

(a)锤击沉桩;(b)静力压桩

图 2-2-17　工人在进行接桩

2.钻孔灌注桩施工

钻孔灌注桩由于其施工速度快,质量稳定,受气候条件影响小,因而被普遍采用。

(1)施工前的准备工作。

①认真进行施工放样。用全站仪准确放出各桩位中心;用水准仪测量地面标高,确定钻孔深度。

②根据地质资料确定合理的钻孔方法和钻孔设备,架设好电力线路,配备适合的变压器。若用柴油机提供动力,则应购置与设备动力匹配的柴油机和充足的燃油。混凝土机、电焊机、钢筋切割机,以及水泥、砂石材料均要在钻孔开始前准备妥当。

③埋设护筒。护筒的作用是:固定钻孔位置;对钻头起导向作用;保护孔口,防止孔口土层坍塌;隔离孔内、孔外表层水,并保持钻孔内水位高出施工水位,以产生足够的静水压力稳固孔壁。护筒有钢护筒和钢筋混凝土护筒两种,如图 2-2-18 所示。在放样的桩位处,开挖一个圆形基坑将护筒埋入。护筒应坚实、不漏水,护筒内径应比桩径大 20~30 cm。护筒顶标高,采用反循环钻时,其顶部应高出地下水位 2.0 m;采用正循环钻时,应高出地下水位 1.0~1.5 m;处于旱地时,护筒在满足上述条件的基础上还应高出地面 0.3 m。

图 2-2-18 护筒

④制备泥浆(图 2-2-19)。泥浆的主要作用是护壁和通过泥浆循环将孔底钻渣带出孔外,因此,必须选用性能符合要求的黏性土(胶泥)或膨润土用清水彻底拌和成悬浮液,使在钻孔及灌注混凝土全过程中保持孔壁稳定不坍塌。钻孔泥浆由水、黏土(或膨润土)和添加剂组成。调制泥浆时,先将土加水浸透,然后用搅拌机或人工拌制,按不同地层情况严格控制泥浆浓度。为了回收泥浆原料和减少环境污染,应设置泥浆循环净化系统。泥浆的性能满足规范要求。

图 2-2-19 施工中配制的泥浆

⑤钢筋笼制作。在钻孔之前或者钻孔的同时要制作好钢筋笼,以便成孔、清孔后尽快灌注混凝土,防止发生塌孔事故。钢筋笼应按图样要求确定下料长度,注意主筋在 50 cm 范围内的接头数量不能超过截面主筋总数的 50%。加强筋的直径要准确,箍筋要预先调直,螺旋形布置在主筋外侧;定位筋应均匀对称地焊接在主筋外侧;每隔 2.0～2.5 m 设置加强箍筋一道,如图 2-2-20 所示。

图 2-2-20　桩身钢筋笼

(2)钻孔。

①一般要求。

a.钻机的选型应根据孔径、孔深、桩位处的水文和地质情况、施工环境条件等因素综合确定,所用的钻机及钻孔方法应能满足施工质量和施工安全的要求。

b.钻孔就位前,应对钻孔的各项准备工作进行检查;钻机安装后,其底座和顶端应平稳。无论采用何种方法钻孔,开孔的孔位必须准确;开钻时应慢速钻进,待导向部位或钻头全部进入地层后,方可正常钻进。钻机在钻进施工时不应产生位移或沉陷,否则应及时处理。分级扩孔钻进施工时应保持桩轴线一致。

c.采用正、反循环回旋钻机(含潜水钻)钻孔时应减压钻进,钻机的主吊钩应始终承受部分钻具的重力,孔底承受的钻压不应超过钻具重力之和(扣除浮力)的 80%。

d.如图 2-2-21 所示,采用冲击钻机冲击成孔时,应小冲程开孔,并应使初成孔的孔壁坚实、竖直、圆顺,能起到导向的作用,待钻进深度超过钻头全高加冲程后,方可进行正常的冲击。冲击钻进过程中,孔内水位应高于护筒底口 50 cm 以上,掏取钻渣和停钻时,应及时向孔内补水,保持水头高度。

图 2-2-21　冲击钻冲击成孔

e.采用全护筒法钻进时,钻机应安装平正,压进的首节护筒应竖直。钻孔开始后应随时检测护筒的水平位置和竖直线,如发现偏移,应将护筒拔出,调整后重新压入钻进。

f.采用旋挖钻机钻孔时,应根据不同的地质条件选用相应的钻头。钻进过程中应保证泥浆面始终不低于护筒底部 50 cm 以上,并应严格控制钻进速度,避免进尺过快造成塌孔埋钻事故。钻头的升降速度宜控制在 0.75~0.80 m/s;在粉砂层或亚砂土层中,升降速度应更加缓慢。泥浆初次注入时,应垂直向柱孔中间进行注浆。

g.在钻孔排渣、提钻头除土或因故停钻时,应保持孔内具有规定的水位及要求的泥浆相对密度和黏度。处理孔内事故或因故停钻时,必须将钻头提出孔外。

h.钻孔作业应分班连续进行,填写钻孔施工记录,交接班时应交代钻进情况及下一班应注意事项。

②钻进施工。

a.正循环钻进施工。正循环钻进适用于淤泥、黏性土、砂土以及砾卵石粒径小于 10 cm、含量少于 20%的碎石土。其优点是钻进与排渣同时连续进行,在适用的土层中钻进速度较快,但需要设置泥浆池、沉淀池等,施工占地较多且机具设备较复杂。

正循环钻进用钻头旋转切削土体,泥浆泵将泥浆压进钻杆顶部泥浆龙头,通过钻杆中心从钻头喷入钻孔内,泥浆携带钻渣沿钻孔上升,从护筒顶部排浆孔排出至沉淀池,钻渣在此沉淀而泥浆流入泥浆池循环使用。

b.反循环钻进施工。泥浆由钻杆外流(注)入井孔,用真空泵或其他方法(如空气吸泥机等)将钻渣从钻杆中吸出。由于钻杆内径较井孔直径小得多,故钻杆内泥水上升速度较正循环快很多,清水也可把钻渣带上钻杆顶端,流到泥浆沉淀池,净化后泥浆可循环使用。图 2-2-22所示为反循环钻机。

图 2-2-22　反循环钻机

(a)CJF-20 型冲击反循环钻机;(b)YCJF-25 型全液压冲击反循环钻机

c.旋挖钻施工。旋挖钻机(图 2-2-23)钻进成孔,首先是通过钻机自有的行走功能和桅杆变幅机构使得钻具能准确地就位到桩位,利用桅杆导向下放钻杆将底部带有活门的桶式钻头放置到孔位,钻机动力头装置为钻杆提供扭矩,加压装置通过加压动力头的方式将压力传递给钻杆钻头,钻头回转破碎岩土,并直接将其装入钻头内,然后由钻机提升装置和伸缩式钻杆将钻头提出孔外卸土,这样循环往复,不断地取土、卸土,直至钻至设计深度。

图 2-2-23　旋挖钻机

(3)清孔。

①清孔要求。

a.孔深度达到设计高程后,应对孔径、孔深和孔的倾斜度进行检查,符合表 2-2-2 的要求后方可清孔。

表 2-2-2　　　　　　　　　　　　钻(挖)孔灌注桩成孔质量标准

项目	规定值或允许偏差
孔的中心位置/mm	群桩:100;单排桩:50
孔径/mm	不小于设计桩径
倾斜度/%	钻孔:<1;挖孔:<0.5
孔深/m	摩擦桩:不大于设计规定 端承桩:比设计深度超深不小于 0.05
沉淀厚度/mm	摩擦桩:符合设计规定。设计未规定时,对于直径不大于 1.5 m 的桩,≤200;对于直径大于 1.5 m 或桩长大于 40 m 或土质较差的桩,≤300 端承桩:不大于设计规定;设计未规定时,≤50
清孔后泥浆指标	相对密度:1.03~1.10;黏度:17~20 Pa·s;含砂率小于 2%;胶体率大于 98%

b.清孔方法应根据设计要求、钻孔方法、机具设备条件和地层情况确定。无论采用何种清孔方法,在清孔排渣时,均须保持孔内水头,防止坍孔。

c.在吊入钢筋骨架后,灌注水下混凝土之前,应再次检查孔内泥浆的性能指标和孔底沉淀厚度,如超过规范规定,应进行二次清孔,符合要求后方可灌注水下混凝土。

d.不得用加深钻孔深度的方式代替清孔。

②清孔的方法。

a.抽浆清孔法。其适用于各种方法钻孔的柱桩和摩擦桩,一般用反循环钻机、空气吸泥机、水力吸泥机或离心吸泥泵等进行。

b.换浆清孔法。其适用于正循环钻孔法的摩擦柱,于钻孔完成后,提升钻锥距孔底 10~20 cm,继续循环,以相对密度较低的泥浆压入,把钻孔内的悬浮钻渣和相对密度较大的泥浆换出,如图 2-2-24 所示。

图 2-2-24 泥浆清孔

c.掏渣清孔法。用抽渣筒、大锅锥或冲抓钻清掏孔底粗钻渣,仅适用于机动推钻、冲抓、冲击钻孔的各类土层摩擦桩的初步清孔,掏渣前可先投入水泥 1~2 袋,再以钻锥冲出数次,使孔内泥浆、钻渣和水泥形成混合物,然后用掏渣工具掏渣。当清孔质量要求较高时,可使用高压水管插入孔底射水,降低泥浆相对密度。

d.喷射清孔法。其只宜配合其他清孔法使用,在灌注混凝土前对孔底进行高压射水或射风数分钟,使剩余少量沉淀物漂浮后,立即灌注水下混凝土。

(4)钢骨架及导管吊装。

①钢筋骨架的吊装。清孔结束后,随即吊放钢筋骨架,入孔一般用吊机,如图 2-2-25 所示。无吊机时,可采用钻机钻架、灌注塔架。起吊应按骨架长度的编号入孔。钢筋骨架应及时、准确地吊放、焊接、就位、牢固定位。

图 2-2-25 吊放钢筋骨架

钢筋骨架吊放的允许偏差为:a.骨架倾斜度,±0.5%;b.骨架保护层厚度,±20 mm;c.骨架中心平面位置，±20 mm；d.骨架顶端高程，±20 mm；e.骨架底面高程，±50 mm。

②导管。水下混凝土一般用钢导管灌注，导管内径为 200～350 mm，视柱径大小而定。导管使用前应进行水密承压和接头抗拉试验，严禁用压气试压。

（5）水下混凝土的灌注。

①水下混凝土配制。

水下混凝土可采用火山灰水泥、粉煤灰水泥、普通硅酸盐水泥或硅酸盐水泥，使用矿渣水泥时应采取防离析措施。

粗集料宜优先选用卵石，如采用碎石宜适当增加混凝土配合比的含砂率。集料的最大粒径不应大于导管内径的 1/8～1/6 和钢筋最小净距的 1/4，同时不应大于 37.5 mm。

细集料宜采用级配良好的中砂。

混凝土的配合比，可在保证水下混凝土顺利灌注的条件下，通过计算和试配选定。试配时应使用施工实际采用的材料，配置的混凝土拌和物应满足和易性、凝结时间等施工技术条件。掺用外加剂、粉煤灰等材料时，其技术条件及用量应符合规范规定。混凝土的初凝时间应根据气温、运距及灌注时间等因素确定，混凝土可经试验配适量缓凝剂。

混凝土配合比的含砂率宜采用 0.4～0.5，水灰比宜采用 0.5～0.6。有试验依据时含砂率和水灰比可酌情增大或减小。

混凝土拌和物应有良好的和易性，在运输和灌注过程中应无显著离析、泌水现象。灌注时应保持足够的流动性，其坍落度当桩孔直径 $D<15$ m 时，宜为 180～220 mm；$D\geqslant1.5$ m 时，宜为 160～200 mm，且应充分考虑气温、运距及施工时间的影响导致的坍落度损失。

②水下混凝土灌注。

a.在灌注水下混凝土之前，应再次检查孔内泥浆性能指标和孔底沉淀厚度，如超过规定，应进行第二次清孔，符合要求后方可灌注水下混凝土。

b.水下混凝土的灌注时间不得超过首批混凝土的初凝时间。

c.混凝土拌和物运至灌注地点时，应检查其均匀性和坍落度等，如不符合要求不得使用。

d.用导管灌注水下混凝土，拌和物通过导管下口进入首批混凝土的下面，托着首批混凝土及其上面的泥浆上升。此时必须做到以下几点：

（a）导管顶端比孔内水位至少高出 4 m 以上，以保证升托导管底端以上混凝土及泥浆所必需的压力。

（b）尽量缩短灌注时间，使灌注工作在首批混凝土仍具塑性的时间内完成。

（c）首批混凝土的数量应能满足导管首次埋置深度 1.0 m 以上的要求。

（d）首批混凝土入孔后，混凝土应连续灌注，不得中断。

e.在灌注过程中，应保持孔内的水头高度；导管的埋置深度宜控制在 2～6 m，并应随时测探孔内混凝土面的位置，及时调整导管埋深。导管提升过快会形成断桩；抽拔不及时或埋入过深，混凝土初凝后导管不能拔出，会造成工程事故。应将桩孔内溢出的水或泥浆引流至适当地点处理，不得随意排放造成环境污染。

f.灌注时应采取措施防止钢筋骨架上浮，当灌注的混凝土顶面距钢筋骨架底部 1 m 左右时，宜减缓混凝土的灌注速度。当混凝土拌和物顶面上升到骨架底部 4 m 以上时，宜提升导管，使其底口高于骨架底部 2 m 以上后再恢复正常灌注速度。

g.对变截面桩，应在灌注过程中采取措施，保证变截面处的水下混凝土灌注密实。

h.采用全护筒钻机施工的桩在灌注水下混凝土时,护筒应随导管的提升逐步上拔,上拔过程中除应保证导管的埋置深度外,同时应使护筒底口始终保持在混凝土面以下。施工时应边灌注、边排水,并应保持护筒内的水位稳定。

i.混凝土灌注至桩顶部位时,应采取措施保持导管内的混凝土压力,避免桩顶泥浆密度过大而产生泥团或桩顶混凝土不密实、松散等;在灌注将近结束时,应核对混凝土的灌注数量,确定所测混凝土的灌注高度是否正确。灌注的桩顶高程应比设计高程高出 0.5 m 以上,当存在地质较差、孔内泥浆密度过大、桩径较大等情况时,应适当提高其灌注高度;超灌的多余部分在承台施工前或接桩前应凿除,凿除后的桩头应密实,无松散层。

j.灌注中发生事故时,应查明原因,确定合理处置方案,进行处理。

(6)事故处理。

①塌孔。塌孔不严重时,可回填至塌孔位置以上,采取改善泥浆性能、加高水头、埋深护筒等措施继续钻进。若塌孔严重,应立即将钻孔全部用砂或小砾石夹黏土回填,暂停一段时间使其性能稳定后,再采取相应措施(加大泥浆浓度快速钻进等)重钻。

②孔身偏斜、弯曲。一般可在偏斜处吊挂钻锥反复扫孔,使钻孔正直。偏斜严重时应回填黏性土到偏斜处,待沉淀密实后再重钻。

③扩孔、缩孔。扩孔即孔径增大,要采取防止塌孔和防止钻锥摆动过大的措施。缩孔一是由于钻锥磨损过大焊补不及时,应及时补焊钻锥;二是因地层中有遇水膨胀的软土、黏土泥岩造成的,应选用失水率小的优质泥浆护壁。

④钻孔漏浆。若发现护筒内水头不能保持,水位下降,证明有漏浆现象,宜采用将护筒周围填土筑实,增加护筒沉埋深度,适当减小水头高度或采取加稠泥浆、加入黏土慢速转动等措施。

⑤糊钻、埋钻。常出现于正反循环回转钻进和冲击钻进中。遇此情况时应对泥浆稠度、钻渣进出口、钻杆内径大小、排渣设备进行检查计算,并控制适当进尺。若已严重糊钻,应停钻提出钻锥,清除钻渣。遇到塌方或其他原因造成埋钻时,应使用空气吸泥机吸走埋钻的泥沙,提出钻锥。

(7)质量检验及质量标准。

①钻孔在终孔和清孔后,应对孔位、孔深等进行检验。

②孔径、孔形和倾斜度宜采用专用仪器测定,当缺乏专用仪器时,可采用外径为钻孔柱钢筋笼直径加 100 mm(不得大于钻头直径),长度为 4～6 倍外径的钢筋检孔器吊入钻孔内检测。图 2-2-26 所示为预留在钢筋骨架内的超声波检测管。

③钻孔成孔的质量标准见表 2-2-2。

图 2-2-26　预留在钢筋骨架内的超声波检测管

任务实施

任务3：计算鱼亮子小桥基础工程量。

任务目标：能够进行结构体积的计算，学会计算混凝土量的方法。

任务实施：在鱼亮子小桥桥台一般构造图（图 2-2-27）中，计算基础的混凝土量。

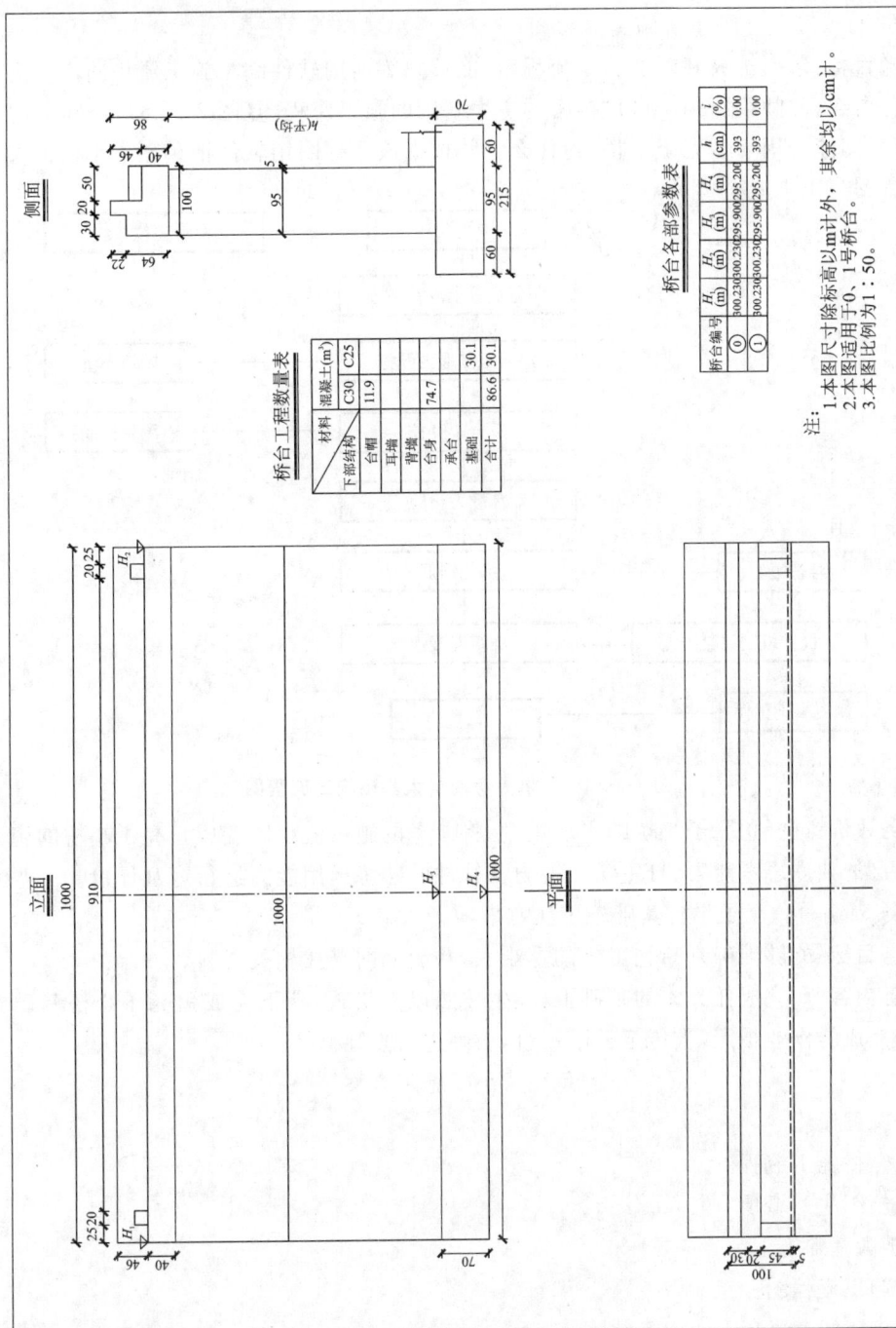

图 2-2-27　鱼亮子小桥桥台一般构造图

任务评价:请回答以下问题进行自测。

一般结构的混凝土量应如何计算? 在实际施工中,如果复核的混凝土量和图纸上不一样,应如何处理?

提示:规则图形,如鱼亮子小桥的基础为长方体,可以采用长乘宽乘高的方式。若不规则图形呢?

任务 4:编写鱼亮子小桥施工流程图。

任务目标:掌握扩大基础的施工流程图,能够熟练运用软件编写施工流程图。

任务内容:教师给出一个可供参考的扩大基础的施工流程图(图 2-2-28),请同学们仔细观察,该流程图能否用于鱼亮子小桥,为什么? 并根据该流程图用软件把鱼亮子小桥扩大基础的施工流程图写出来。

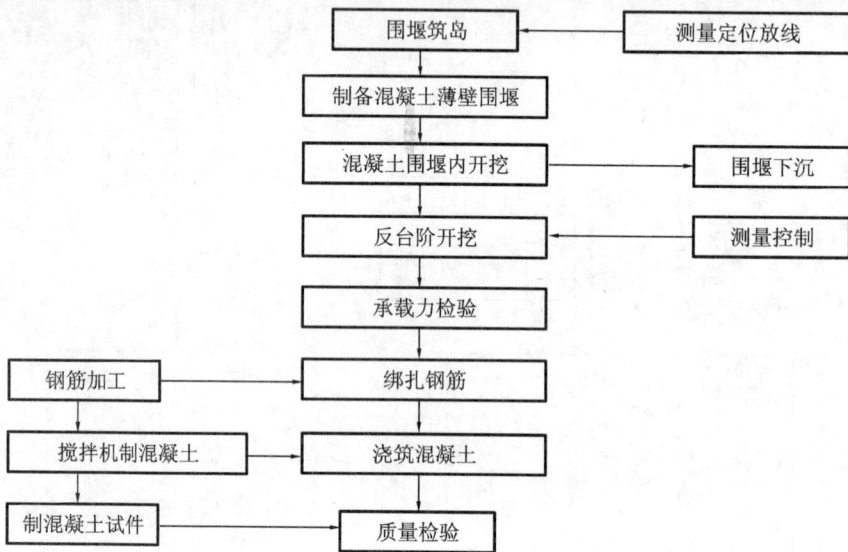

图 2-2-28 可供参考的扩大基础施工流程图

任务评价:选择鱼亮子小桥的围堰类型,将参考的施工流程图变成鱼亮子小桥的施工流程图,对自己的独立思考能力、自主学习能力及软件的熟练运用能力进行客观评价。

任务 5:编写鱼亮子小桥基础施工注意事项。

任务目标:能够准确判断施工中的重难点,并能上网寻找相关资料。

任务内容:在完成任务 4 的基础上,学生按照以下格式,课下完成鱼亮子小桥基础施工方案,并将完成的作业拍照,上传至教学平台,教师进行点评。

鱼亮子小桥施工方案

一、工程概述

二、全桥施工流程

三、施工注意事项

1.扩大基础施工

(1)施工流程图

(2)施工注意事项

2.……

2.3 墩台的构造与施工

【知识目标】
了解常见桥梁墩台的构造和施工方法。

【技能目标】
能够识读常见墩台类型的构造图及钢筋图；能够根据不同的墩台类型书写施工流程及施工注意事项。

【德育素养目标】
树立诚信和牢固的安全意识；培养学生自主分析和学习的能力。

【任务引入】
鱼亮子小桥的基础已经施工完毕，现在进入桥台的施工阶段。在进场之前，员工要接受安全教育，孙工给小李讲述了"骗子承包厨子施工"宇松铁路松花江特大桥的典型案例，本应浇筑混凝土的桥墩，竟在工程监理的眼皮底下，被偷工减料投入大量石块，造成巨大的安全隐患。小李陷入了深深的思考，为什么会出现这些问题？我们在具体的施工过程中到底还要注意些什么呢？

补充阅读：
吉林宇松铁路
松花江特大桥
工程欺诈
承包事件

知识储备

桥梁墩台是桥墩和桥台的合称，是支承桥梁上部结构的结构物，它与基础统称为桥梁下部结构，主要作用是承受上部结构传来的荷载，并将它及本身自重传给地基。

桥墩支承相邻的两孔桥跨，居于桥梁的中间部位。

桥台居于全桥的两端，它的前端支承桥跨，后端与路基衔接，起着支挡台后路基填土并把桥跨与路基连接起来的作用。

2.3.1 桥梁墩台的构造

1.桥墩构造

(1)重力式桥墩(图 2-3-1)。一般为采用混凝土或石砌的实体结构。墩身上设墩帽，下接基础。它的特点是充分利用圬工材料的抗压性能，借自身的较大截面尺寸和重量承受竖直方向和水平方向的外力，具有坚固耐久、施工简易、取材方便、节约钢材等优点。其缺点是圬工量大，外形粗大笨重，减少桥下有效孔径，增大地基负荷；当桥墩较高，地基承载力较低时尤为不利。

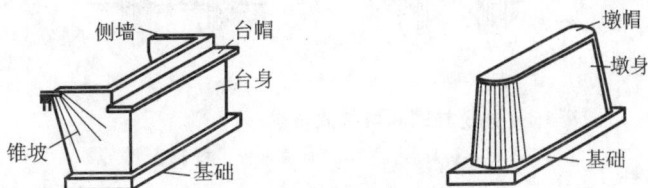

图 2-3-1 梁桥重力式桥墩

重力式桥墩多采用简单的流线型截面形状,如圆端墩、尖端墩、圆角形墩等,以便桥下水流顺畅地绕过桥墩,减少阻水及墩旁冲刷。当水流方向变化不定或与桥梁斜交时,宜采用圆形墩。对受流冰影响的桥墩,应在上游设破冰棱。非城市的旱桥及不受水流影响的桥墩,则宜采用便于施工的矩形截面。

(2)钢筋混凝土薄壁轻型桥墩(图 2-3-2)。

由于重力式桥墩重力大,当地基土质条件较差时,为了减轻地基的应力,可考虑采用钢筋混凝土薄壁轻型桥墩,其墩身厚度为墩高的 1/15~1/10(一般为 30~50 cm)。其圬工数量比重力式桥墩节省 70% 左右,但需耗用较多的钢筋。

图 2-3-2　钢筋混凝土薄壁轻型桥墩

(3)柱式和桩柱式桥墩(图 2-3-3)。

柱式桥墩是目前公路桥梁中广泛采用的桥墩形式,由承台、柱式墩身和盖梁三部分组成,具有线条简捷、明快、美观,既节省材料数量又施工方便的特点,特别适用于宽度较大的城市桥梁和立交桥。

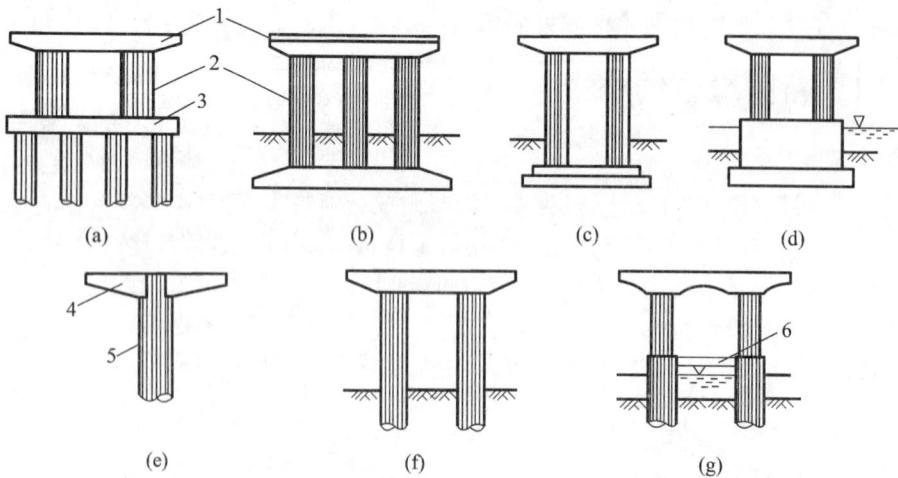

图 2-3-3　梁桥柱式和桩柱式桥墩

1—盖梁;2—立柱;3—承台;4—悬臂盖梁;5—单立柱;6—横系梁

柱式桥墩可以在灌注桩顶浇一承台,然后在承台上设立柱[图 2-3-3(a)],或在浅基础上设立柱[图 2-3-3(b)]。为了增强墩柱间抗撞击的能力,在两柱中间加做隔墙[图 2-3-3(c)]。当桥墩较高时,也可以把水下部分做成实体式,水上部分仍为柱式[图 2-3-3(d)]。

桩柱式桥墩一般分为两部分,在地面以上(或柱桩连接处以上)称为桩,在地面以下称为柱。图 2-3-3(e)为单柱式桩墩,适用于斜交桥;图 2-3-3(f)为等截面双柱式柱墩,桩位施工的精度要求高;图 2-3-3(g)为变截面双柱式桩墩,为了增加桩柱的横向刚度,在桩柱之间设置横系梁。

(4)柔性排架桩墩(图 2-3-4)。

柔性排架桩墩由成排的钢筋混凝土桩顶端连以钢筋混凝土盖梁而成,一般在墩高为5～7 m,跨径小于 13 m 的桥梁上使用。它的特点是材料用量省,修建简单,施工速度快,但缺点是用钢量大,使用高度和承载能力都受到一定的限制。

柔性排架桩墩可分为单排架桩墩和双排架桩墩。单排架桩墩高不超过 4～5 m。当柱高度大于 5 m 时,为了避免行车可能发生的纵向晃动,宜设置双排架墩。桩一般是采用预制的钢筋混凝土方桩,其截面为 25 cm×40 cm 的矩形。

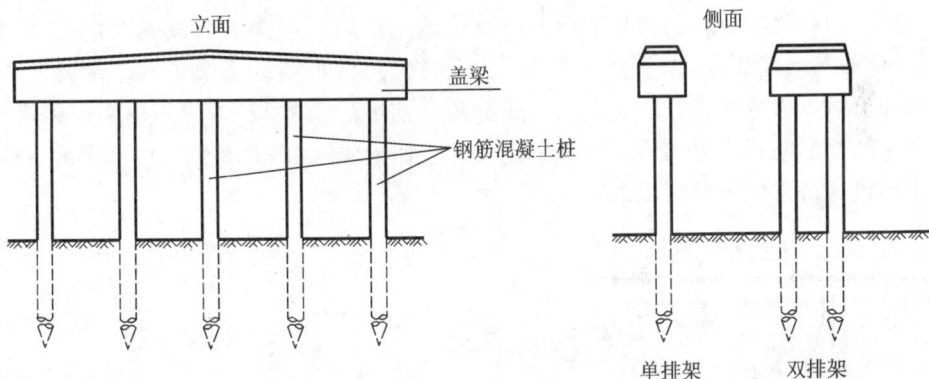

图 2-3-4　柔性排架桩墩

(5)框架式桥墩(图 2-3-5)。

图 2-3-5　框架式桥墩

大跨径桥梁,当上部结构为连续梁时,为了缩短两桥墩的跨径,桥墩结构可采用顶部分开、底部连在一起的 V 形桥墩和顶部分开、底部与直立桥墩连在一起的 Y 形桥墩。V 形桥墩的高度一般都设计成等高,墩底可以是固接的,也可以是铰接的。Y 形桥的高度可以不同,但斜臂顶至底的距离应保持不变,这样可以使所有的斜臂都具有统一的体形。

V 形和 Y 形桥墩具有优美的外形,它能增加上部结构的跨径,减少桥墩数目,但施工比较复杂,需设置临时墩和用钢脚手架来支承斜臂的重力。

2.桥台构造

(1)重力式桥台。

重力式桥台主要靠自身重力来平衡台后的土侧压力,桥台台身一般由圬工材料采用就地浇(砌)筑施工建成。

常用的桥台种类有重力式 U 形桥台,它是由台帽、台身(前墙和侧墙)和基础三部分构成,如图 2-3-6 所示。前墙除承受上部结构传来的荷载外,还承受路堤的水平压力。前墙顶部设置台帽,以放置支座和安设上部构造,其构造要求与墩帽基本相同。台顶部分用防护墙将台帽与填土隔开,侧墙用以连接路堤并抵挡路堤填土向两侧的压力。侧墙长度可根据锥形护坡长度决定,侧墙后端应伸入路堤锥坡内 75 cm,以防填土松塌。尾端上部做成垂直,下部按一定坡度缩短,前端与前墙相连,以改善前墙的受力条件。桥台前墙的下缘一般与锥坡下缘相齐。两个侧墙间应填以渗透性较好的土。为了排除桥台前墙后面的积水,应于侧墙间路高于高水位的平面上铺一层向路堤方向设有斜坡的夯实黏土作为防水层,并在黏土层上再铺一层碎石,将积水引向设于桥台后横穿路堤的盲沟内。

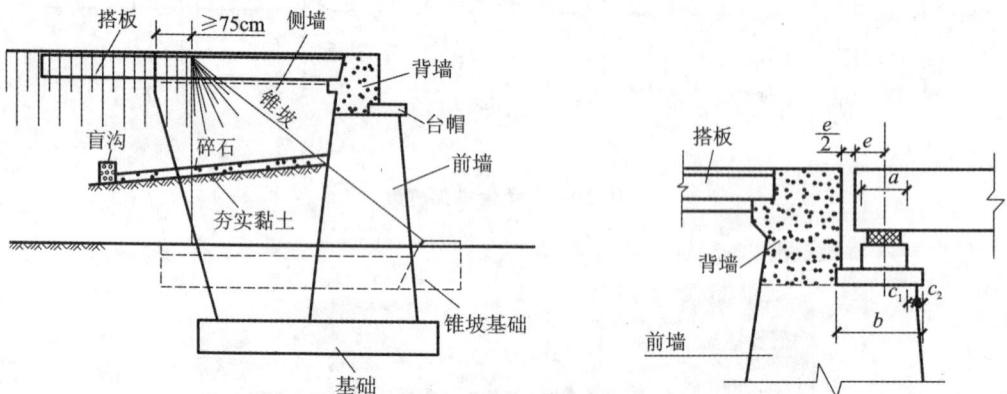

图 2-3-6 梁桥重力式 U 形桥台

(2)轻型桥台。

常用的轻型桥台可分为设有支撑梁的轻型桥台、框架式轻型桥台以及薄壁轻型桥台等几种类型。

①设有支撑梁的轻型桥台(图 2-3-7)。

其适用于跨径不大于 13 m、桥孔不大于 3 孔的梁(板)桥。台墙厚度不小于 60 cm,支撑梁应设于铺砌层或冲刷线以下,中距宜为 2~3 m,截面尺寸不小于 20 cm×30 cm。

②框架式桥台(图 2-3-8)。

其适用于地基承载力较低、台身较高、跨径较大的梁桥。常用的构造形式有肋板式桥台、柱式桥台、构架式桥台三种。

图 2-3-7 设有支撑梁的轻型桥台

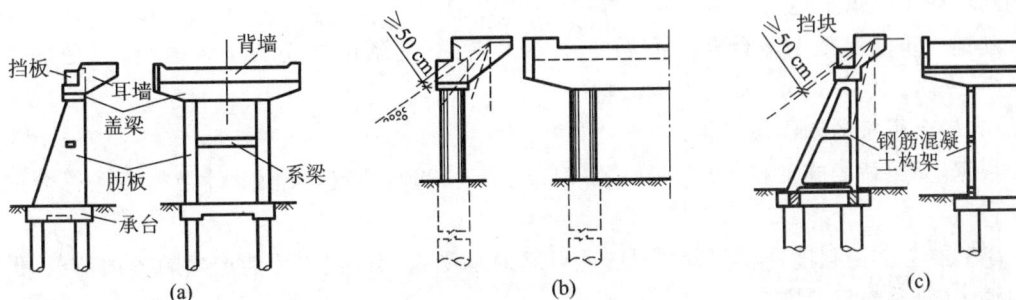

图 2-3-8 框架式桥台

(a)肋板式桥台;(b)双柱式桥台;(c)构架式桥台

a.肋板式桥台:台身高度大于或等于 10 m 时,设置系梁,盖梁、系梁和耳墙采用的混凝土等级大于或等于 C25,肋板厚度为 40～80 cm,混凝土等级大于或等于 C20。

b.柱式桥台:用于填土高度小于 5 m 的桥台,柱间不须设置系梁。

c.构架式桥台:比柱式桥台具有更好的刚度,比肋板式桥台更节省圬工用量,可用于填土高度大于 5 m 的桥台。

(3)组合式桥台。

组合式桥台是由主要承受桥跨结构传来的竖向力和水平力的台体,与承受台后土压力的其他结构组合而成。其适用于台高 5～6 m 的跨线桥或台位不受河水冲刷的中、小跨径桥,常用的形式有加筋土桥台(图 2-3-9)、过梁式框架桥台以及台墙隔离桥台。

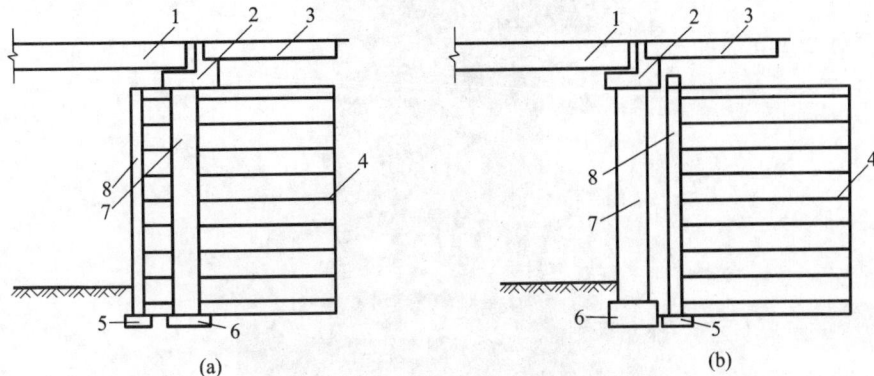

图 2-3-9 加筋土桥台

(a)内置组合式;(b)外置组合式

1-上部构造;2-盖梁;3-桥头搭板;4-筋带;5-基础;6-台柱基础;7-台柱;8-面板

2.3.2 梁桥墩台的施工

1. 就地浇筑的混凝土墩台施工

梁桥墩台施工通常分成两大类:一类是现场就地浇筑与砌筑;一类是拼装预制的钢筋混凝土或预应力混凝土结构。大部分采用前者,因其工序简便,机具较少,技术操作难度较小;但是施工工期较长,需耗费较多的劳动力与物力。近年来,交通建设迅猛发展,施工机械也有了很大的进步,采用预制装配构件施工墩台的施工方法也带来了新的发展,这种施工方法的优点是可确保工程质量,同时加快施工速度,有利于机械化施工和文明施工,尤其对场地狭窄、缺少砂石的地区或干旱缺水地区修建墩台有着重要的意义。

就地浇筑的混凝土墩台施工有两个主要工序:一是制作与安装墩台模板;二是混凝土浇筑。

(1)墩台模板的制作与安装。

根据《公路桥涵施工技术规范》(JTG/T 3650—2020)规定,模板设计与施工应符合以下要求:

①具有必需的强度、刚度和稳定性,能可靠地承受施工过程中可能产生的各项荷载,保证结构物各部形状、尺寸准确。

②尽可能采用组合钢模板或木模板,以节约木材,提高模板的适应性和周转率。

③模板板面平整,接缝严密不漏浆。

④拆装容易,施工时操作方便,保证安全。

常用的模板类型有以下几种:

①拼装式模板。采用各种尺寸的标准模板,利用销钉连接,并与拉杆、加劲构件等组成的模板,如图 2-3-10 所示。拼装式模板由于在加工厂内加工制造,因此板面平整、尺寸准确、体积小、重量轻、拆装容易、运输方便,应用十分广泛。

图 2-3-10 拼装式模板

②整体吊装模板。将墩台模板水平分成若干段,每段模板组成一个整体,在地面拼装后吊装就位,如图 2-3-11 所示。整体吊装的优点是安装时间短,无须设立施工接缝,加快施工进度,提高施工质量,比较适合建造较高的桥墩。

图 2-3-11　整体吊装模板
(a)缆索吊运整体模板;(b)整体模板准备就位

③组合型钢模板。以各种长度、宽度及转角的标准构件,用定型的连接件将钢模板拼成结构用模板,具有体积小、重量轻、运输方便、装拆简单、接缝紧密等优点,适用于地面拼装、整体吊装的结构。

④滑动钢模板。滑动式模板是在混凝土浇筑过程中,随浇筑而滑移的模板,简称滑模,以竖向滑升应用最广,适用于各种类型的桥墩。如图 2-3-12 所示,滑模是先在地面上按照桥墩的平面轮廓组装一套 1.0～1.2 m 高的模板,随着浇筑层的不断上升而滑升,直至完成整个桥墩计划高度内的浇筑。滑模施工可以节约模板和支撑材料,加快施工进度,改善施工条件,保证结构的整体性,提高混凝土表面的质量,降低工程造价。其缺点是滑模系统一次性投资大,耗钢量大,且保温条件差,不宜于低温季节使用。

图 2-3-12　滑动模板

47

各种模板在工程上的应用,可根据墩(台)的高度、形式、机具设备与施工期限等条件合理选用。模板安装前应对模板尺寸进行检查;安装时要坚实牢固,以免振捣混凝土时引起"跑模"和漏浆;安装位置要符合结构设计的要求。

(2)混凝土的运送。

混凝土施工前,应将基础顶面冲洗干净,凿除表面浮浆,整修连接钢筋。

浇筑混凝土时,应经常检查模板、钢筋及预埋件的位置和保护层的尺寸,确保位置正确,不发生变形。混凝土施工中,应切实保证混凝土的配合比、水灰比和坍落度等技术性能指标满足规范要求。

混凝土的水平、垂直运输方式与适用条件应满足设计要求。如混凝土数量大,浇筑速度快,则可根据墩台的高低,通过水平与垂直运送相配合的方式运送。如混凝土数量大,灌注捣固速度快,则可采用混凝土泵和皮带运输机。运输带的转动速度应不大于 1.2 m/s,其最大倾斜角:当混凝土坍落度小于 4 cm 时,向上传送为 18°,向下传送为 12°;当坍落度为 4~8 cm 时,向上传送和向下传送分别为 15°与 10°。

(3)混凝土浇筑。

在墩台混凝土施工中,要严格控制技术标准,主要应切实保证混凝土的配合比、水灰比和坍落度等指标要求。

墩台是大体积混凝土结构,为避免水化热过高导致混凝土因内外温差过大而引起裂缝,可采取如下措施:

①采用改善集料级配、降低水灰比、加混合材料与外加剂、掺入片石等方法减少水泥用量。

②采用铝酸三钙和硅酸三钙含量少、水化热低的水泥,如中、低等水化热水泥,粉煤灰水泥,低强度等级水泥等。

③减小浇筑层的厚度,加快混凝土的散热速度。

④混凝土用料应避免日光暴晒,以降低其初始温度。

⑤在混凝土内埋设冷却管通水冷却。

当浇筑的平面面积过大,不能在前层混凝土初凝或能重塑前浇筑完成次层混凝土时,为保证结构的整体性,宜分块浇筑。分块时应注意各分块面积不得小于 50 m²;每块高度不宜超过 2 m;块与块间的竖向接缝面应与墩(台)身或基础平截面的短边平行,与平截面的长边垂直;上下邻层间的竖向接缝应错开位置做成企口,并应按施工缝处理。混凝土中填片石时应符合有关规定。

为防止墩台基础第一层混凝土中的水分被基底吸收或基底水分渗入混凝土,对墩台基底处理除应符合天然地基的有关规定外,尚应符合以下规定:

①基底为非黏性土或干土时,应将其润湿。

②如为过湿土,应在基底设计标高下夯填一层 10~15 cm 厚片石或碎(卵)石层。

③基底为岩石时,应加以润湿,铺一层厚 2~3 cm 水泥砂浆,然后于水泥砂浆凝结前浇筑第一层混凝土。

墩台身钢筋的绑扎应和混凝土灌注配合进行。在配置第一层垂直钢筋时,应有不同的长度,同一断面的钢筋接头应符合《公路桥涵施工技术规范》(JTG/T 3650—2020)的规定。水平钢筋的接头,也应内外上下互相错开。钢筋保护层的净厚度,应符合设计要求,如无设计要求,则可取墩台身受力钢筋不小于 3 cm,承台基础受力钢筋不小于 3.5 cm。

（4）混凝土养护。

一般混凝土浇筑完成后,应在收浆后尽快予以覆盖和洒水养护。

①当气温低于 5 ℃时,应覆盖保温,不得向混凝土面上洒水。

②混凝土的洒水养护时间一般为 7 d,可根据空气的湿度、温度和水泥品种及掺用的外加剂等情况,酌情延长或缩短。

③当结构物混凝土与流动性的地表水或地下水接触时,应采取防水措施,保证混凝土在浇筑后 7 d 内不受水的冲刷侵袭。当环境水具有侵蚀作用时,应保证混凝土在 10 d 以内,且强度达到设计强度的 70% 以前,不受水的侵袭。

④对大体积混凝土的养护,应根据气候条件采取降温措施,并按需要测定浇筑后的混凝土表面和内部温度,将温差控制在设计要求的范围内,当设计无要求时,温差不宜超过 25 ℃。

⑤混凝土强度达到 2.5 MPa 前,不得使其承受行人、运输工具、模板、支架及脚手架等荷载。

2. 墩台帽的施工

在墩帽底模安装的时候,用两个半圆钢箍紧扣在立柱上端作为支撑,在基桩顶部上靠近立柱放四根圆木起到牢固支撑钢箍的作用,立柱和钢箍之间要缠绕一圈毡布并用高强度的螺栓上紧钢箍以防止脱落,然后钢箍上放置两根大槽钢作为承重梁,墩帽底模还要继续采用定制的大块钢模板,并且模板要具有良好的强度和刚度。安装模板的时候,模板平面位置一定要准确,模板拼缝要用橡胶条塞缝严密,一定要对支架的承受荷载进行准确验算,确保工程施工安全。

（1）钢筋加工安装以及侧面模板安装与支撑。

开始钢筋安装之前要先安装好底模,底模在安装前需要进行表面清理。侧面模板需要采用钢模板时,使用前要用电动手砂轮打磨光滑,除锈干净,并均匀地涂上脱模剂,脱模剂不能用废机油代替。安装的时候,要注意拼缝严密和竖向模板竖直,严格按设计尺寸控制模内尺寸,模板的上下口要采用拉杆对拉,横向每隔 80 cm 要用 10 cm 槽钢竖向对侧模进行支撑。侧模和侧模之间的棱角处,要仔细填塞严密,使不漏浆,倾斜度在 30°～45°时,结构外露锐角须作 3 cm 倒角。

（2）钢筋网、预埋件、预留孔安装。

施工时为保证支座下各层钢筋网位置正确,在两侧模板上画线,并加设固定钢筋网的架立钢筋和定位钢筋,以免振捣混凝土时钢筋网发生位移,预埋件在墩台帽上的外露部位要有明显标识,浇至顶层混凝土时要注意外露部分尺寸准确。在已埋入墩台帽内的预埋件上施焊时,应尽量采用细焊条、小电流分层施焊以免烧伤混凝土。台帽上的预留螺栓孔应注意在绑扎钢筋时将孔位置用木塞留出,待台帽达到强度后取出木塞,螺栓准确定位后用与台帽同标号的小石子混凝土填筑。

（3）墩台帽施工注意事项。

①加强对底模及支撑的加固,使其具有良好的强度、刚度和稳定性。认真检查底模的平面位置、标高及拼装质量。

②处理好模板拼缝,做到严密不漏浆,对模板内面精心处理,用干净的液压油作为脱模剂,技术人员严格把关。

③浇筑前后场试验人员提前做出砂石料含水量,按实际施工配合比严格控制混合料的质

量,拌和时间不小于 2 min,坍落度为 7～9 cm。

④送至前场的混凝土做坍落度试验,不符合要求的废掉,不允许现场二次加水使用。

⑤浇筑分层进行,分层厚度为每层 30 cm,分层保持水平,浇筑时从低处到高处进行,浇筑回头长度 4 m,在下层混凝土初凝前浇筑完上层混凝土。

⑥均匀进行振捣,振动棒不得碰撞模板、钢筋等。模板棱角等处特别加强振捣密实,避免因漏振造成混凝土质量缺陷。

⑦严格控制好支座垫石位置及标高,要求垫石位置准确,标高无误,表面平整密实,平整度好。

任务实施

任务 6:识读鱼亮子小桥桥台布置图。

任务目标:能够根据图纸判断鱼亮子小桥的桥台类型,读懂桥台结构构造图,并复核工程量。

任务内容:(1)学生阅读桥台一般构造图(图 2-2-27),复核桥台台帽和台身的混凝土量,分组完成任务(教师提示:图中有一个工程量是错的,看学生能否找出)。

(2)教师针对桥台台帽钢筋布置图(图 2-3-13)、桥台挡块钢筋构造图(图 2-3-14)、桥台锚栓布置图(图 2-3-15),提出 6 个必答题和 2 个抢答题,教师讲解题目含义。

桥台台帽钢筋构造图:

①混凝土保护层厚度为多少?1 号钢筋数量怎么来的?

②Φ 和 Φ 分别代表什么?

③2 号、3 号、4 号钢筋数量如何确定?

④四种钢筋分别为什么类型的钢筋?在桥台中起什么作用?

桥台挡块钢筋构造图:

①挡块作用是什么?混凝土量如何计算?

②1 号、2 号钢筋数量如何确定?

附加:

①桥台锚栓的作用是什么?

②一块板长 400 cm,混凝土保护层厚度为 10 cm,箍筋间距@20,问箍筋有几根?

(3)教师布置课下作业,要求将复核的图纸内容写在作业本上。

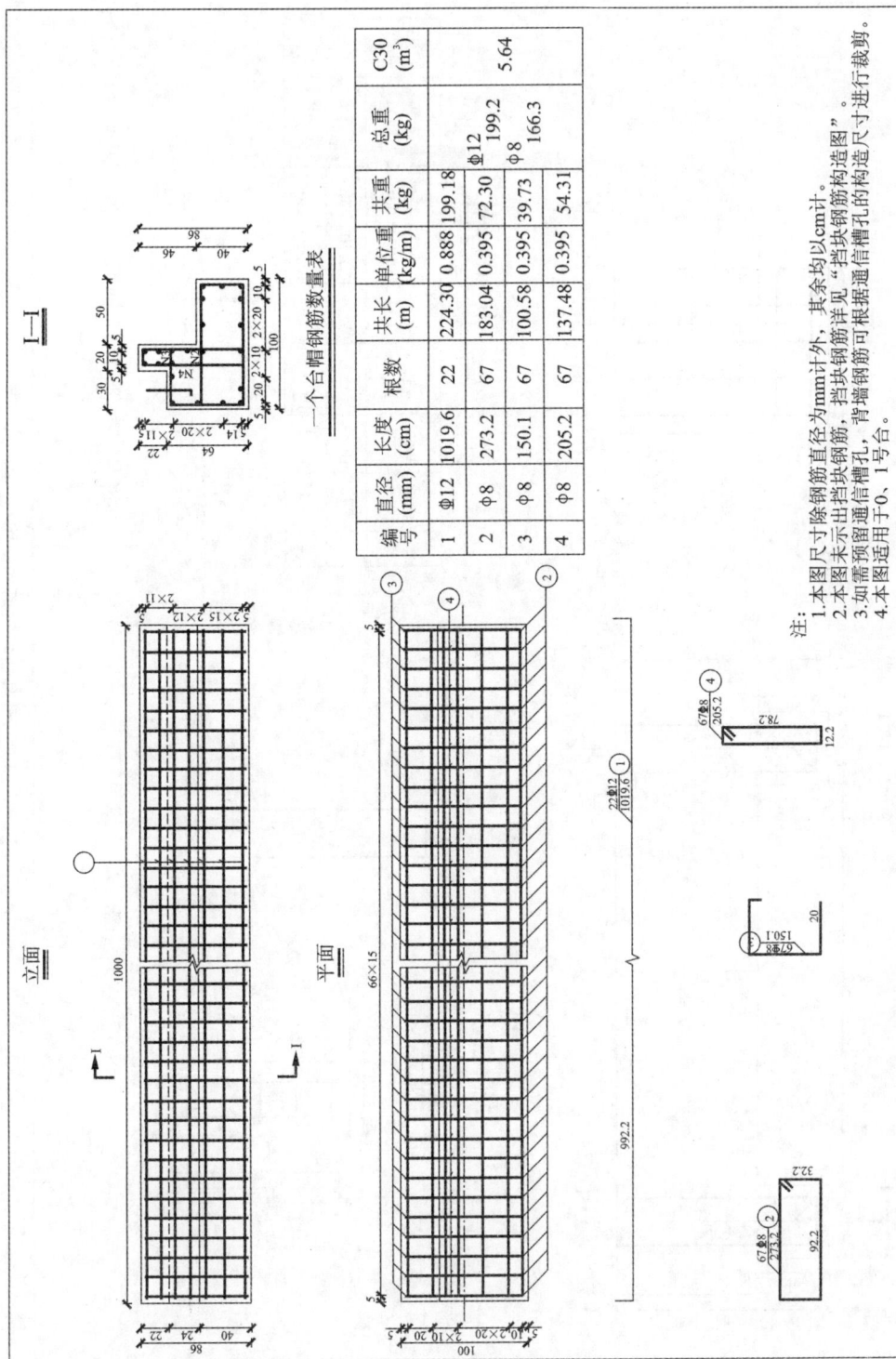

一个台帽钢筋数量表

编号	直径 (mm)	长度 (cm)	根数	共长 (m)	单位重 (kg/m)	共重 (kg)	总重 (kg)	C30 (m³)
1	Φ12	1019.6	22	224.30	0.888	199.18	Φ12 199.2	5.64
2	Φ8	273.2	67	183.04	0.395	72.30		
3	Φ8	150.1	67	100.58	0.395	39.73	Φ8 166.3	
4	Φ8	205.2	67	137.48	0.395	54.31		

注:
1. 本图尺寸除钢筋直径为mm计外，其余均以cm计。
2. 本图未示出挡块钢筋，挡块钢筋详见"挡块钢筋构造图"。
3. 如需预留通信槽孔，背墙钢筋可根据通信槽孔的构造尺寸进行截剪。
4. 本图适用于0、1号台。

图2-3-13 桥台台帽钢筋构造图

一个挡块材料数量表

编号	直径 (mm)	长度 (cm)	根数	共长 (m)	单位重 (kg/m)	共重 (kg)	总重 (kg)	C30 (m³)
1	Φ20	105.3	5	5.26	2.470	13	Φ20 13.0	0.02
2	Φ8	43.1	6	2.59	0.395	1.02	Φ8 1.0	

注：1.本图尺寸除钢筋直径以mm计外，其余均以cm计。
　　2.本图适用于0、1号台。

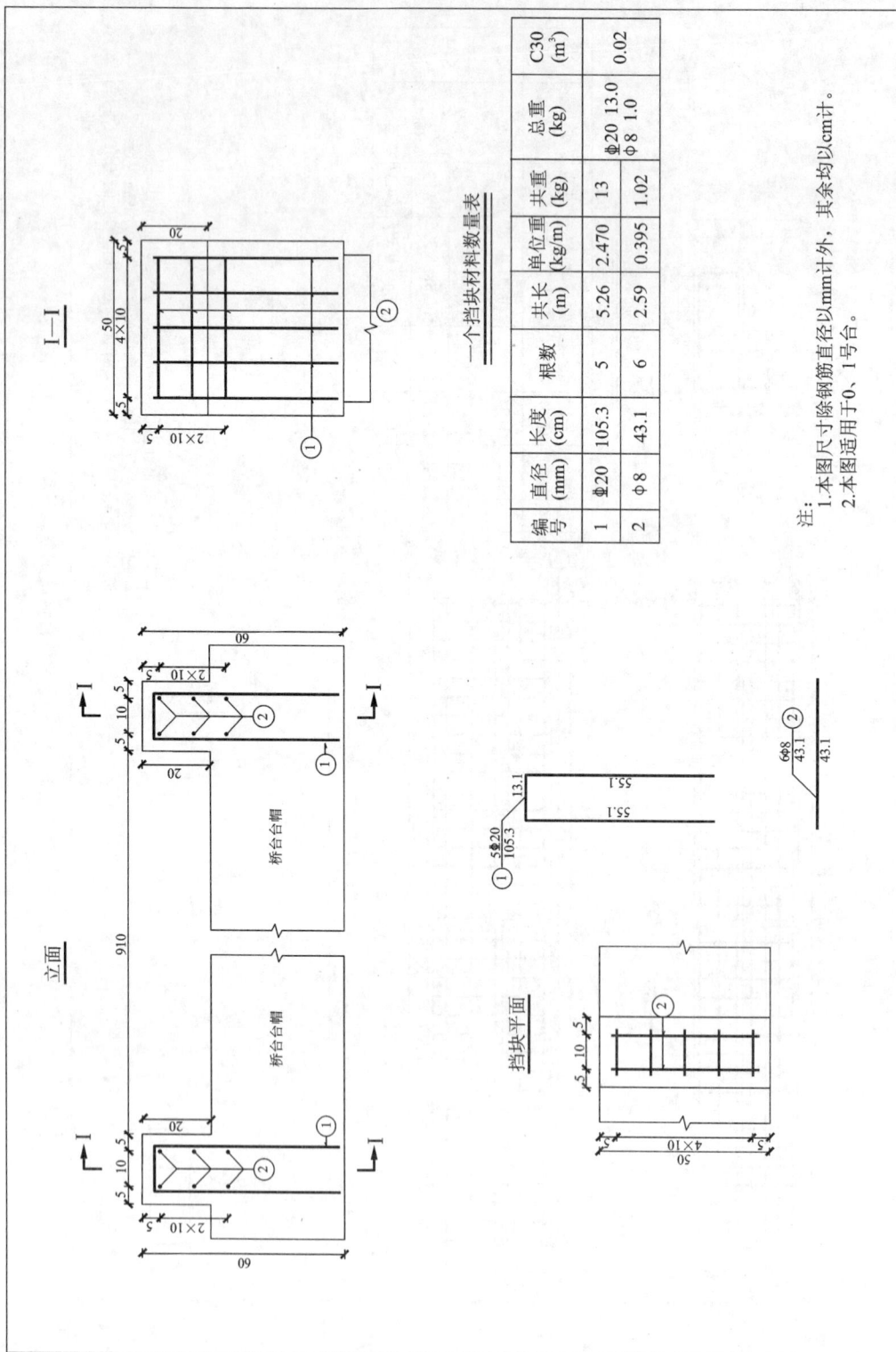

图 2 - 3 - 14　桥台挡块钢筋构造图

锚栓大样

墩(台)帽

油毛毡

沥青麻絮

现浇板

浇筑C40混凝土

桥台锚栓立面布置图

桥台锚栓平面布置图

全桥锚栓材料数量表

编号	直径 (mm)	钢筋形式	长度 (cm)	根数	单位重 (kg/m)	共重 (kg)
1	Φ25	见大样图	60	18	3.850	41.58
2	Φ8	见大样图	220	18	0.395	15.66
3	钢管	Φ38×2.5mm	30	18	1.880	10.17
4	锌铁皮	200×200×0.25		18	0.079	1.44

注:1.本图尺寸除钢筋直径以mm计外,其余均以cm计。

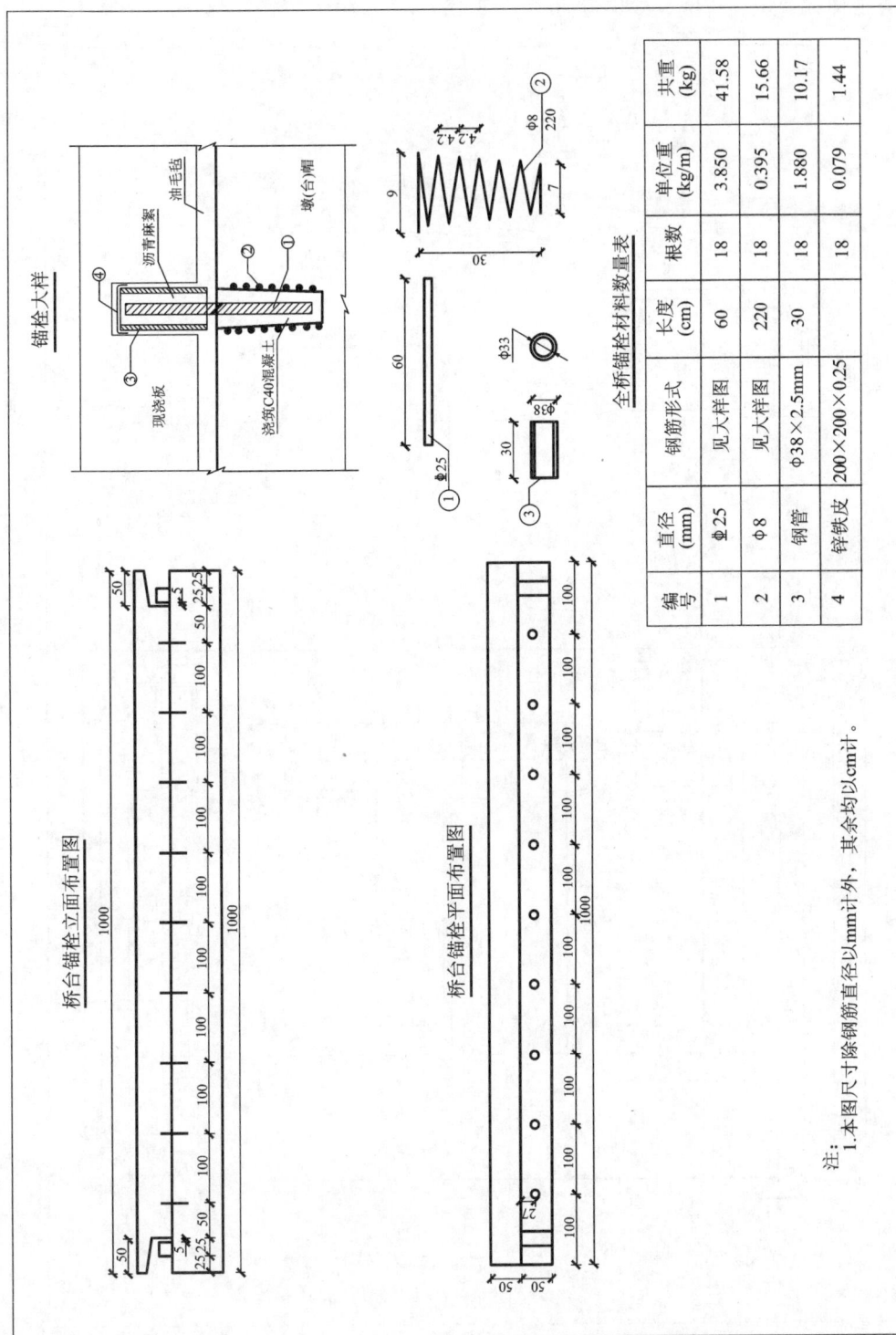

图 2 - 3 - 15　桥台锚栓布置图

任务延伸:(1)识读桥墩一般构造图(图 2-3-16)。

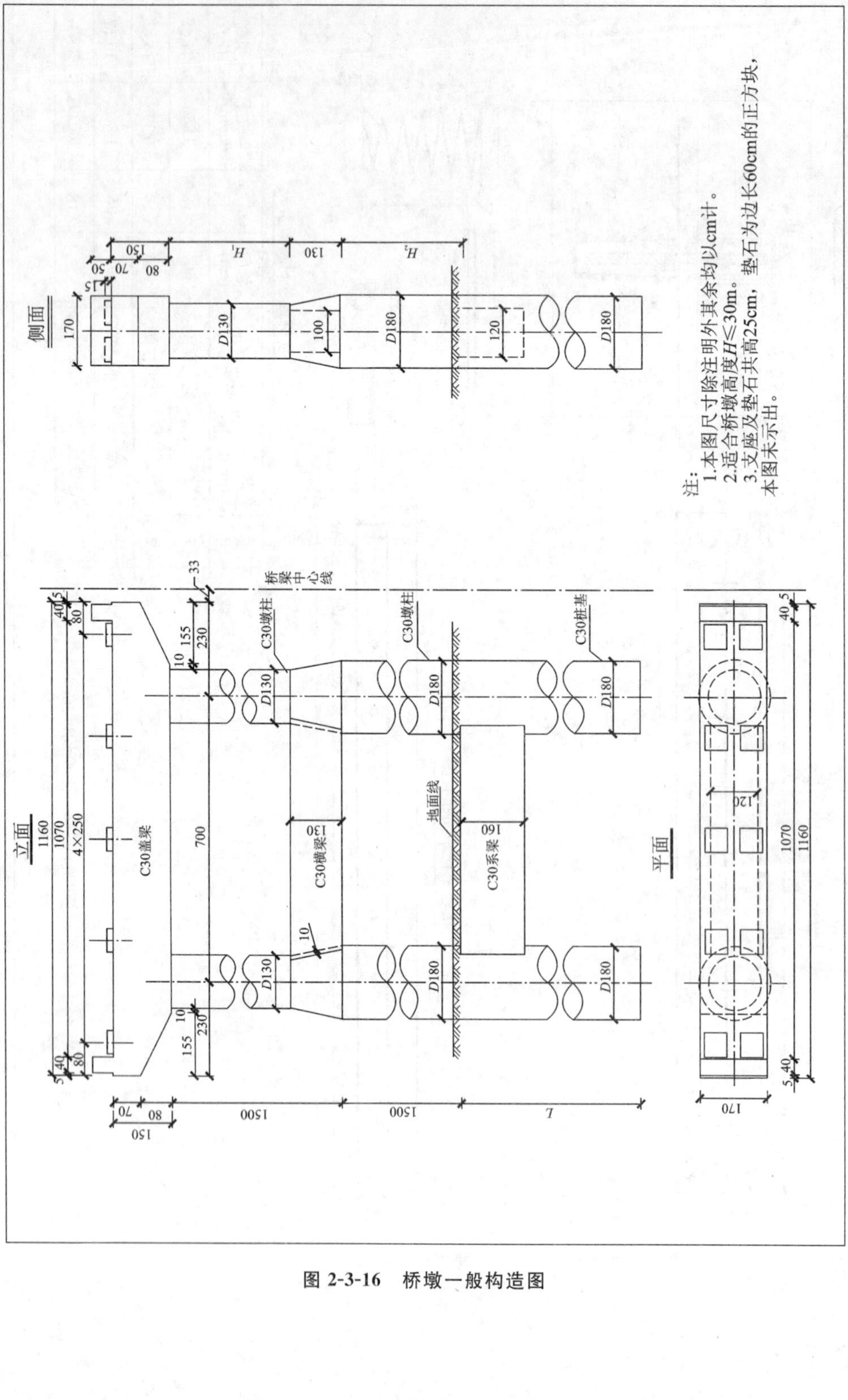

图 2-3-16 桥墩一般构造图

任务评价：识读图 2-3-16，按照表 2-3-1 的评分标准进行评比。

表 2-3-1　　　　　　　　　　　　　　　　　评分表一

评价内容		配分	评分细则	得分
职业素养与操作规范（20分）		2	语言文明、态度端正、秩序感强	
		3	检查资料是否齐全，做好准备工作	
		5	任务完成后，整齐摆放图纸、作业、工具，整理工作台面	
		5	不损坏工具和设备，故意损坏的本项计 0 分	
		5	严格遵守课堂纪律，故意违背纪律的本项计 0 分	
作品	识图问题回答（80分）	10	问题：本图中桥墩总体宽度是多少	
			评价：正确计 10 分，错误计 0 分	
		10	问题：本图中桥墩、盖梁混凝土标号是多少	
			评价：每问回答正确计 5 分	
		10	问题：本图中支座垫石的横向间距是多少？垫石厚度是多少	
			评价：每问回答正确计 5 分	
		10	问题：本图中桥墩立柱的间距是多少	
			评价：正确计 10 分，错误计 0 分	
		10	问题：本图中桥墩立柱间横梁厚度是多少	
			评价：正确计 10 分，错误计 0 分	
		10	问题：本图中桥墩桩基间系梁的宽度是多少	
			评价：正确计 10 分，错误计 0 分	
		10	问题：本图中桩基的直径是多少	
			评价：正确计 10 分，错误计 0 分	
		10	问题：本图右上角角标是什么意思	
			评价：正确计 10 分，错误计 0 分	

（2）识读桥台一般构造图（图 2-3-17）。

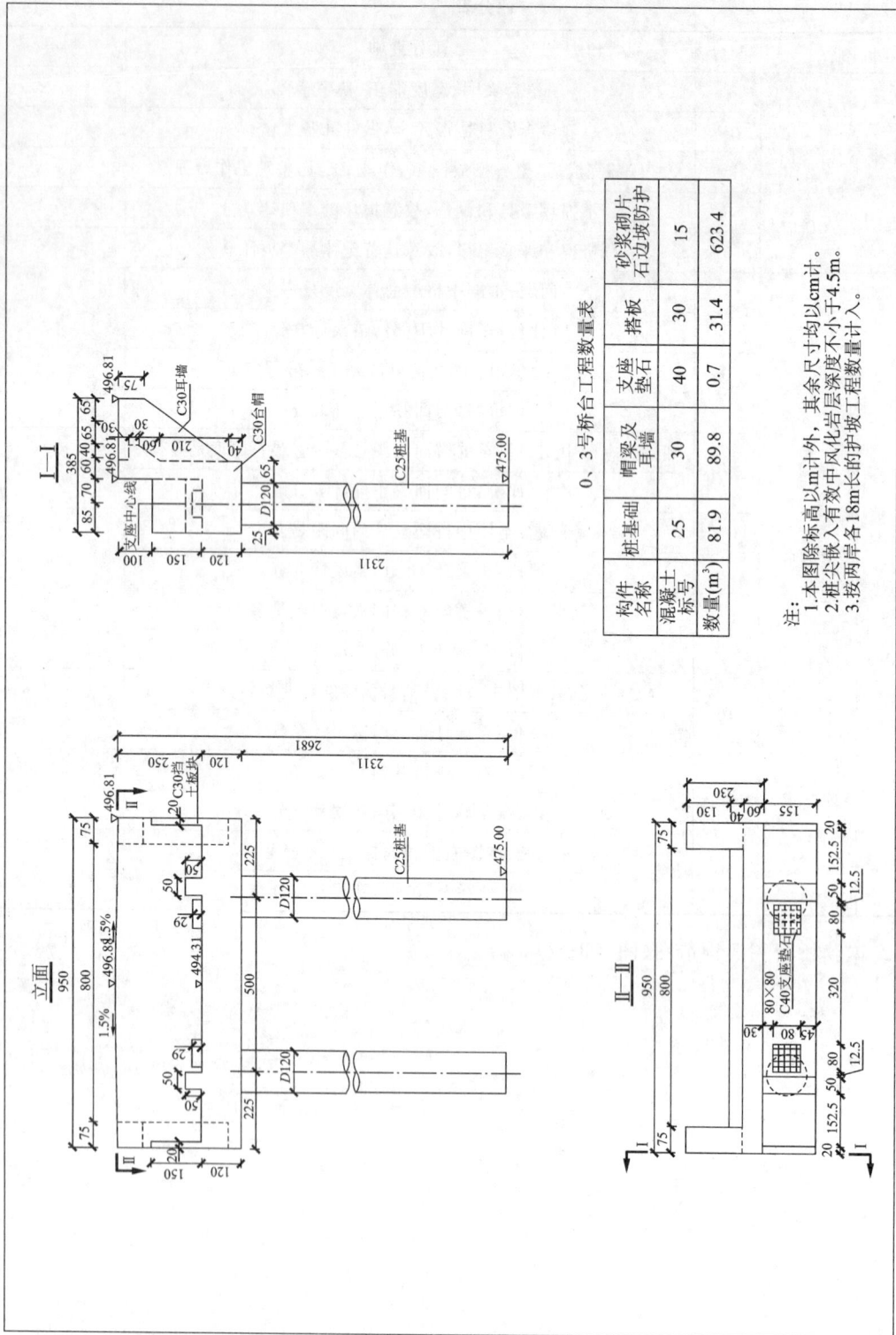

构件名称	桩基础	帽梁及耳墙	支座垫石	搭板	砂浆砌片石边坡防护
混凝土标号	25	30	40	30	15
数量(m³)	81.9	89.8	0.7	31.4	623.4

0、3号桥台工程数量表

注:
1.本图除标高以m计外,其余尺寸均以cm计。
2.桩头嵌入有效中风化岩岩层深度不小于4.5m。
3.按两岸各18m长的护坡工程数量计入。

图 2 - 3 - 17 桥台一般构造图

任务评价：识读图 2-3-17，按照表 2-3-2 的评分标准进行评比。

表 2-3-2 评分表二

评价内容		配分	评分细则	得分
职业素养与操作规范 （20 分）		2	语言文明、态度端正、秩序感强	
		3	检查资料是否齐全，做好准备工作	
		5	任务完成后，整齐摆放图纸、作业、工具，整理工作台面	
		5	不损坏工具和设备，故意损坏的本项计 0 分	
		5	严格遵守课堂纪律，故意违背纪律的本项计 0 分	
作品	识图问题回答 （80 分）	10	问题：本图中桥台总体宽度是多少	
			评价：正确计 10 分，错误计 0 分	
		10	问题：本图中桥台台帽混凝土标号是多少	
			评价：正确计 10 分，错误计 0 分	
		10	问题：本图中支座垫石的横向间距是多少？垫石厚度是多少	
			评价：每问回答正确计 5 分	
		10	问题：本图中桥台桩基的间距是多少	
			评价：正确计 10 分，错误计 0 分	
		10	问题：本图中桩基基底的标高是多少	
			评价：正确计 10 分，错误计 0 分	
		10	问题：本图中桥台耳墙厚度是多少	
			评价：正确计 10 分，错误计 0 分	
		10	问题：本图中桩基的直径是多少	
			评价：正确计 10 分，错误计 0 分	
		10	问题：本图中桥台总体高度是多少	
			评价：正确计 10 分，错误计 0 分	

任务 7：编写小桥桥台施工方案。

任务目标：能够根据图纸编写小桥桥台施工流程图和施工注意事项。

任务内容：在任务 6 完成的基础上，教师给学生展示一个施工流程图（图 2-3-18），提醒学生可以参考，但是其中有和鱼亮子小桥不一样的地方，学生按照要求把鱼亮子小桥的施工流程图写出来，并补充完整鱼亮子小桥桥台施工的注意事项。

施工准备
↓
测量放样
↓
基坑开挖
↓
模板加工、运输 → 安装基础模板
↓
混凝土搅拌、运输 → 基础混凝土浇筑
↓
制作试块 → 混凝土养护
↓
块石、砂浆搅拌、运输 → 台身砌筑
↓
制作试块 → 绑扎台帽钢筋
↓
模板加工、运输 → 安装台帽模板
↓
混凝土拌和、运输 → 台帽混凝土浇筑
↓
制作试块 → 混凝土养护
↓
试块强度检查 → 拆模
↓
养护
↓
台背填土

图 2-3-18　可供参考的扩大基础施工流程图

任务评价:教师在黑板上写出施工方案应该包括的内容,提示学生思考:施工流程图中的哪几步应该是施工中重点控制的内容? 如何对这几步进行重点控制? 重点考察学生的独立思考能力和主动学习能力。

任务提示

2.4　支座的构造与施工

【知识目标】

掌握支座的常见类型及施工方法。

【技能目标】

能够根据图片或者实物识别常见支座的类型;根据不同的支座类型判断不同的施工方法。

【任务引入】
鱼亮子小桥的下部结构已经施工完成了,即将进入上部结构的施工。在上部结构施工前要先完成支座的安装。小李发现鱼亮子小桥的支座和自己印象中的支座不太一样,它不是橡胶的,也不是钢制的,而是用油毛毡制成的,这是一种什么支座呢? 这种支座要怎样施工呢?

知识储备

按照梁式桥受力要求,在桥跨结构和墩台之间常须设置支座,支座的主要作用是:

(1)将上部结构的支承反力(包括结构自重和可变作用引起的竖向力和水平力)传递到桥梁墩台。

(2)保证结构在汽车荷载、温度变化、混凝土收缩和徐变等因素作用下能自由变形。

按支座变形的可能性,梁式桥的支座一般分成固定支座和活动支座两种。固定支座既要固定主梁在墩台上的位置并传递竖向压力,又要保证主梁发生挠曲时在支承处能自由转动。活动支座只传递竖向压力,但要保证主梁在支承处既能自由转动又能水平移动。

2.4.1 支座的构造

1.简易垫层支座

跨径小于 5 m 的涵洞,可不设专门的支座结构,而采用由几层油毛毡或石棉做成的简易支座。为了防止墩、台顶部前缘与上部结构相抵,通常应将墩、台顶部的前缘削成斜角,如图 2-4-1所示,并且最好在板或梁端底部以及墩、台顶部内增设 1~2 层钢筋网予以加强。

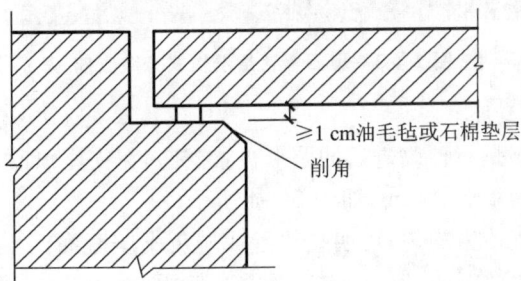

≥1 cm油毛毡或石棉垫层

削角

图 2-4-1 简易垫层支座

2.橡胶支座

橡胶支座构造简单,加工方便,造价低,结构高度小,安装方便,使用性能良好;能方便地适应任意方向的变形,故特别适用于宽桥、曲线桥和斜交桥;橡胶的弹性还能削减上、下部结构所受的动力作用,对抗震十分有利。

(1)板式橡胶支座。

板式橡胶支座由几层橡胶和薄钢片叠合而成,如图 2-4-2 所示。

板式橡胶支座一般不分固定支座和活动支座,它能将水平力均匀传递给支座且便于施工,

图 2-4-2　板式橡胶支座

如有必要设置固定支座可采用不同厚度的橡胶支座来实现;对于斜桥或圆形柱墩的桥梁可采用圆形板式橡胶支座;安装橡胶支座时,支座中心尽可能对准上部构造的计算支点。

(2)聚四氟乙烯滑板式橡胶支座。

聚四氟乙烯滑板式橡胶支座(图 2-4-3)是在普通板式橡胶支座上黏附一层聚四氟乙烯板(厚 2~4 mm)而成。除具有普通板式橡胶支座的优点外,它还能利用聚四氟乙烯板与梁底不锈钢板之间的低摩擦系数(通常 $\mu = 0.06$)使得桥梁上部构造的水平位移不受限制。

其适用于较大跨度的简支梁桥、桥面连续的梁桥和连续梁桥;此外,还可用作连续梁顶推施工的滑块。

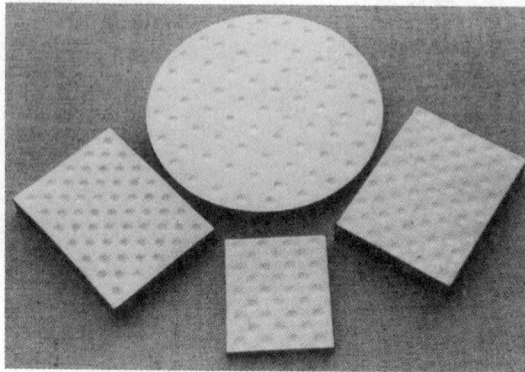

图 2-4-3　聚四氟乙烯滑板式橡胶支座

(3)球冠圆板式橡胶支座。

球冠圆板式橡胶支座是一种改进后的圆形板式支座,在支座顶面用纯橡胶制成球形表面,球面中心橡胶最大厚度为 4~10 mm,如图 2-4-4 所示。

球冠圆板式橡胶支座传力均匀,可明显改善或避免支座底面产生偏压、脱空等不良现象,特别适用于纵横坡度较大(3%~5%)的立交桥及高架桥。

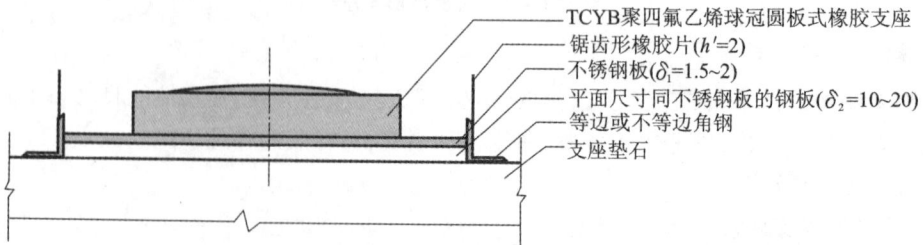

TCYB聚四氟乙烯球冠圆板式橡胶支座
锯齿形橡胶片(h'=2)
不锈钢板(δ_1=1.5~2)
平面尺寸同不锈钢板的钢板(δ_2=10~20)
等边或不等边角钢
支座垫石

图 2-4-4　球冠圆板式橡胶支座

（4）盆式橡胶支座。

盆式橡胶支座（图 2-4-5）是利用设置在钢盆中的橡胶板达到对上部结构具有承压和转动的功能，利用聚四氟乙烯板和不锈钢板之间的平面滑动来适应桥梁的水平位移要求。

盆式橡胶支座按其工作特征可以分为固定支座、多向活动支座和单向活动支座三种。

图 2-4-5　盆式橡胶支座

3. 球形钢支座

球形钢支座具有受力均匀，转动量大（设计转角可达 0.05 rad 以上）且各向转动性能一致等优点，特别适用于曲线桥和宽桥，如图 2-4-6 所示。

球形支座有固定支座、单向活动支座和多向活动支座之分。活动支座主要由下支座凹板、中间球形钢衬板、上支座滑板、不锈钢位移板、聚四氟乙烯滑板（平面和球面各一块，简称四氟板）及橡胶密封圈和防尘罩等部件组成。

图 2-4-6　球形钢支座

2.4.2　支座的安装

这里简单介绍一下中小跨径桥梁中常用的简易垫层支座、板式橡胶支座和盆式橡胶支座的安装方法。

1. 简易垫层支座的安装

安装简易垫层支座时，应先检查墩（台）支撑面的平整度和横向坡度是否符合设计要求，若不符合应凿平整并以水泥砂浆抹平，再铺垫油毡、石棉垫或铅板。梁（板）就位后，梁（板）与支撑间不得有空隙和存在翘动现象，否则将发生局部应力集中，使梁（板）受损，也不利于梁（板）的伸缩与滑动。

2.板式橡胶支座的安装

板式橡胶支座在安装前要对支座进行全面检查和力学性能检验(包括支座的尺寸、邵氏硬度、允许荷载、允许最大温差及外观检查等),如不符合设计要求,不得使用。支座安装时,支座中心尽可能对准梁的计算支点,必须使整个橡胶支座的承压面上受力均匀,应注意的事项如下:

(1)安装前应将墩(台)支座的支垫处和梁底面清洗干净,除去油垢,用水灰比不大于 0.5 的水泥砂浆仔细抹平,使其顶面标高符合设计要求。

(2)支座安装尽可能安排在接近年平均温度的季节里进行,以减小由于温差变化而引起的剪切变形。

(3)梁、板安装时必须使梁、板就位准确且与支座密贴,不得使支座产生剪切变形;就位不准确时,必须吊起重放,不得用撬杠移动梁、板。

(4)当墩(台)两端的标高不同,顺桥向或横桥向有坡度时,支座安装必须满足设计要求。

(5)支座周围应设排水坡以防积水,并注意及时清除支座附近的尘土、油脂与污垢等。

3.盆式橡胶支座的安装

盆式橡胶支座的顶、底面面积较大,支座下埋设在桥墩顶的钢垫板面积也较大。浇筑墩顶混凝土时,必须有特殊设施,使垫板下的混凝土能浇筑密实。盆式橡胶支座的聚四氟乙烯板与不锈钢板的滑动面,以及密封在钢盆内的橡胶垫块都不能有杂物和损伤,否则将影响支座的质量,增大摩擦系数。盆式橡胶支座各部件的组装应满足以下要求:

(1)在支座底面和顶面(埋置于墩顶和梁底面)的钢垫板必须埋置牢固,垫板与支座间应平整密贴,支座四周不得有 0.3 mm 以上的缝隙。

(2)支座中线与水平位置的偏差不大于 2 mm。

(3)活动支座的聚四氟乙烯板不得有刮伤、撞伤。

(4)氯丁橡胶板块密封在钢盆内。

(5)组装时应排除空气、保持密封。

(6)支座组拼要保持清洁。

施工时应注意下列事项:

(1)安装前应将支座的各相对滑移面和其他部分用丙酮或酒精擦拭干净。

(2)支座的顶板和底板可采用焊接或螺栓连接的方式固定在梁体底面和(台)顶面的预埋钢板上。采用焊接时,应防止烧坏混凝土;采用螺栓连接时,其外露螺杆的长度不得超过螺母的厚度。支座的安装顺序,宜先将上座板固定在大梁上,然后根据顶板位置确定底盆在墩(台)上的位置,最后予以固定。

(3)安装支座的标高应符合设计要求,平面在纵、横两个方向应水平。支座承压不大于 500 kN 时,其四角高差不得大于 1 mm;支座承压大于 5000 kN 时,不得大于 2 mm。

(4)安装固定支座时,其上、下各部件的纵轴线必须对正。安装纵向活动支座时,其上、下各部件的纵轴线必须对正,横轴线应根据安装时的温度与年平均的最高、最低温度差,由计算确定其错位的距离。支座的上、下导向挡块必须平行。

另外,桥梁施工期间,混凝土由于预应力和温差引起的弹性压缩、徐变和伸缩将产生位移量,因此要在安装活动支座时,对上下板顶留偏移量,使桥梁建成后的支座位置能符合设计要求。

任务实施

任务 8：编写鱼亮子小桥支座施工方案。

任务内容：根据鱼亮子小桥的施工说明，找出支座类型，确定合适的施工方法，写出支座的施工流程及施工注意事项。

附：

鱼亮子小桥设计说明

一、工程概况

鱼亮子小桥，原为 1×4 m 石拱涵，位于县道榆新线上，基础部分被洪水冲毁，属于危桥。桥梁所处道路为二级公路，路基宽度为 10 m，水泥混凝土路面，设计行车速度 60 km/h。

二、设计依据及规范

(1)设计委托要求。

(2)工程建设标准强制性条文（公路工程部分）。

(3)《公路桥涵设计通用规范》(JTG D60—2015)。

(4)《公路钢筋混凝土及预应力混凝土桥涵设计规范》(JTG 3362—2018)。

(5)《公路桥涵地基与基础设计规范》(JTG 3363—2019)。

(6)《公路工程水文勘测设计规范》(JTG C30—2015)。

(7)《公路桥涵施工技术规范》(JTG/T 3650—2020)。

(8)《公路工程技术标准》(JTG B01—2014)。

(9)其他国家规范和标准。

三、设计原则和主要技术指标

1.设计原则

(1)桥位布置，在原桥位置修建。

(2)桥涵孔径，根据现场勘测及水文计算的结果确定。

(3)桥梁的形式，充分尊重委托方意见，以选材合理、满足功能为原则并适当考虑美观。

(4)桥头两侧，按新建桥梁净宽，恢复原有水泥混凝土路面，设置长度每侧 6 m(20 cm 厚水泥混凝土路面)与原路顺接。

2.新建桥梁主要技术指标

(1)汽车荷载等级：公路-Ⅱ级。

(2)设计洪水频率：1/50。

(3)设计基准期：100 年。

(4)设计安全等级：三级。

(5)地震烈度：小于Ⅵ度，动峰值加速度小于 0.05g。

(6)桥面宽度：0.5 m＋9 m＋0.5 m＝10 m。

(7)桥面横坡：双向 1.5%。

3.桥梁耐久性设计

(1)本项目地处东北严寒地区，结构所处环境类别Ⅱ类，即反复冻融引起混凝土冻融腐蚀环境。

(2)混凝土中的钢筋保护层厚度、裂缝宽度满足《公路钢筋混凝土及预应力混凝土桥涵设计规范》(JTG 3362—2018)的要求。

（3）水位变动区有抗冻要求的墩、台身混凝土抗冻等级不应低于F300。

四、桥梁设计

拟建桥梁中心桩号为假定,桥中心桩号K1+019,交角90°,桥长8 m。

（1）上部结构:本桥上部结构采用8 m钢筋混凝土现浇矩形板,梁高0.45 m,采用C40混凝土浇筑。

（2）下部结构:本桥下部结构采用轻型桥台、实体墩、扩大基础。墩台采用C30混凝土浇筑,扩大基础采用C25混凝土浇筑。

（3）桥面铺装结构:桥面为8 cm厚防水混凝土铺装。

（4）伸缩缝:墩台顶设置简易伸缩结构。

（5）桥上防护设施:桥梁两侧设置SB级F型钢筋混凝土墙式护栏。

（6）抗震设防:墩台帽两侧设置防震挡块,现浇板支座中心线处设置抗震锚栓。

（7）支座垫石:在墩台帽上设置1 cm厚简易垫层支座(SBS防水卷材)。

（8）附属工程:桥台两侧设置八字墙,河底做铺砌。

五、主要材料

（一）混凝土

1.水泥

（1）选用普通硅酸盐水泥。水泥的品种和强度等级应通过混凝土配合比试验选定,且其特性应不会对混凝土的强度、耐久性和工作性能产生不利影响。

（2）水泥进场时,应附有生产厂家的品质试验检验报告等合格证明文件,并应按批次对同一生产厂、同一品种、同一强度等级及同一出厂日期的水泥进行强度、细度、安定性和凝结时间等性能的检验,散装水泥应以每500 t为一批,袋装水泥应以每200 t为一批,不足500 t或200 t时,亦按一批计。当对水泥质量有怀疑或受潮或存放时间超过3个月时,应重新取样复验,并应按其复验结果使用。

水泥的检验试验方法应符合《公路工程水泥及水泥混凝土试验规程》(JTG 3420—2020)的规定。

（3）公路桥涵混凝土工程宜采用散装水泥,散装水泥在工地应采用专用水泥罐储存;采用袋装水泥时,在运输和储存过程中应防止受潮,且不得长时间露天堆放,临时露天堆放时应设支垫并覆盖。不同品种、强度等级和出厂日期的水泥应分别按批存放。

2.细集料

（1）细集料宜采用级配良好、质地坚硬、颗粒洁净且粒径小于5 mm的河砂,细集料的技术指标应符合《公路桥涵施工技术规范》(JTG/T 3650—2020)表6.3.1的规定。

（2）细集料宜按同产地、同规格、连续进场数量不超过400 m³或600 t为一验收批,小批量进场的宜以不超过200 m³或300 t为一验收批进行检验;当质量稳定且进料量较大时,可以1000 t为一验收批。检验内容应包括外观、筛分、细度模数、有机物含量、含泥量、泥块含量及人工砂的石粉含量等,必要时尚应对坚固性、有害物质含量、氯离子含量及碱活性等指标进行检验。检验试验方法应符合《公路工程集料试验规程》(JTG E42—2005)的规定。

3.粗集料

(1)粗集料宜采用质地坚硬、洁净、级配合理、吸水率小的碎石,其技术指标应符合《公路桥涵施工技术规范》(JTG/T 3650—2020)表6.4.1的规定。

(2)粗集料宜选用连续级配,其最大粒径不宜大于37.5 mm,含泥量应不大于1%;粗集料的级配范围应符合《公路桥涵施工技术规范》(JTG/T 3650—2020)表6.4.3的规定。

粗集料最大粒径宜按混凝土结构情况及施工方法选取,但最大粒径不得超过结构最小边尺寸的1/4和钢筋最小净距的3/4;在两层或多层密布钢筋结构中,最大粒径不得超过钢筋最小净距的1/2,同时不得超过37.5 mm。

(3)施工前应对所用的粗集料进行碱活性检验,在条件许可时宜避免采用有碱活性反应的粗集料,必须采用时应采取必要的抑制措施。

(4)粗集料的进场检验组批应符合《公路桥涵施工技术规范》(JTG/T 3650—2020)第6.3.2条的规定,检验内容应包括外观、颗粒级配、针片状颗粒含量、含泥量、泥块含量、压碎值指标等,检验试验方法应符合《公路工程集料试验规程》(JTG E42—2005)的规定。

(5)粗集料在生产、运输与储存过程中,不得混入影响混凝土性能的有害杂质。粗集料应按品种、规格分别堆放,不得混杂。在装卸及存储时,应采用措施,使集料颗粒级配均匀,并保持洁净。

4.混凝土结构技术指标

(1)有抗冻要求的混凝土所用原材料宜选用连续级配,其最大粒径不宜大于37.5 mm。

(2)有抗渗要求混凝土的等级应符合设计规定。粗集料宜选用连续级配,其最大粒径不宜大于37.5 mm。砂率宜为35%～45%。

混凝土结构技术指标见表2-4-1。

表2-4-1 混凝土结构技术指标

混凝土结构环境类别	Ⅱ
混凝土结构最大水胶比	0.50
混凝土结构最大氯离子含量	0.3%
最小水泥用量	310 kg/m³

(二)钢筋

普通钢筋应符合《钢筋混凝土用钢 第1部分:热轧光圆钢筋》(GB/T 1499.1—2017)和《钢筋混凝土用钢 第2部分:热轧带肋钢筋》(GB/T 1499.2—2018)的规定。凡需焊接的钢筋均应满足可焊性的要求。

1.钢筋的验收

(1)钢筋进场时,应按《钢筋混凝土用钢 第1部分:热轧光圆钢筋》(GB/T 1499.1—2017)等的规定抽取试件做力学性能检验,其质量必须符合有关标准的规定。

(2)验收内容:查对标牌,检查外观,并按有关标准的规定抽取试样进行力学性能试验。

(3)钢筋的外观检查包括:钢筋应平直,无损伤,表面不得有裂纹、油污、颗粒状或片状锈蚀;钢筋表面凸块不允许超过螺纹的高度;钢筋的外形尺寸应符合有关规定。

(4)力学性能试验时,从每批中任意抽出两根钢筋,每根钢筋上取两个试样分别进行拉力试验(测定其屈服点、抗拉强度、伸长率)和冷弯试验。

2.钢筋的存放

(1)钢筋运至现场后,必须严格按批分等级、牌号、直径、长度等挂牌存放,并注明数量,不得混淆。

(2)应堆放整齐,避免锈蚀和污染,堆放钢筋的下面要加垫木,离地 30 cm;有条件时,尽量堆入仓库或料棚内。

3.取样要求

(1)取样批数和数量。

①热轧带肋钢筋每批由同一牌号、同一炉罐号、同一规格的钢筋组成。每批重量通常不大于 60 t。每批钢筋应做 2 个拉伸试验、2 个弯曲试验。超过 60 t 的部分,每增加 40 t(或不足 40 t)的余数,增加 1 个拉伸试样和 1 个弯曲试样。

②热轧光圆钢筋每批由同一牌号、同一炉罐号、同一尺寸的钢筋组成。每批重量通常不大于 60 t。每批钢筋应做 2 个拉伸试验、2 个弯曲试验。超过 60 t 的部分,每增加 40 t(或不足 40 t)的余数,增加 1 个拉伸试样和 1 个弯曲试样。

③试样长度。

拉伸试样和弯曲试样长度根据试样直径和所使用的设备确定。钢筋试样取样参考长度见表 2-4-2。

表 2-4-2   钢筋试样取样参考长度   (单位:mm)

试样直径	拉伸试样长度	弯曲试样长度
6.5～20	400～450	350～400
22～32	450～500	

(2)取样方法。

①拉伸和弯曲试验的试样可在每批材料中任选两根钢筋切取,钢筋试样不需要做任何加工。

②凡是表面轧上牌号标志的带肋钢筋,见证取样时截取的热轧带肋钢筋样品应当带有表面标志。

4.钢筋焊接

(1)焊接要求。

①在工程开工正式焊接之前,参与该项施焊的焊工应进行现场条件下的焊接工艺试验,并经试验合格后,方可正式生产。试验结果应符合质量检验与验收时的要求。

②从事钢筋焊接施工的焊工必须持有焊工考试合格证,才能上岗操作。

③焊接所用钢筋、型钢、钢板和焊条,应符合现行国家标准。施焊的各种钢筋、钢板均应有质量证书,焊条、焊剂应有产品合格证。

④各种焊接材料应分类存放、妥善管理,应采取防止锈蚀、受潮变质的措施。

(2)焊件取样要求。

力学性能检验时,应在接头外观检查合格后随机抽取试件进行试验。

电弧焊接头外观检测结果,应符合下列要求:

a.焊缝表面应平整,不得有凹陷或焊瘤;

b.焊接接头区域不得有肉眼可见的裂纹;

c.咬边深度、气孔、夹渣等缺陷允许值及接头尺寸的允许偏差,应符合相应的规定;

d.坡口焊、烙槽帮条焊和窄间隙焊接头的焊缝斜高不得大于 3 mm。

(3)取样批量、数量和方法。

在现浇混凝土结构中,应以 300 个同牌号钢筋、同型式接头作为一批;每批随机切取 3 个接头,做拉伸试验。

在装配式结构中,可按生产条件制作模拟试件,每批 3 个,做拉伸试验。

钢筋与钢板电弧搭接焊接头可只进行外观检查。

在同一批中若有几种不同直径的钢筋搭接接头,应在最大直径钢筋接头中切取 3 个试件。

当模拟试件试验结果不符合要求时,应进行复验。复验应从现场焊接接头中切取,其数量和要求与初始试验时相同。

(4)样品长度。

拉伸试样和弯曲试样长度根据试样直径和所使用的设备确定。钢筋试样取样参考长度见表 2-4-3。

表 2-4-3　　　　　　　　　　　　　焊接试样取样参考长度　　　　　　　　　　(单位:mm)

拉伸试样长度	弯曲试样长度
450~500	350~400

(三)钢材

(1)钢板除特殊说明外,均采用低合金高强度结构钢 Q345E,技术条件应符合《桥梁用结构钢》(GB/T 714—2015)规定的要求。

(2)泄水管采用铸铁管。

(四)支座

在梁底与墩台帽间,设置 SBS 改性沥青防水卷材作为简易支座,厚度为 1 cm。

六、施工要点

(一)明挖扩大基础

(1)基坑开挖采用挖掘机施工,人工配合,开挖根据设计尺寸、基础大小、放坡宽度和基底预留工作面的宽度来进行。边坡坡度按照施工规范及现场地质情况确定。基坑顶距开挖线1.0 m以外挖排水沟,基坑顶做成 4‰ 反坡,疏导水流,防止地表水浸入基坑。坑缘留有护道,护道宽度不小于 1 m。基坑底设置排水沟和集水井及时清排水。

(2)基坑开挖不可一次开挖至设计标高,应余 20~30 cm 由人工清理,以防挖掘机开挖时扰动基底。开挖后基坑若有水,底部四周设置汇水沟和集水井,潜水泵抽水,保证基础底面处于无水施工状态。基底人工开挖至设计标高后检测地基承载力,保证地基承载力不小于设计要求,如遇与设计不符,不能满足设计要求的,施工单位应立即通知设计部门进行调整。

(二)现浇矩形板

(1)浇筑矩形板混凝土前应严格检查锚栓、护栏等预埋件是否安装到位。

(2)现浇板根据结构计算设置预拱度,沿板长预拱度按二次抛物线形式设置,跨中预拱度7.5 mm。

(3)现浇板在支设模板后,应对支撑体系进行预压。预压材料可以为砂袋,预压荷载为梁体自重的 1.2 倍,预压后检测支架及支架基础变形情况,如支撑体系或基础变形较大需及时采取措施,支架趋于稳定后方可进行混凝土浇筑。

(4)现浇板必须在混凝土达到设计强度100%后,方可脱模及进行下一道工序。

(三)施工顺序

先施工桥梁基础、墩台,之后浇筑上部矩形板(注意锚栓严格按设计执行),待混凝土达到设计强度100%后方可进行台背回填。

(四)台背回填

采用水撼法。施工时设置回填砂层厚度标尺,每坯砂层厚度控制在30 cm之内。选用级配合理、含泥量极小的中粗砂,采用机械运输,人工回填、平整。待第一坯层砂回填好后,立即注入适量清洁水,水位控制略高于回填砂面层。待水注好后,采用插入式振捣器按对角线不超过30 cm的间距依次进行插入振捣,振捣时间不少于40 s。待回填砂全部水撼后,及时开泵抽排水,排水时用平板式振捣器纵横交错振捣密实,直到水干为止。不得使用大型机械推土填高和填压的方法。

(五)其他

(1)桥面铺装混凝土未达到设计强度100%时,不允许车辆在桥面上行驶。

(2)桥梁泄水管不得使用PVC材质的管件代替;管径不得小于设计管径;外露尺寸不得小于设计尺寸。

(3)其他未尽事宜请参见桥梁和路基路面施工技术规范的有关规定执行。

任务评价:(1)施工流程和施工方案书写的正确性;施工流程书写的规范性。

(2)附加回答以下问题:

①辨认图2-4-7中各种支座类型。

图2-4-7 常见的各种支座类型

②支座垫石是怎么施工的?

③支座垫石标高和要求不一样时该如何处理?

任务延伸:某公司承建一座城市桥梁,该桥上部结构为6×20 m简支预制预应力混凝土空心板梁,每跨设置边梁2片,中梁24片;下部结构为盖梁及φ1000 mm圆柱式墩,重力式U形桥台,基础均采用φ1200 mm钢筋混凝土钻孔灌注桩。桥墩构造如图2-4-8所示。

40 mm细粒式沥青混凝土(AC-13C)
结构层B
50 mm中粒式沥青混凝土(AC-20C)
结构层B
防水层
10 mm钢筋混凝土整平层

图 2-4-8　桥墩构造示意图

问题:

(1)写出图 2-4-8 中构件 A 和结构 B 的名称,并说明构件 A 在桥梁结构中的作用。

(2)列式计算图 2-4-8 中构件 A 在桥梁中的总数量。

任务升级:若是将简支梁改成连续梁,支座数量会不会发生变化?应如何计算?

2.5　上部结构的构造与施工

【知识目标】
掌握梁桥上部结构的常见类型和构造形式;掌握上部结构常见的施工方法。

【技能目标】
根据图片或在施工现场能够判断主梁类型;能够识读主梁构造图,复核混凝土量和钢筋量;能够编写主梁的施工流程图和施工注意事项。

【德育素养目标】
培养学生的职业自豪感和爱国情操,进一步强化工匠精神。

【任务引入】
鱼亮子小桥的支座已经安装完毕,现在到了上部结构的施工阶段。孙工问小李知不知道鱼亮子小桥的上部结构属于什么施工方法,要怎么样才能做出来。小李记得老师讲过桥梁常用的两种施工方式:现浇法和预制安装法,那鱼亮子小桥是用哪种方法进行施工呢?施工中需要注意些什么呢?

参考答案

2.5.1 梁桥上部结构的构造

梁式桥的上部结构按照截面形式不同,可分为板桥、肋板式梁桥和箱形梁桥。

板桥的优点是结构简单,施工方便,但跨越能力小,一般适用于 10 m 以下的小跨径桥梁。常见的板桥横断面类型如图 2-5-1 所示。

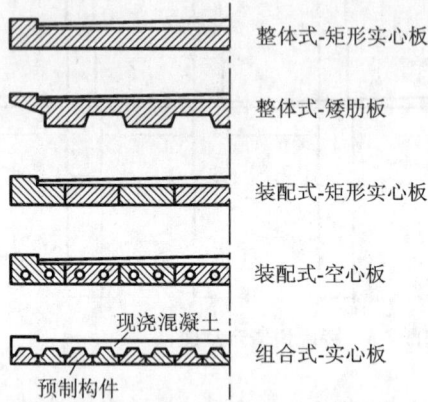

整体式-矩形实心板

整体式-矮肋板

装配式-矩形实心板

装配式-空心板

现浇混凝土

组合式-实心板

预制构件

图 2-5-1 常见的板桥横断面类型

肋板式梁桥中最常见为 T 梁。其特点是自重轻,跨越能力大。常见的 T 梁横断面类型如图 2-5-2 所示。

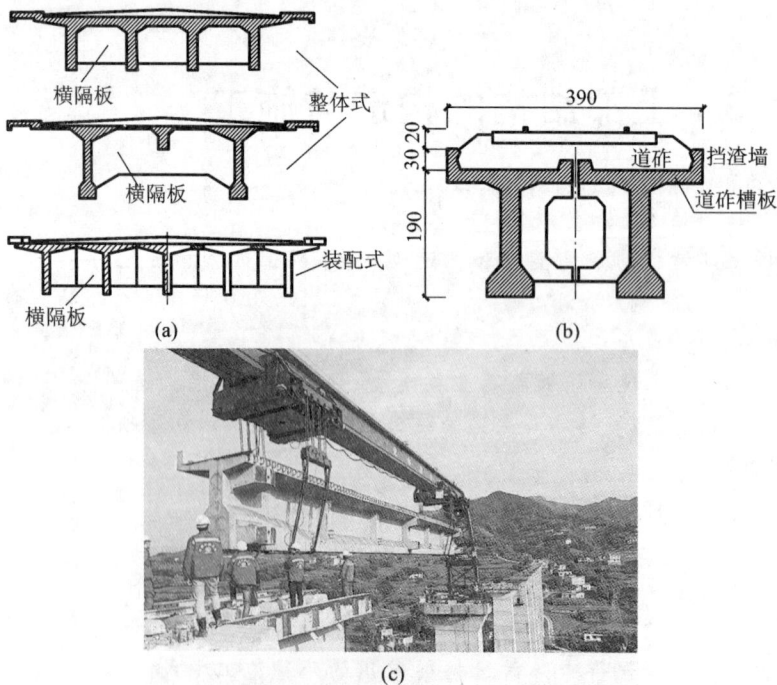

横隔板

整体式

横隔板

装配式

横隔板

(a)

390

30 20

190

道砟

挡渣墙

道砟槽板

(b)

(c)

图 2-5-2 常见的 T 梁横断面类型

(a)公路 T 梁;(b)铁路 T 梁;(c)T 梁实物

箱梁适用于较大跨径的悬臂梁或连续梁桥和预应力混凝土简支梁桥,不适用于普通钢筋混凝土简支梁。箱梁的挖空率最大,自重最轻,但施工复杂。常见的箱梁横断面如图2-5-3所示。

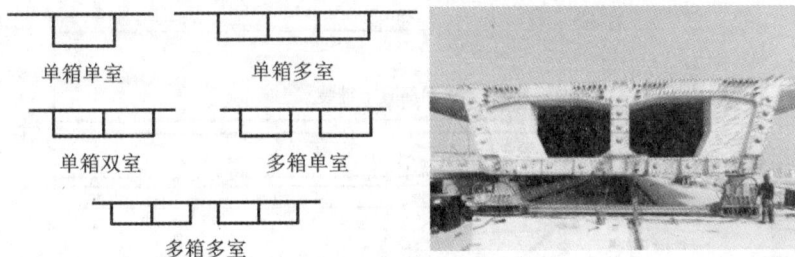

图 2-5-3　常见的箱梁横断面

1.板桥的构造

板桥是小跨径钢筋混凝土桥中最常用的桥型之一,由于它在建成以后外形像一块薄板,故习惯称其为板桥。从施工方法其可分为整体式板桥和装配式板桥,常见分类见表2-5-1。

表 2-5-1　　　　　　　　　　　　　　　板桥的常见分类

结构形式		结构类型	适用跨径	板厚	备注
整体式		钢筋混凝土	4~8 m	$h=(1/23~1/16)l$	适用于缺乏起重设备,有支架材料及支架条件时
装配式	实心板	钢筋混凝土	1.5~8 m	0.16~0.36 m	架设方便
	空心板	钢筋混凝土	6~13 m	$h=(1/23~1/10)l$ 板厚 0.4~0.8 m	适用于有架设条件时
		预应力混凝土	10~30 m	$h=(1/23~1/20)l$ 板厚 0.5~1.2 m	

注:l 为计算跨径。

(1)整体式板桥的构造。

①截面形式。

整体式板桥具有形状简单、施工方便、建筑高度低、结构整体刚度大等优点;但施工时需要现浇混凝土,受季节气候影响较大,又需要模板和支架,自重较大,所以只适用于小跨径桥梁。

整体式板桥的横截面一般都设计成等厚度的矩形截面,如图2-5-4(a)所示,可以将受拉区的混凝土进行一定程度的挖空,以增大截面的高度,提高构件的刚度来增大结构的承载能力,如图2-5-4(b)所示。

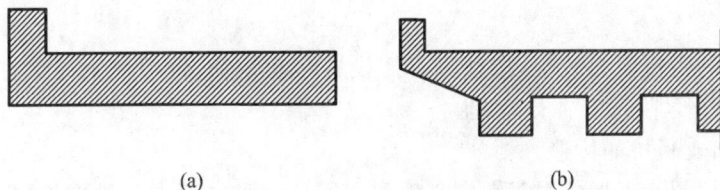

(a)　　　　　　　　　　　　　　　　(b)

图 2-5-4　整体式板桥的横断面

(a)矩形截面;(b)矮肋板式截面

②配筋特点。

整体式板桥内的钢筋主要由纵向受拉钢筋（主钢筋）、弯起钢筋或斜筋、箍筋和架立钢筋等组成,如图2-5-5所示。

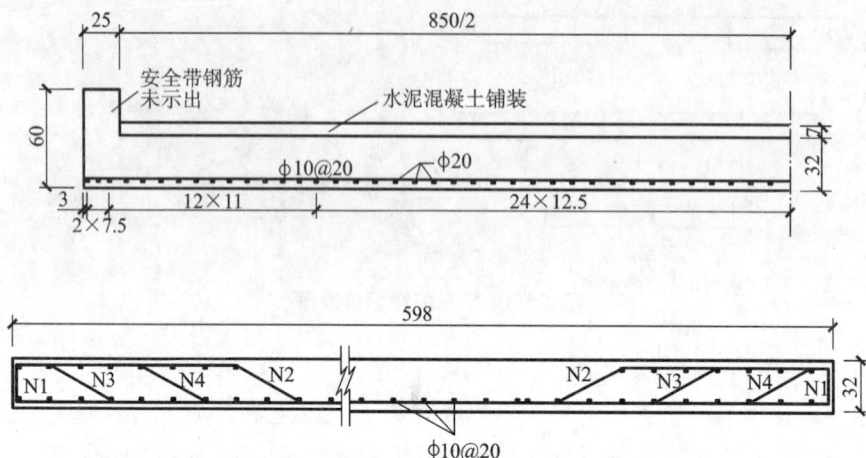

图2-5-5　整体式板桥钢筋构造图

整体式板桥跨径和板宽的比值通常不大于2,在荷载作用下,处于双向受力状态,所以应分别在纵横向配置主受力钢筋。水平纵向钢筋的主钢筋一般布置在构件的受拉区,用来承受拉应力;在构件的受压区也会布置一定的主筋,用来协助混凝土受压。靠两侧边缘约1/6板宽范围内的主筋通常要比中间板带部分密一些,一般增加15％。这是因为当车辆荷载靠近板边时,参与受力的板宽（荷载有效分布宽度）要小一些,板边受力要比中间板带不利。根据《公路钢筋混凝土及预应力混凝土桥涵设计规范》（JTG 3362—2018）的规定,钢筋混凝土板的纵筋直径不应小于10 mm,纵筋间距不大于20 cm。

在垂直于主筋的方向,还要布置一定数量的分布筋。这是因为板在车辆荷载作用下,会在垂直主跨方向产生弯曲（双向受力）。

纵筋与分布筋构成的纵、横钢筋网还可防止由于混凝土收缩、温度变化等引起的裂纹。

对于分布筋,直径应不小于8 mm,间距不大于20 cm。同时,分布筋的截面面积不宜小于板截面面积的0.1％。在主筋的弯折处,应布置分布筋。

板内的主拉应力较小,抗剪不控制,一般只设箍筋。箍筋为沿梁纵轴方向按一定间距配置并箍住纵向钢筋的横向钢筋。它可以帮助混凝土抗剪,在构造上起着固定纵向钢筋位置的作用,并与纵向钢筋、架立钢筋等组成钢筋骨架。

板内纵筋除一部分可以弯起外,通过支点的纵筋每米板宽内不少于3根,截面面积不小于纵筋截面面积的1/4。

整体式板内的主拉应力较小,按计算不需设置弯起钢筋,但习惯上还是将一部分纵筋按30°或45°方向在跨径1/6～1/4处弯起。

（2）装配式简支板桥的构造。

装配式板桥按照截面形式主要有实心板和空心板两种。标准设计图中,中板宽一般采用99 cm,边板按桥宽设置。

①实心板。

装配式实心板桥的跨径一般不超过 8 m,为钢筋混凝土板。我国标准图跨径有 1.5 m、2.0 m、2.5 m、3.0 m、4.0 m、5.0 m、6.0 m、8.0 m,板高为 0.16~0.36 m。

配筋特点:主要配置纵向抗弯钢筋,抗剪不控制,一般只设箍筋。

图 2-5-6 所示为一装配式钢筋混凝土矩形板桥钢筋构造的设计实例,标准跨径为 6 m。全桥由 6 块宽度为 99 cm 的中部块件和两块宽度为 74 cm 的边部块件组成。

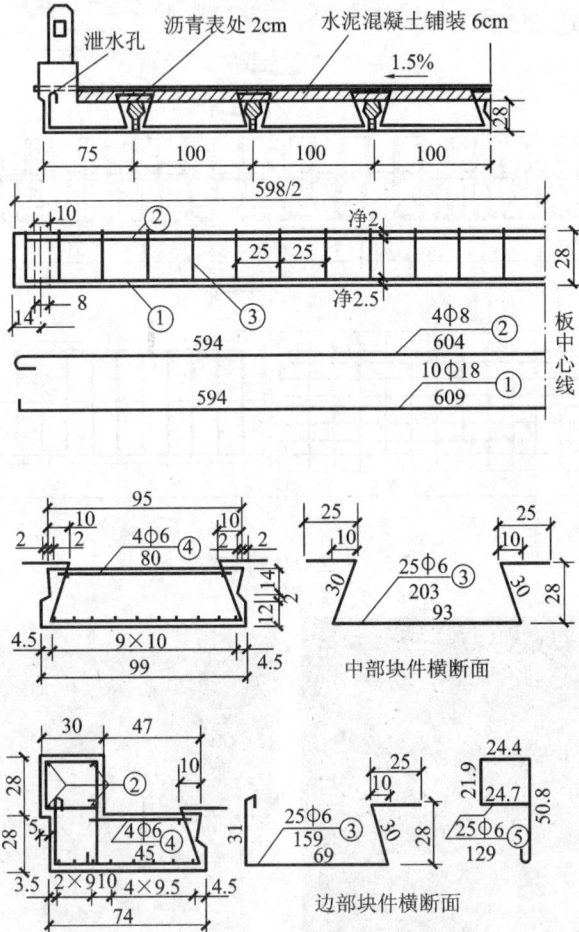

图 2-5-6　跨径 6.0 m 装配式矩形板桥构造(尺寸单位:cm)

②空心板。

空心板又可分为钢筋混凝土空心板和预应力混凝土空心板。装配式预制空心板截面中间的挖空形式有很多,图 2-5-7 为常见的空心板截面形式。挖成单个较宽的孔洞,其挖空体积最大,块件质量最轻,但在顶板内要布置一定数量的横向受力钢筋,如图 2-5-8 和图 2-5-9 所示。

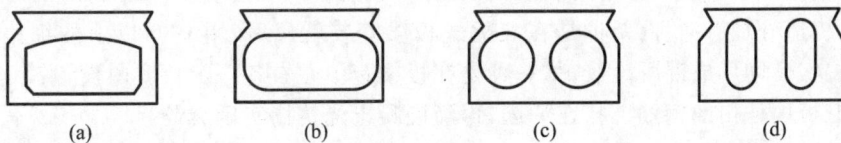

图 2-5-7　常见的空心板截面形式

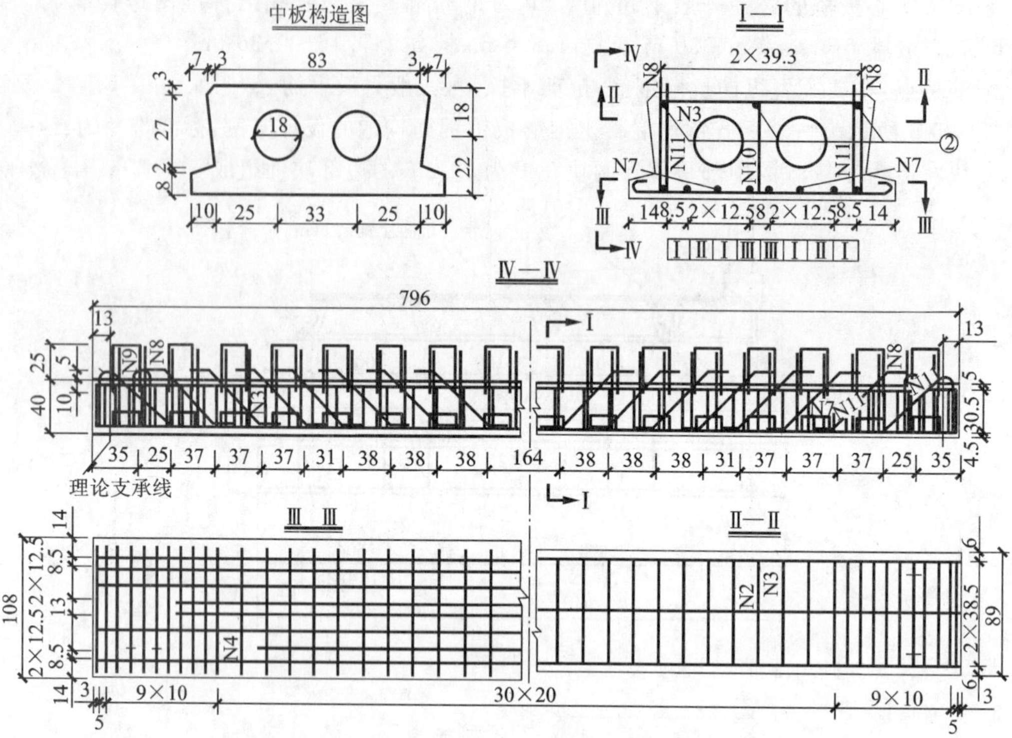

中板构造图

I—I

IV—IV

图 2-5-8 空心板钢筋构造图

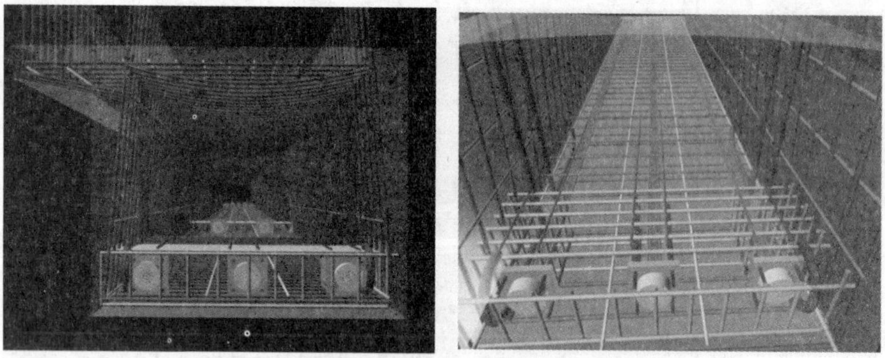

图 2-5-9 装配式混凝土空心板桥配筋纵向效果图

③装配式板桥的横向连接。

为了使装配式板桥组成整体,共同承受车辆荷载,在板之间必须具有横向连接构造。

常用的横向连接有两种:企口混凝土铰连接和钢板焊接连接。

a. 企口混凝土铰连接。常用的混凝土铰的形式有圆形、菱形、漏斗形三种,如图 2-5-10 所示。铰缝的构造处理有两种:一种是在装配式板梁安装就位后,用 C30 以上的细集料混凝土填入铰内,捣实后即形成混凝土铰;另一种是在板梁跨中左右各一定长度内设置铰缝内钢筋骨架,并与预制板内伸出的钢筋绑扎在一起,再经混凝土浇筑捣实后成铰。

采用哪种形式的铰,主要取决于所承受的荷载。实践证明,一般混凝土铰已能保证传递横向剪力,使各块共同参与受力。对于桥面铺装也参加受力的装配式板桥,可以将预制板中的钢筋伸出与相邻板的同样钢筋绑扎,这样既可作为纵向铰缝的加强筋,也可作为与铺装层的连接钢筋。

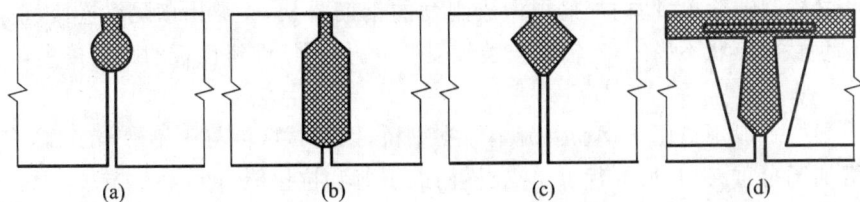

图 2-5-10　企口混凝土铰连接构造

b.钢板焊接连接。由于企口混凝土铰需要现场浇筑混凝土,并需待混凝土达到设计强度后才能通车,为了加快施工速度,也可采用钢板焊接连接构造,如图 2-5-11 所示。它的构造是用一块钢盖板 N1 加焊在相邻两块板的预埋钢板 N2 上。连接构造的纵向中距通常为 $0.8 \sim 1.5$ m,跨中部分布置较密,向两端支点处逐渐拉开间距。

图 2-5-11　钢板焊接连接构造

2.装配式钢筋混凝土简支梁桥的构造

(1)特点。

①装配式钢筋混凝土简支梁桥属于单孔静定结构,其受力明确、构造简单、施工方便,是中、小跨径桥中应用最广泛的桥型。

②采用装配式的施工方法,可以节约大量的模板、支架,缩短施工期限,加快建桥速度。

③主梁高度如不受建筑高度限制,高跨比可取偏大值。增大梁高时只需增加腹板高度,混凝土数量增加不多,可以节省钢筋用量,一般比较经济。

(2)装配式钢筋混凝土简支梁桥的截面形式。

装配式简支梁桥的截面形式包括矩形、T 形和箱形。

①矩形梁桥的截面形状稳定,横向抗弯刚度大,块件堆放、装卸和安装都方便。矩形梁一般只适用于跨径为 6～12 m 的小跨径桥梁。

②T 形梁桥制造简单,肋内配筋可做成刚劲的钢筋骨架,主梁由横隔梁连接,整体性好,接头也较方便;但截面形状不稳定,运输和安装较复杂,构件正好在桥面板的跨中接头,对板的受力不利。

③箱形梁桥一般不适用于钢筋混凝土简支梁桥,因受拉区混凝土不参与工作,多余的箱底部分陡然增加了自重;但其最大优点是纵、横向的抗弯和抗扭能力大。

(3)装配式钢筋混凝土简支 T 形梁桥的构造。

国内外建造的装配式钢筋混凝土简支梁桥以 T 形梁桥最为普遍。图 2-5-12 是典型的装配式 T 形梁桥上部结构概貌,它由几片 T 形截面的主梁并列在一起装配而成。T 形梁的顶部翼板构成行车道板,与主梁梁肋垂直相连的横隔梁的下部及 T 形梁翼板的边缘,均设焊接钢板连接构造将各主梁连成整体,这样就能使作用在行车道板上的局部荷载分布给各片主梁共同承受。

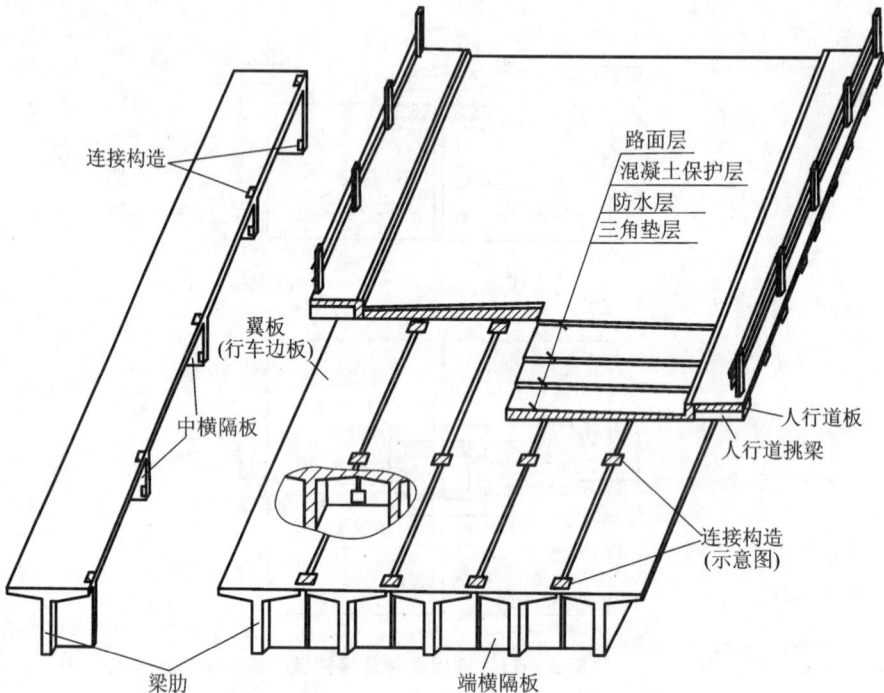

图 2-5-12　装配式 T 形梁桥上部结构概貌

①主梁布置。

对于设计给定的桥面宽度(包括行车道和人行道宽度),如何选定主梁的间距或片数是构造布局中首先要解决的问题。它不仅与钢筋和混凝土的材料用量以及构件的吊装重量有关,还涉及翼板的刚度等因素。主梁间距一般均为 1.6～2.2 m。

②截面尺寸。图 2-5-13 为标准跨径 20 m 的装配式 T 形梁截面尺寸。

a.梁高。主梁的高度与梁的间距、受力等有关,我国标准设计中装配式钢筋混凝土简支梁的跨径为 10 m、13 m、16 m、20 m,其梁高分别为 0.8～0.9 m、0.9～1.0 m、1.0～1.1 m、1.1～1.3 m。经分析比较,高跨比(梁高与跨径之比)的经济范围在 1/16～1/11(跨径大的取用偏小值)。主梁高度如不受建筑高度限制,高跨比可取偏大值。增大梁高时板只增加腹板高度,混凝土数量增加不多,可以节省钢筋用量,一般比较经济。当出现建筑高度受到严格限制的情况时,主梁高度就要适当减小,但需要增加钢筋的用量,必要时还需增加主梁的片数。当吊装允许时,可适当增加梁高,以取得较大的抗弯力臂。

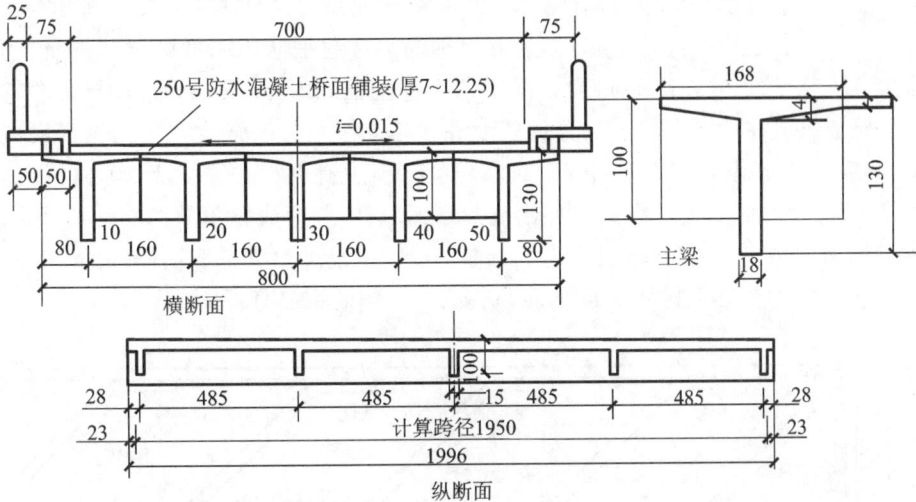

图 2-5-13　标准跨径 20 m 的装配式 T 形梁截面尺寸(尺寸单位:cm)

b.肋厚。在满足抗剪强度需要的前提下,主梁梁肋一般都做得较薄,以减轻构件的重量。常用的装配式钢筋混凝土简支梁的梁肋厚度一般为 150~180 mm。

c.翼板。钢筋混凝土梁中,T 形梁翼板的厚度应满足桥面板承受车辆局部荷载的要求。根据受力特点,翼缘板一般都做成变截面,即端部较薄、根部(与梁肋的衔接处)加厚(根部厚度不小于主梁高度的 1/12)。端部厚度一般取 10 cm,当主梁之间采用整体现浇时,其悬臂端部不应小于 14 cm。图 2-5-14 为一片预制好的 T 形梁。

d.横隔梁尺寸。横隔梁的高度应保证具有足够的横向抗弯刚度,通常可取为主梁高的3/4 左右。梁肋下部采用"马蹄"加宽时,横隔梁延伸至"马蹄"的加宽处;在支点可与主梁同高,以利于梁体在运输和安装中的稳定性。如果端横隔梁的高度比主梁略低些,则对安装和维修支座是有利的。横隔梁的肋宽常采用 12~20 cm,预制时做成上宽下窄和内宽外窄的楔形,以便脱模。

图 2-5-14　预制好的 T 形梁

③钢筋构造。

T形梁内的钢筋主要有纵向主钢筋、斜钢筋、架立钢筋、箍筋和水平分布钢筋等。

a.纵向主钢筋。

纵向主钢筋一般布置在截面受拉区,简支梁承受正弯矩作用,故抵抗拉力的纵筋设置在梁肋的下缘,主要作用是承受荷载引起的拉应力,其截面面积由计算决定。随着弯矩向支点处减小,纵筋可在跨间的适当位置处弯起,称为弯起钢筋。弯起钢筋用来增强梁体的抗剪强度,不足时还需配置专门的焊接在纵筋和架立筋上的弯起钢筋,如图 2-5-15 所示,与梁的轴线一般呈 45°。为保证纵筋在梁端有足够的锚固长度和加强支撑部分的强度,《公路钢筋混凝土及预应力混凝土桥涵设计规范》(JTG 3362—2018)规定,至少有两根并不少于 20% 的纵筋应伸过支撑截面。简支梁两侧的受拉纵筋应伸出支点截面以外,并弯成直角顺梁端延伸至顶部,与顶层的纵向架立钢筋相连。两侧之间不向上弯曲的受拉纵筋伸出支撑截面以外的长度不应小于 10 倍的钢筋直径(如为环氧树脂涂层钢筋,则为 12.5 倍的钢筋直径)。

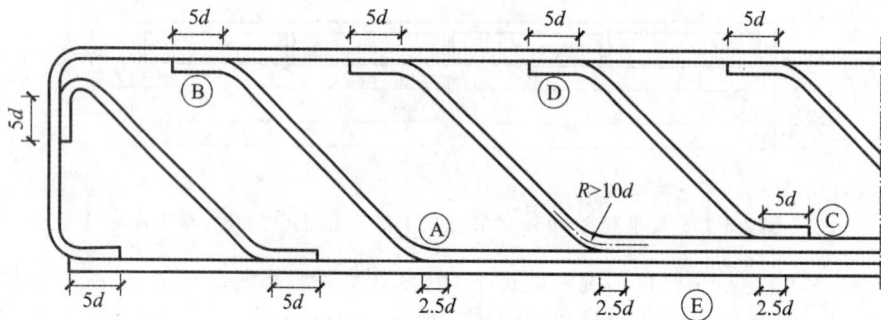

图 2-5-15　梁内的弯起钢筋

b.箍筋。

箍筋的主要作用是承受部分主拉应力,增强主梁的抗剪强度,固定纵筋的位置以形成钢筋骨架;保证梁截面内受拉区和受压区的良好联系及受压钢筋的稳定性等。箍筋通常垂直于梁轴线布置,一般根据计算确定用量,但应满足构造要求。

钢筋混凝土梁应设置直径不小于 8 m 且不小于 1/4 主筋直径的箍筋,其最小配筋率规定如下:对于 HPB300 钢筋不应小于 0.18%;对于 HRB335 钢筋不应小于 0.12%。每根箍筋所箍受拉钢筋每排应不多于 5 根,所箍受压钢筋每排应不多于 3 根。

箍筋间距不大于梁高的 1/2,且不大于 40 cm;当所箍钢筋为受力需要的纵向受压钢筋时,不应大于所箍钢筋直径的 15 倍,且不应大于 40 cm。在钢筋绑扎搭接接头范围内的箍筋间距,当绑扎搭接钢筋受拉时,不应大于纵筋直径的 5 倍,且不大于 10 cm;当搭接钢筋受压时,不应大于纵筋直径的 10 倍,且不大于 20 cm。

箍筋的末端应做成弯钩,弯钩的角度可取 135°,弯钩的弯曲直径应大于被箍的纵筋的直径,且 HPB300 钢筋不应小于箍筋直径的 2.5 倍,HRB335 钢筋不应小于箍筋直径的 4 倍。对于弯钩的平直段长度,一般结构不应小于箍筋直径的 5 倍,抗震结构不应小于箍筋直径的 10 倍。在支座中心向跨径方向长度相当于不小于一倍梁高的范围内,箍筋间距不宜大于 10 cm,直径不小于 8 mm。

c.水平分布钢筋。

为防止因混凝土收缩等原因产生裂缝,沿梁腹板两侧面布置水平分布筋,如图 2-5-16 所示,其直径一般采用 $6\sim8$ mm。分布筋的截面面积宜为 $(0.001\sim0.002)bh$,其中 b 为腹板宽度,h 为梁的高度。其间距在受拉区不应大于腹板宽度,且不应大于 20 cm;在受压区不应大于 30 cm,一般取 $10\sim15$ cm。

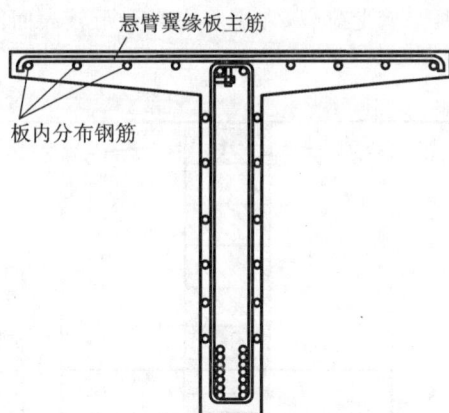

图 2-5-16 T 形梁内的水平分布钢筋

d. 架立筋。架立筋布置在梁肋的上缘,主要作用是固定箍筋和弯起钢筋,并使梁内钢筋形成立体或平面骨架。其直径根据梁的截面尺寸确定,通常采用 $10\sim14$ mm。

④装配式主梁的横向连接。

通常在设有端横隔梁和中横隔梁的装配式 T 形梁桥中,均借助横隔梁的接头使所有主梁连接成整体。接头要有足够的强度,以保证结构的整体性,并使其在运营过程中不致因荷载的反复作用和冲击作用而发生松动。常见的接头形式有钢板接头和扣环接头两种。

a. 钢板接头:如图 2-5-17 所示,在横隔梁靠近下部边缘的两侧和顶部的翼板内均埋有焊接钢板,焊接钢板预先与横隔梁的受力钢筋焊在一起做成安装骨架,当 T 形梁安装就位后,即在横隔梁的预埋钢板上再加焊盖接钢板使其连成整体。

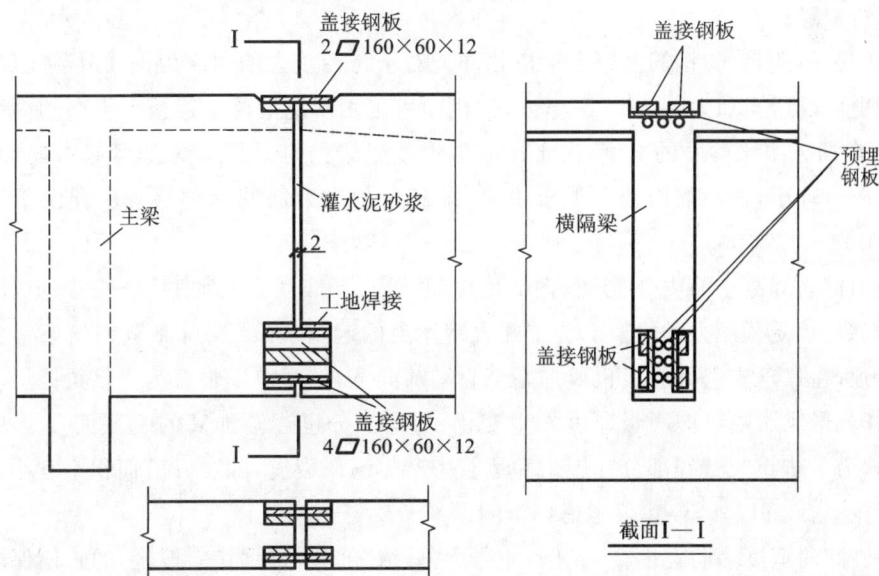

图 2-5-17 钢板接头

b.扣环接头:施工中预制横隔梁时在接缝处伸出钢筋扣环 A,安装时在相邻构件的扣环两侧装上椭圆形的接头扣环 B,如图 2-5-18 所示;再在形成的圆环内插入分布筋后现浇混凝土封闭接缝,接缝的宽度为 0.20～0.50 m。这种接头在工地不需要特殊机具,但现浇混凝土的数量较多,接头施工后也不能立即承受荷载,常用于主梁间距较大而需要缩减预制构件的尺寸和质量的场合。

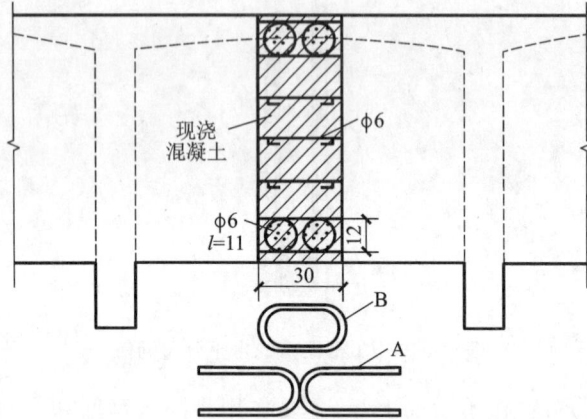

图 2-5-18　扣环接头

(4)装配式预应力混凝土简支梁桥的构造。

对于装配式钢筋混凝土简支梁桥,当跨径超过 20 m 时,不但钢材消耗量大,而且混凝土会有严重的开裂,影响结构的耐久性,因此当跨径超过 20 m,特别是跨径 30 m 以上的梁桥,一般采用预应力混凝土结构。预应力混凝土简支梁桥主梁的横截面类型,基本上与钢筋混凝土梁桥相似,通常也做成 T 形、工字形截面。有时为了提高单梁的抗扭刚度并减小混凝土截面,也采用箱形截面。这里主要介绍的是 T 形截面。

①构造布置。

主梁间距的选定,与钢筋混凝土梁桥相同。对于跨径较大的预应力钢筋混凝土简支梁桥,主梁间距也可以适当加大到 1.8～2.5 m,但横向应采用现浇混凝土连接。主梁的高度为跨径的 1/25～1/15。主梁梁肋的宽度,由于预应力混凝土梁内有效压应力和弯起钢筋的作用,肋中的主拉应力较小,一般都由构造要求决定,即满足预应力筋的保护层要求和便于混凝土浇筑,可取 0.14～0.16 m。

预应力钢筋混凝土简支 T 形梁(图 2-5-19)的梁肋下部通常要加宽做成马蹄形,以便布置钢丝束和满足承受预压力的需要。为了配合钢丝束的起弯,在梁端可布置钢丝束锚头和安放张拉千斤顶,在靠近支点处腹板也要加厚至与马蹄同宽,加宽范围最好为 1 倍梁高(离锚固端)左右,这样就形成了沿纵向腹板厚度发生变化、马蹄部分也逐渐加高的变截面 T 形梁。实践经验指出,为了防止"马蹄"部分在施工和运营中产生纵向裂缝,除"马蹄"面积不宜小于全截面面积的 10%～20%以外,还建议考虑以下问题:

a."马蹄"的宽度为肋宽的 2～4 倍,并注意"马蹄"部分(特别是斜坡区)的管道保护层不宜小于 6 cm。

图 2-5-19　预应力钢筋混凝土 T 形梁

b."马蹄"全宽部分的高度加 1/2 斜坡区的高度为梁高的 0.15~0.25,斜坡的坡度宜大于 45°。

纵向的横隔梁布置,基本上与钢筋混凝土梁桥的横隔梁布置相同。但在主梁跨径大、梁较高的情况下,为了减轻重量而往往在横隔梁的中部挖孔。

②配筋特点。

预应力钢筋混凝土简支梁的钢筋布置与普通钢筋混凝土简支梁桥相比,最大的不同就在于预应力筋的布置。

a.预应力筋布置。

预应力钢筋混凝土简支梁中所用的预应力纵筋布置如图 2-5-20 所示,其特点是主筋在跨中均靠近梁的下缘布置,以通过对混凝土施加压力来抵消荷载引起的拉应力;全部主筋按直线形布置[图 2-5-20(a)]的构造最简单,但仅适用于先张法施工的小跨度梁。其主要缺点是支点附近无法平衡的张拉负弯矩会在梁顶出现过高的拉应力,甚至导致梁顶严重开裂。

对于长度较大的后张法梁,当采用直线形预应力钢筋时,为了减小梁端附近的负弯矩并节省钢材,也可像普通钢筋混凝土梁内那样将主筋在梁的中间截面处截断[图 2-5-20(b)],此时应将预应力钢筋在横隔梁处平缓地弯出梁体,以便进行张拉和锚固。这种布置的主要优点是纵筋最少,张拉摩擦力也小;但预应力钢筋没有充分发挥抗剪作用,且梁体在锚固处的受力和构造也较复杂。

目前,预应力钢筋混凝土简支梁桥上采用最广泛的布筋方式是图 2-5-20(c)、(d)所示的两种,当预应力钢筋数量不太多,能全部在梁端锚固时,为使张拉工序简便,通常都将预应力钢筋全部弯至梁端锚固[图 2-5-20(c)]。这样布置预应力钢筋,其弯起角不大(一般在 20°下),对减小摩擦阻力损失有利。

然而,对于钢束根数较多的情况,或者当预应力钢筋混凝土梁的梁高受限制,以致不能全部在梁端锚固时,就必须将一部分预应力钢筋弯起梁顶[图 2-5-20(d)]。这样的布置方式使张拉作业的操作稍趋繁杂,使预应力钢筋的弯起角 α 较大(20°~30°),增大了摩擦阻力引起的预应力损失;但能缩短预应力钢筋的长度,节约钢材,对于提高梁的抗剪能力也有利。

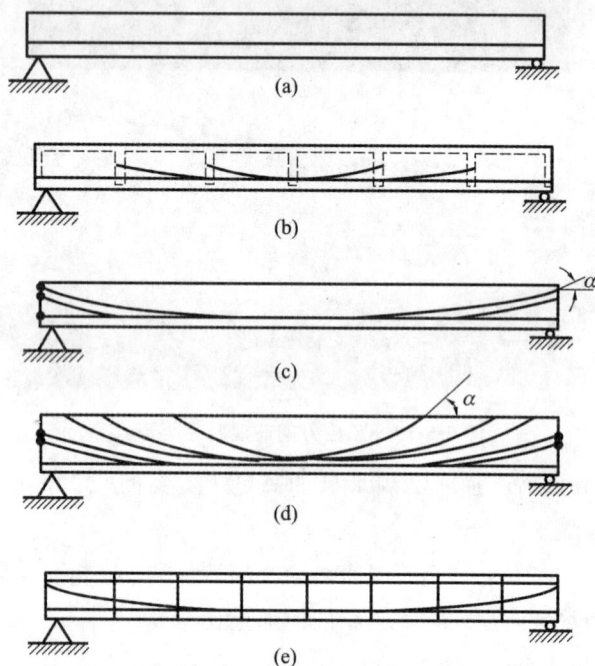

图 2-5-20 预应力钢筋混凝土简支梁中预应力筋的布置

图 2-5-20(e)所示的是预应力钢筋混凝土串联梁,梁顶附近的直线形预应力钢筋是为防止在安装过程中梁顶出现拉应力而布置的。

b.其他钢筋的布置。

预应力钢筋混凝土梁与钢筋混凝土梁一样,要按规定的构造要求布置箍筋、架立筋和纵向、水平分布筋等。由于预应力混凝土梁肋承受的主拉应力较小,故一般可不设弯起钢筋。

此外,在预应力钢筋比较集中的下翼缘(下"马蹄")内必须设置直径不小于 8 mm 的闭合式加强箍筋(图 2-5-21),其间距不大于 20 cm。同时,"马蹄"内还应设直径不小于 12 mm 的定位钢筋。锚具下设置厚度不小于 16 mm 的钢垫板与 Φ8 的螺旋筋,以提高混凝土的抗裂性。管道间的最小净距主要由浇筑混凝土的要求确定,在有良好振捣工艺时(例如同时采用底振和侧振),最小净距不小于 4 cm,且不小于管道直径的 0.6。

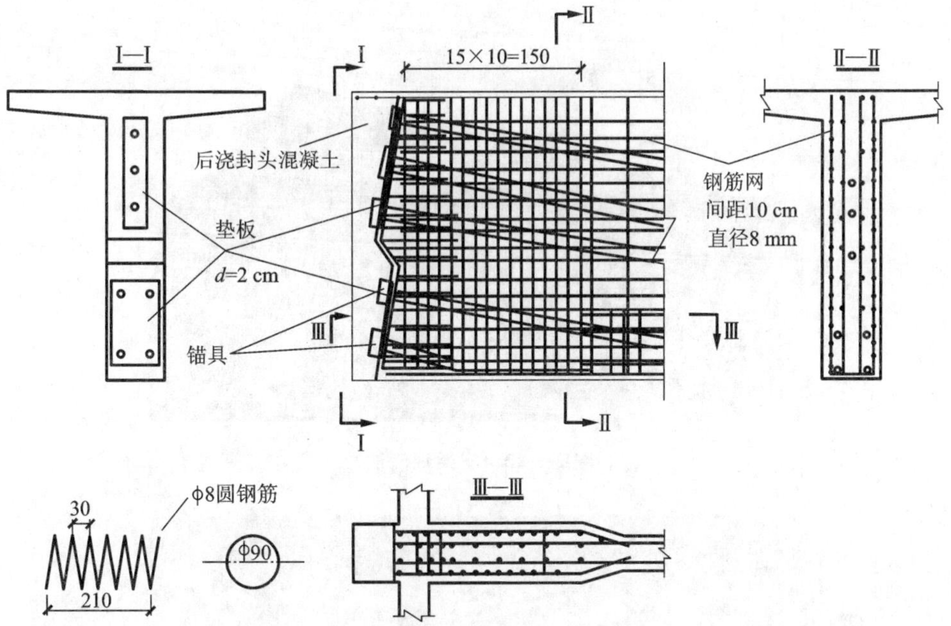

图 2-5-21　后张法预应力筋锚固构造

2.5.2　梁桥上部结构的施工

1.简支梁桥的施工

(1)简支梁桥的主要施工方法。

当梁桥的下部结构和支座施工完毕后,就要进行上部结构的施工,通常采用两种主要的施工方法,即现浇法和预制安装法。

①现浇法。

现浇法是在桥跨下面搭设支架作为工作平台,然后在其上面立模板浇筑梁体结构的施工方法,如图 2-5-22 所示,适用于桥墩不太高,或靠岸边水不太深且无通航要求的中、小跨径桥梁。其主要优缺点如下。

a.优点:不需要大型的吊装设备和专门的预制场地;梁体结构中沿桥向的主筋不用中断,故其结构的整体性能好。

b.缺点:支架需要多次转移,使工期加长;施工质量不容易控制;投入的支架费用比较高。

②预制安装法。

预制安装法是在桥位附近专门的预制场地或者工厂进行成批制作,然后将这些构件适时地运到桥孔处进行安装就位的施工方法,如图 2-5-23 所示,适用于同类桥梁跨数较多、桥墩较高、河水较深的情况。预制安装法在施工时通常将桥跨结构用纵向竖缝划分成若干个独立的构件,其主要优缺点如下。

a.优点:桥梁的上、下部结构可以平行施工,使工期显著缩短;无须在高处进行构件制作,质量容易控制,可以集中在一处成批生产,从而降低工程成本。

图 2-5-22　支架现浇法

图 2-5-23　预制安装法

b. 缺点:需要大型的起吊运输设备,此项费用较高;整体性不如就地浇筑法;由于在构件与构件之间存在拼接纵缝(例如简支 T 形梁之间的横隔板接头,施工时需搭设吊架才能操作),故施工比较麻烦。

(2)基本施工工艺。

无论采用哪种方法进行主梁施工,对于混凝土简支梁体本身来说,都必须经过如下基本工艺流程:支立模板→钢筋骨架成形→拌运、浇筑混凝土→养护、拆模。下面就每一项工作的具体过程进行介绍。

①模板工作。

模板是混凝土构件外观尺寸的重要保证,其工作包括模板的设计、制作、支立、拆除等。

a. 模板的基本要求。

(a)具有足够的强度、刚度和稳定性,能安全可靠地承担施工中可能出现的各种荷载。

(b)保证结构的设计形状、尺寸及各部分相互之间位置的准确性。

(c)模板的接缝必须密合,确保混凝土浇筑过程中不漏浆。

(d)构造简单,拆装方便,便于周转使用,应尽量做成装配式组件或块件。

b. 模板的分类与构造。

模板按梁体成型时的作用不同,分为内模、外模、侧模、端模、底模等,如图 2-5-24 所示。充气橡胶芯模(图 2-5-25)的使用过程如下。

(a)入模:将芯模牵引入钢筋笼;

(b)充气:打开阀门,按规格充气至规定压力;

(c)固定:固定芯模,以免上浮;

(d)浇筑混凝土;

(e)拆模:待混凝土初凝后,即开阀放气,将芯模抽出。

图 2-5-24　箱梁的侧模和内模

图 2-5-25　充气橡胶芯模(即内模)

模板按所用的材料不同,分为木模板、钢模板、钢木模板、胶合板模板、钢竹模板、塑料模板、玻璃钢模板、铝合金模板等。木模板多用于就地浇筑或者非等跨结构;钢模板多用于预先制作的装配式标准构件。

②钢筋工作。

钢筋的加工过程有调直、除锈、冷拉、时效、下料、弯钩、焊接、绑扎等工序。钢筋加工前首先应对进场的钢筋通过抽样试验进行质量鉴定,合格的才能使用。抽样试验主要包括抗拉极限强度、屈服点和冷弯试验等。

a. 调直、冷拉及时效。

根据钢筋的直径采用不同的调直方法。对于直径在 10 mm 以上的钢筋,一般用锤子调直;对于直径在 10 mm 以下的钢筋,常用卷扬机通过冷拉调直(伸长率不大于 1%),使钢筋产生塑性变形,从而提高其屈服强度,称为冷拉强化。将经过冷拉的钢筋于常温下存放 15～20 d 或加热到 100～200 ℃ 并保持一定时间,称为时效处理。冷拉时钢筋被拉直,表面锈渣剥落,因此冷拉还可同时完成调直、除锈工作。在冷拉时最好采用同时控制钢筋应力和延伸率的方法,即"双控",以应力控制为主,延伸率控制为辅。

b. 下料。

为了使成形的钢筋比较精确地符合设计要求,在下料前应计算图样上标明的折线尺寸与弯折处实际弧线尺寸的差值(通常可查阅现成的计算表格),同时还应考虑钢筋在冷弯过程中的伸长量。

c. 弯制成形和接头处理。

下料后的钢筋可在工作平台上用弯筋器按规定的弯曲半径弯制成形,钢筋两端也应按图样弯成所需的标准弯钩。钢筋图中对弯曲半径未有规定时,宜按钢筋直径的 1.5 倍进行弯制。当需要较长的钢筋,最好在接长以后再弯制,这样较易控制尺寸。钢筋的接头应采用电焊,并以电阻焊为宜,因为这种接头的传力性能好,且节省钢材。在不能进行电阻焊时,可采用电弧焊(如搭接焊、帮条焊、坡口焊、熔槽帮条焊和窄间隙焊)。焊接接头在构件内应尽量错开布置,如图 2-5-26 所示,且受拉主钢筋的接头截面面积不得超过受力钢筋总截面面积的 50%(装配式构件连接处的受力钢筋的焊接接头可不受此限制)。

直径不大于 25 mm 的受力钢筋也可采用绑扎搭接,如图 2-5-27 所示,受拉钢筋接头的搭接长度不应小于表 2-5-2 的规定。受拉钢筋绑扎接头的搭接长度,应取受拉钢筋绑扎接头搭接长度的 0.7。且搭接长度区段内受力钢筋接头的截面面积,在受拉区不得超过钢筋总截面面积的 25%,在受压区不得超过 50%。

图 2-5-26　焊接而成的钢筋骨架

图 2-5-27　绑扎而成的钢筋骨架图

表 2-5-2   受拉钢筋接头的搭接长度

钢筋类型	混凝土强度等级		
	C20	C25	高于 C25
HPB300	35d	30d	25d
HRB335	45d	40d	35d
HRB400	55d	50d	45d

注:d 为钢筋直径。

③混凝土工程。

混凝土工程施工包括配料、拌制、运输、浇筑、振捣、养护、拆模等施工过程,如图 2-5-28 所示。

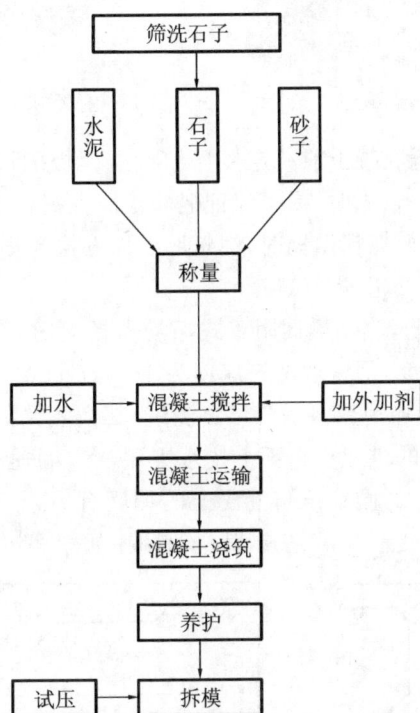

```
                    ┌──────────┐
                    │  筛洗石子  │
                    └──────────┘
        ┌──────┐    ┌──────┐    ┌──────┐
        │ 水泥 │    │ 石子 │    │ 砂子 │
        └──────┘    └──────┘    └──────┘
                    ┌──────┐
                    │  称量  │
                    └──────┘
  ┌──────┐        ┌──────────┐        ┌──────────┐
  │ 加水 │──────→│ 混凝土搅拌 │←──────│  加外加剂  │
  └──────┘        └──────────┘        └──────────┘
                  ┌──────────┐
                  │ 混凝土运输 │
                  └──────────┘
                  ┌──────────┐
                  │ 混凝土浇筑 │
                  └──────────┘
                    ┌──────┐
                    │  养护  │
                    └──────┘
  ┌──────┐        ┌──────┐
  │ 试压 │──────→│  拆模  │
  └──────┘        └──────┘
```

图 2-5-28   混凝土工程施工过程示意图

a.配料及拌制。混凝土的配合比及水灰比均应通过设计和实验室的试验确定,拌制一般采用搅拌机,如图 2-5-29 所示。

图 2-5-29   混凝土搅拌机和搅拌站

b.混凝土的运输。混凝土的运输能力应满足混凝土有关凝结速度和浇筑速度的需要,应使混凝土在运到浇筑地点时仍保持均匀性和规定的坍落度。图 2-5-30 为采用地泵泵送混凝土,图 2-5-31 为混凝土搅拌运输车。

| 图 2-5-30 地泵泵送混凝土 | 图 2-5-31 混凝土搅拌运输车 |

c.混凝土的浇筑。在浇筑混凝土前一定要仔细检查模板的尺寸、清洁程度以及预埋件的位置。当构件的高度(或厚度)较大时,为了保证混凝土能振捣密实,应采用分层浇筑法。

在一般稠度下,用插入式振捣棒振捣时,浇筑厚度为振捣棒作用部分长度的 1.25 倍;用平板式振动器振捣时,浇筑厚度不超过 20 cm。

薄腹 T 形梁或箱梁的梁肋,当用侧向附着式振动器振捣时,浇筑厚度一般为 30～40 cm。采用人工振捣时,根据钢筋密度,通常取浇筑厚度为 15～25 cm。

中、小跨径的 T 形梁一般均采用水平分层法浇筑,其横隔梁的混凝土与梁肋同时浇筑;对于又高又长的梁体,当混凝土的供应量跟不上按水平层浇筑的速度时,可采用斜层浇筑法,由梁的一端浇向另一端。混凝土的倾斜角与混凝土的稠度有关,一般为 25°～30°。当采用落地支架浇筑混凝土时,为使支架变形及早完成,其浇筑顺序如图 2-5-32 所示。

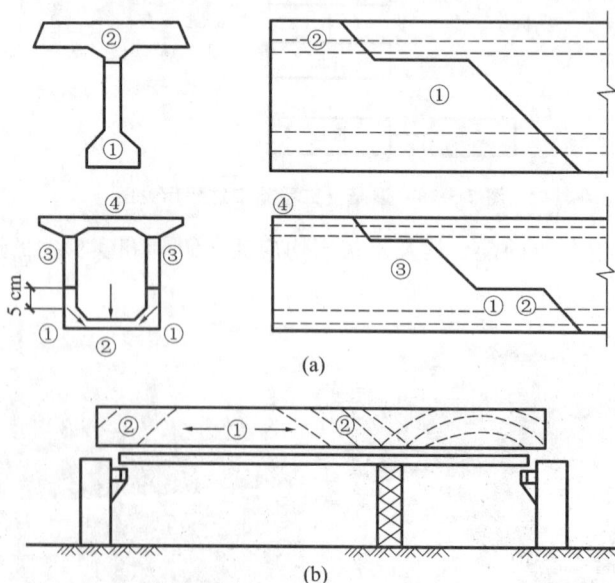

图 2-5-32　简支梁桥在支架上的浇筑顺序

　　当桥面较宽且混凝土数量较大时,可分成若干纵向单元分别浇筑。每个单元的纵、横梁可沿其长度方向水平分层浇筑或采用斜层法浇筑。施工时,在纵梁间的横梁上设置施工缝,并在纵、横梁浇筑完成后进行填缝连接;然后桥面板可沿桥全宽全面积一次浇筑完成,不设施工缝。桥面板与纵、横梁间设置水平施工缝。

　　浇筑空心板梁时一般先浇筑底板;再立芯模,绑扎或焊接顶面钢筋;然后浇筑肋板与面板混凝土,待混凝土初凝后即可抽卸芯模。

　　浇筑分层混凝土时,应在前层混凝土开始凝结之前,将次层混凝土浇筑捣实完毕。在此情况下,上下层的浇筑时间间隔不宜超过 1 h(当温度在 30 ℃以上时)或 5 h(当温度在 30 ℃以下时)。也可由试验资料来确定允许的间隔时间。

　　如果在浇筑次层混凝土时前层混凝土已经凝结,则要待前层混凝土的强度不小于1200 kPa时,经结合缝处理后才可浇筑次层混凝土;当要求结合缝不渗水时,应在前层混凝土的强度达到 2500 kPa 后,再浇筑次层混凝土。

　　新旧混凝土结合缝处的处理应注意以下事项:凿除旧混凝土表层的水泥浆和较弱层,将接缝面凿毛,用水冲洗干净;若为垂直缝,应刷一层净水泥浆,如为水平缝,应在接缝面上铺一层厚度为 1～2 cm 的水泥砂浆(水灰比小于混凝土);斜面接缝时应将斜面凿毛呈台阶状;接缝位于重要部位或结构物位于地震区的,在浇筑时应加锚固钢筋;振捣器工作时,与旧混凝土的距离应为 5～10 cm。

　　d. 混凝土的振捣。通过振捣,可以排出混凝土中的空气,增大混凝土的密实度,从而显著提高混凝土的强度和耐久性,并使其达到内实外光的要求。

　　混凝土的振捣可分为人工(用铁钎)振捣和机械振捣两种。人工振捣适用于坍落度大、混凝土数量少或钢筋过密的部位。大规模的混凝土浇筑,必须使用机械振捣。

　　混凝土振捣的设备有平板式振动器、附着式振动器和插入式振捣棒等,如图 2-5-33～图 2-5-35所示。平板式振动器用于大面积混凝土施工,如桥面、基础等;附着式振动器是挂在模板外部,借助振动模板来振捣混凝土,常用于薄壁混凝土构件,如梁肋部分等;插入式振捣棒可用于一般情况下的混凝土施工,如梁、柱等。

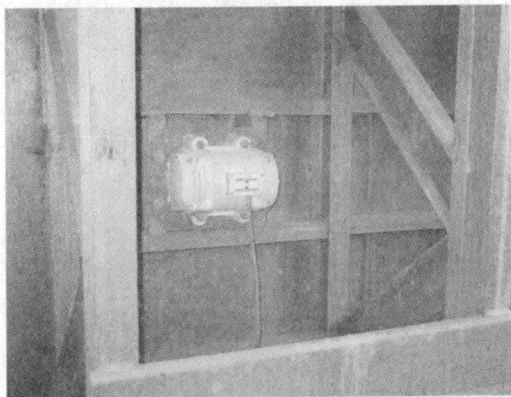

图 2-5-33　附着式振动器　　　　　图 2-5-34　插入式振捣器

　　混凝土每次振捣的时间要掌握好,振捣时间过短或过长均有弊病,一般以振捣至混凝土不再下沉、无显著气泡上升、混凝土表面出现薄层水泥浆、表面达到平整为准。

图 2-5-35　平板式振动器

e.混凝土的养护。

目前,在桥梁施工中采用最多的是在自然温度条件下(5 ℃以上)的自然养护法,即在混凝土终凝后,在构件上覆盖草袋、麻袋、稻草或砂子,经常洒水,以使构件经常处于湿润状态,如图 2-5-36所示。

图 2-5-36　自然养护

自然养护法的养护时间与水泥品种和是否掺用塑化剂有关,一般情况下,使用普通硅酸盐水泥的混凝土为 7 d 以上;使用矿渣水泥、火山灰质水泥或用塑化剂的混凝土为 14 d 以上。每天洒水的次数,以能使混凝土保持湿润状态为准。在一般气候条件下,当温度高于 15 ℃时,在养护的前 3 d 中,白天每隔 1～2 h 洒水一次,夜间至少浇水 2 次;在以后的养护期间内可酌情减少洒水次数。在干燥的气候条件下,或有大风天气中,应适当增加洒水次数。

在低温情况下(5 ℃以下),为了加快模板周转和施工进度,可以采用蒸汽法养护混凝土,如图 2-5-37 所示。

图 2-5-37　蒸汽养护

混凝土经过养护,当强度达到设计强度的 25%~50% 时,即可拆除梁的侧模;达到设计吊装强度并不低于设计强度的 70% 时,就可起吊主梁。

f.混凝土冬期施工要点。《公路桥涵施工技术规范》(JTG/T 3650—2020)规定,室外日平均气温连续 5 d 稳定低于 5 ℃时,应按冬期施工处理,主要有以下几个方面:在保证混凝土拥有必要的和易性的前提下尽量减少用水量,并采用较小的水灰比,以显著加快混凝土的凝结速度,有利于抵抗混凝土的早期冻结;比正常情况下增加 50%~100% 的拌和时间,这样可使水泥的水化作用加快,并使水泥的发热量增加以加速凝结;适当采用活性较大、发热量较高的快硬水泥或高强度等级水泥拌制混凝土;将拌和水或集料加热,以提高混凝土的初始温度,使混凝土在养护前不致冻结;用早强剂,以加快混凝土强度的发展,并降低混凝土内水溶液的冰点,防止混凝土早期冻结;采用蒸汽法、暖棚法、蓄热法和电热法等提高养护温度。

(3)现浇法施工。

钢筋混凝土简支梁桥现浇法施工的工艺流程如图 2-5-38 所示。

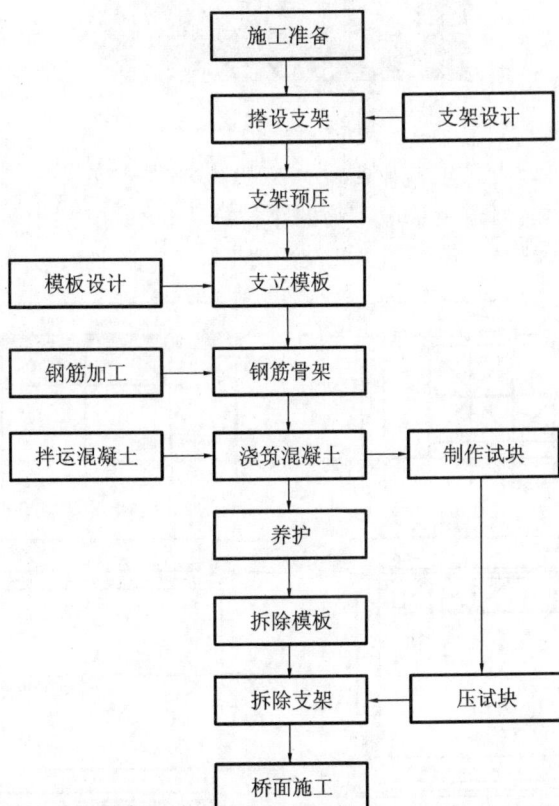

图 2-5-38　钢筋混凝土简支梁桥现浇法施工工艺流程

①常用的支架形式。

按材料不同,支架可分为木支架、钢支架(图 2-5-39)、钢木混合结构支架、万能杆件拼装支架(图 2-5-40)和贝雷架(图 2-5-41)等。

图 2-5-39　钢支架

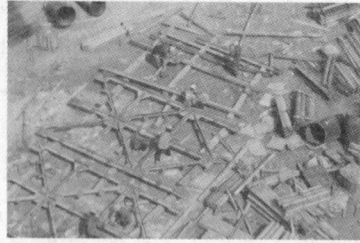

图 2-5-40　万能杆件拼装支架

图 2-5-41　贝雷架

按构造不同,支架可分为立柱式支架、梁式支架和梁-柱式支架等,如图 2-5-42 所示。立柱式支架可用于旱桥、不通航河道及桥墩不高的小桥施工;梁式支架中钢板梁的适用跨径小于 20 m,钢桁梁的适用跨径大于 20 m;梁-柱式支架适用于桥墩较高、跨径较大且需要排洪的情况。

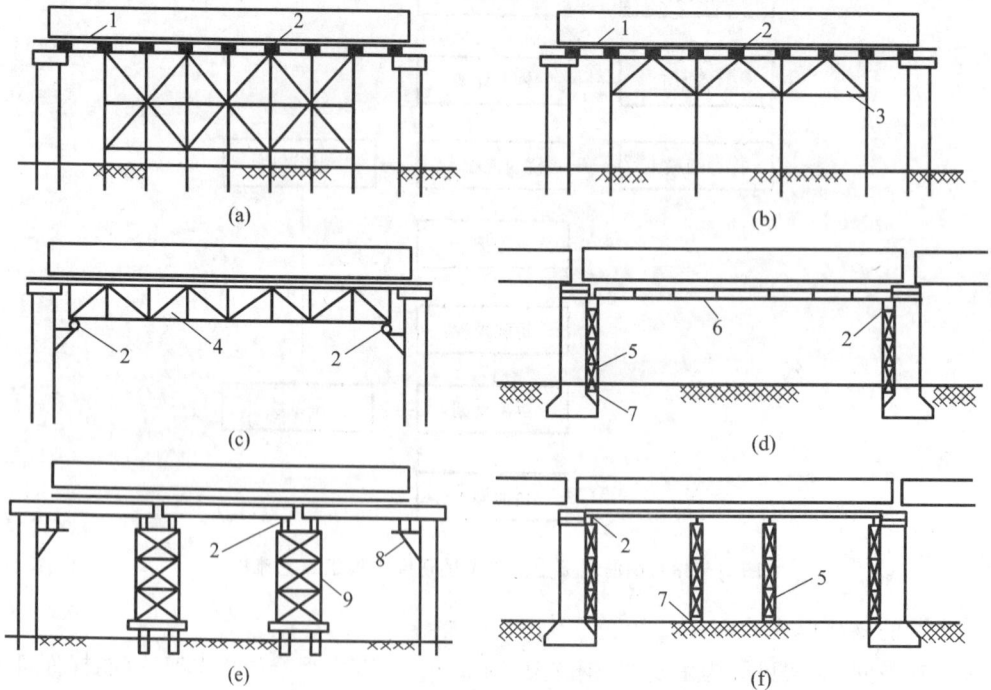

图 2-5-42　支架构造形式

(a)、(b)立柱式支架;(c)、(d)梁式支架;(e)、(f)梁-柱式支架

1—纵梁;2—卸落设备;3—支架;4—桁架梁;5—立柱;6—钢板梁;7—混凝土基础;8—托架;9—排架

②预拱度设置。

在支架上浇筑架式上部结构时,卸架后上部结构会产生一定的挠度。为使上部结构在卸架后满足设计规定的外形,需在施工时设置预拱度。确定预拱度时应考虑以下因素:

a.支架拆除后由上部结构本身及活荷载一半所产生的挠度。当产生的挠度不超过跨径的1/1600时,可忽略。

b.施工期间支架在荷载(如施工人员、机具、设备等)作用下的弹性压缩值和非弹性压缩值。

c.支架基底土在荷载作用下的非弹性沉陷值。

d.由混凝土收缩及温度变化而引起的挠度等。

由梁的挠度和支架的各项变形值计算出来的数值之和就是简支梁预拱度的最高值,它应设置在跨径的中点,在两端的支点处则为零,其他各点的预拱度则按直线或二次抛物线的比例进行分配。

③支架预压。

支架预压(图2-5-43)是支架搭设完成后必不可少的施工工序,它能模拟上部结构的荷载形式,检测支架的安全度,消除支架的非弹性变形和基础沉降。

图2-5-43　支架预压

(4)预制安装法。

①预制。

a.先张法预应力混凝土简支梁的制作工艺。

先张法的制梁工艺是在浇筑混凝土前张拉预应力筋,将其临时锚固在张拉台座上,然后立模浇筑混凝土,待混凝土达到规定的强度后,逐渐将预应力筋放松,因预应力筋弹性回缩,通过其与混凝土之间的黏结作用,使混凝土获得预压应力。

先张法空心板施工工艺基本流程如图 2-5-44 所示。先张法一般仅适用于生产中小型构件，在固定的预制厂生产。

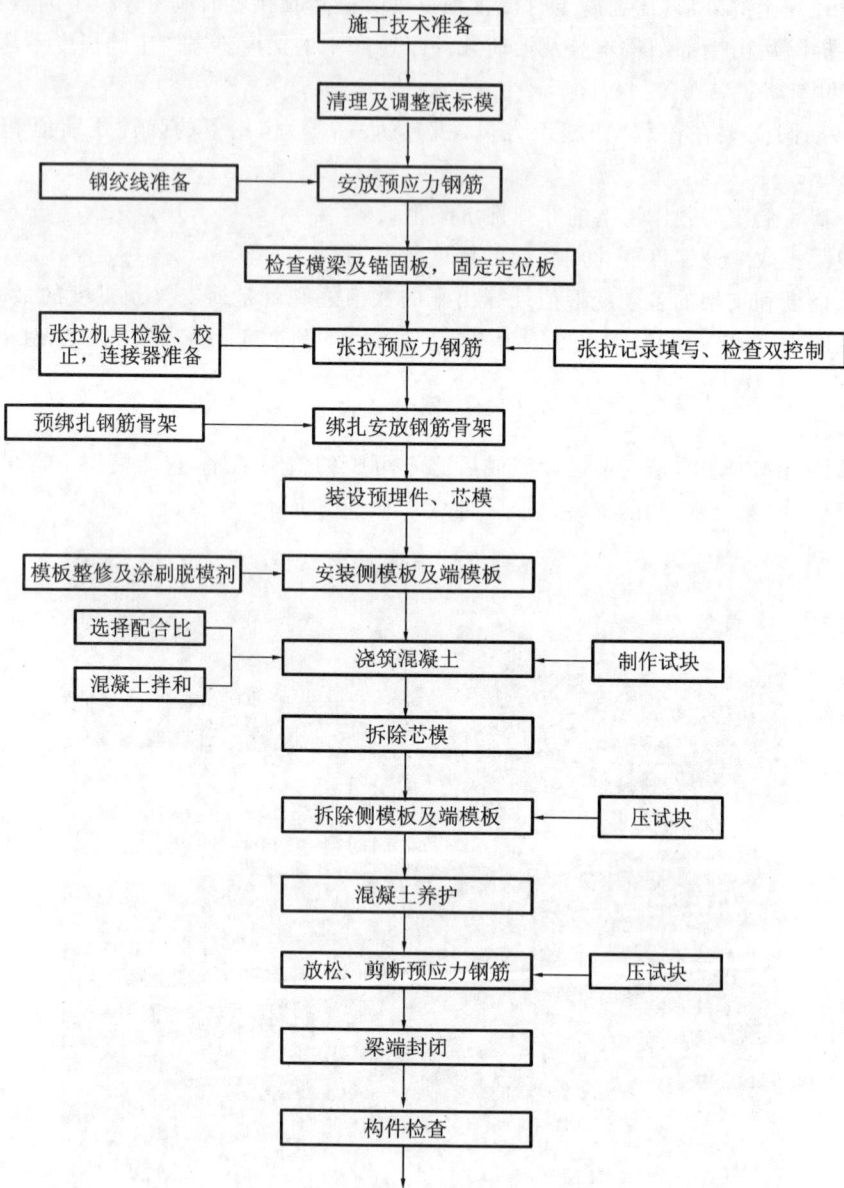

```
                    施工技术准备
                         │
                    清理及调整底标模
                         │
      钢绞线准备 ─────── 安放预应力钢筋
                         │
           检查横梁及锚固板，固定定位板
                         │
 张拉机具检验、校                        张拉记录填写、检查双控制
 正，连接器准备 ─────── 张拉预应力钢筋 ───────
                         │
   预绑扎钢筋骨架 ─────── 绑扎安放钢筋骨架
                         │
                    装设预埋件、芯模
                         │
  模板整修及涂刷脱模剂 ─── 安装侧模板及端模板
                         │
     选择配合比 ──┐
                 ├───── 浇筑混凝土 ─────── 制作试块
     混凝土拌和 ──┘
                         │
                    拆除芯模
                         │
                  拆除侧模板及端模板 ─────── 压试块
                         │
                    混凝土养护
                         │
                 放松、剪断预应力钢筋 ─────── 压试块
                         │
                    梁端封闭
                         │
                    构件检查
```

图 2-5-44 先张法空心板施工流程图

(a)台座。

台座(图 2-5-45)在先张法构件生产中是主要的承力构件，它必须具有足够的承载能力、刚度和稳定性，以免因台座的变形、倾覆和滑移而引起预应力的损失，以确保先张法生产构件的质量。台座的形式繁多，因地制宜，一般可分为墩式台座和槽式台座两种。台座的两端设置固定预应力钢丝的钢制横梁，一般用型钢制作，在设计横梁时，除考虑在张拉力的作用下有一定的强度外，应特别注意其变形，以减少预应力损失。

图 2-5-45　台座

（b）预应力筋张拉。

预应力筋张拉应根据设计要求，采用合适的张拉方法、张拉顺序和张拉程序进行，并应有可靠的保证质量措施和安全技术措施。图 2-5-46 所示为采用台座式千斤顶张拉预应力筋。先张法张拉的程序见表 2-5-3。

图 2-5-46　台座式千斤顶进行张拉

表 2-5-3　　　　　　　　　　　　　先张法张拉的程序

预应力筋种类	张拉程序
钢筋	$0 \rightarrow$ 初应力 $\rightarrow 1.05\sigma_{con}$（持荷 5 min）$\rightarrow 0.9\sigma_{con} \rightarrow \sigma_{con}$（锚固）
钢丝、钢绞线	$0 \rightarrow$ 初应力 $\rightarrow 1.05\sigma_{con}$（持荷 5 min）$\rightarrow 0 \rightarrow \sigma_{con}$（锚固）
	对于夹片式等具有自锚性能的锚具： 普通松弛力筋　$0 \rightarrow$ 初应力 $\rightarrow 1.03\sigma_{con}$（锚固） 低松弛力筋　$0 \rightarrow$ 初应力 $\rightarrow \sigma_{con}$（持荷 5 min 锚固）

预应力筋的张拉可采用单根张拉或多根同时张拉，当预应力筋数量不多，张拉设备拉力有限时常采用单根张拉。当预应力筋数量较多且密集布筋，另外张拉设备拉力较大时，可采用多

根同时张拉。

在确定预应力筋张拉顺序时,应考虑尽可能减小台座的倾覆力矩和偏心力,先张拉靠近台座截面重心处的预应力筋。此外,在施工中为了提高构件的抗裂性能或为了部分抵消由于应力松弛、摩擦、钢筋分批张拉以及预应力筋与张拉台座之间温度因素产生的预应力损失,张拉应力可按设计值提高 5%。

先张法构件在浇筑混凝土前发生断裂或滑脱的预应力筋必须予以更换。预应力筋张拉锚固后,预应力筋位置与设计位置的偏差不得大于 5 mm,且不得大于构件截面最短边长的 4%。张拉过程中,应按混凝土结构工程施工及验收规范要求填写施加预应力记录表,以便参考。

施工中应注意安全。张拉时,正对钢筋两端禁止站人。敲击锚具的锥塞或楔块时,不应用力过猛,以免损伤预应力筋而断裂伤人,但又要锚固可靠。冬期张拉预应力筋时,其温度不宜低于 −15 ℃,且应考虑预应力筋容易脆断的危险。

(c)放张(图 2-5-47)。

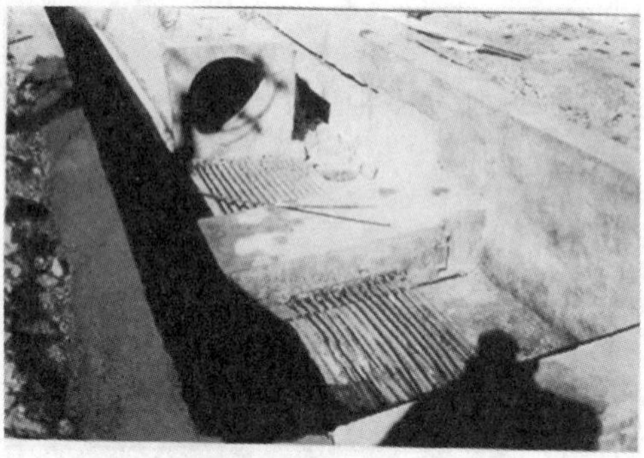

图 2-5-47　预应力放张

Ⅰ.预应力筋放张时的混凝土强度须符合设计规定,设计未规定时,不得低于设计的混凝土强度等级值的 75%。

Ⅱ.预应力筋的放张顺序应符合设计要求,设计未规定时,应分阶段、对称、相互交错地放张。在预应力筋放张之前,应将限制位移的侧模、翼缘模板或内模拆除。

Ⅲ.多根整批预应力筋的放张,可采用砂箱法或千斤顶法。用砂箱放张时,放砂速度应均匀一致;用千斤顶放张时,放张宜分数次完成。单根钢筋采用拧松螺母的方法放张时,宜先两侧后中间,并不得一次将一根力筋松完。

Ⅳ.钢筋放张后,可用乙炔-氧气切割,但应采取措施防止烧坏钢筋端部。钢丝放张后,可用切割(图 2-5-48)、锯断或剪断的方法切断;钢绞线放张后,可用砂轮锯断。长线台座上预应力筋的切断顺序,应由放张端开始,逐次切向另一端。

b.后张法预应力混凝土简支梁的制作工艺。

后张法施工工艺是先浇筑留有预应力筋孔道的梁体,待混凝土达到规定的强度后,再在预留孔道内穿入预应力筋进行张拉锚固(有时预留孔道内

图 2-5-48　切割预应力筋

已事先埋束,待混凝土达到规定的强度后,再进行预应力筋张拉锚固),最后进行孔道压浆并浇筑梁端封头混凝土。

后张法施工不需要大型的张拉台座,便于在现场施工,而且又适宜于配置曲线形预应力钢筋的重、大型构件,因此其在公路桥梁中运用广泛。图 2-5-49 所示为后张法施工工艺基本流程。

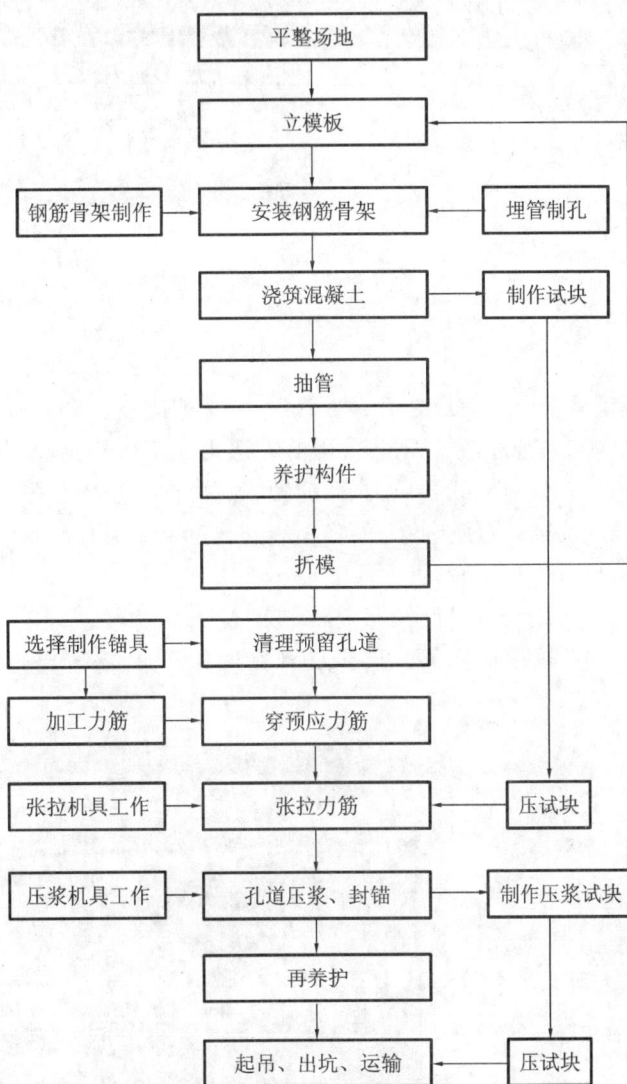

```
                    ┌──────────┐
                    │  平整场地  │
                    └─────┬────┘
                          ↓
                    ┌──────────┐ ←────────────────┐
                    │  立模板    │                  │
                    └─────┬────┘                  │
  ┌──────────┐      ┌──────────┐      ┌──────────┐ │
  │ 钢筋骨架制作 │ →  │ 安装钢筋骨架 │ ←  │  埋管制孔  │ │
  └──────────┘      └─────┬────┘      └──────────┘ │
                          ↓                         │
                    ┌──────────┐      ┌──────────┐ │
                    │  浇筑混凝土 │ →  │  制作试块  │ │
                    └─────┬────┘      └──────────┘ │
                          ↓                         │
                    ┌──────────┐                    │
                    │   抽管    │                   │
                    └─────┬────┘                    │
                          ↓                         │
                    ┌──────────┐                    │
                    │  养护构件  │                   │
                    └─────┬────┘                    │
                          ↓                         │
                    ┌──────────┐                    │
                    │   折模    │ ──────────────────┘
                    └─────┬────┘
  ┌──────────┐      ┌──────────┐
  │ 选择制作锚具 │ →  │ 清理预留孔道 │
  └──────────┘      └─────┬────┘
  ┌──────────┐      ┌──────────┐
  │  加工力筋  │ →  │  穿预应力筋 │
  └──────────┘      └─────┬────┘
                          ↓
  ┌──────────┐      ┌──────────┐      ┌──────────┐
  │ 张拉机具工作 │ →  │  张拉力筋  │ ←  │  压试块   │
  └──────────┘      └─────┬────┘      └──────────┘
                          ↓
  ┌──────────┐      ┌──────────┐      ┌──────────┐
  │ 压浆机具工作 │ →  │ 孔道压浆、封锚 │ → │ 制作压浆试块 │
  └──────────┘      └─────┬────┘      └──────────┘
                          ↓
                    ┌──────────┐
                    │   再养护  │
                    └─────┬────┘
                          ↓
                    ┌──────────┐      ┌──────────┐
                    │ 起吊、出坑、运输 │ ← │  压试块   │
                    └──────────┘      └──────────┘
```

图 2-5-49　后张法施工工艺基本流程

(a)预留孔道。

目前常用的制孔器有两大类,分别是埋置式制孔器和抽拔式制孔器,如图 2-5-50 所示。埋置式制孔器主要有铁皮管、铝合金波纹管、塑料波纹管等。常用的抽拔式制孔器(俗称抽拔管)主要有橡胶管制孔器、金属伸缩管制孔器和钢管制孔器三种。所有管道均应设压浆孔,还应该在最高点设排气孔,需要时在最低点设排水孔。

图 2-5-50　制孔器

(a)埋置式;(b)抽拔式

(b)穿束。

预应力筋可在浇筑混凝土之前或之后穿入管道,穿束前应检查垫板和孔道,垫板应位置准确,孔道内应畅通,无水和其他杂物。穿束采用的方法为人工直接穿束(图 2-5-51)和机械穿束。安装铺具及张拉设备时,对直线预应力筋,应使张拉力的作用线与孔道中心线在张拉过程中相互重合;对曲线预应力筋,应使张拉力的作用线与孔道末端中心点的切线在张拉过程中相互重合。

(c)张拉。

图 2-5-52 为工人在张拉预应力筋。后张法张拉的程序见表 2-5-4。张拉需注意以下几方面:

图 2-5-51　工人在穿筋　　　　　图 2-5-52　工人在张拉预应力筋

Ⅰ.预应力筋的张拉顺序应符合设计要求,当设计无具体要求时,可采取分批、分阶段对称张拉。

Ⅱ. 张拉时,构件的混凝土强度应符合设计要求,设计未规定时,不应低于设计强度等级值的 80%。

Ⅲ. 预应力侧筋以应力控制方法张拉时,应以伸长量进行校核。实际伸长量与理论伸长量之差应控制在 6% 以内。

Ⅳ. 钢丝束和钢绞线束在每个断面断丝之和应不超过该断面钢丝总数的 1%,且每束钢丝断丝或滑丝只允许一根,每束钢绞线断丝或滑丝只允许一丝。

表 2-5-4   后张法张拉的程序

预应力筋		张拉程序
钢筋、钢筋束		$0 \to$ 初应力 $\to 1.05\sigma_{con}$(持荷 5 min)$\to \sigma_{con}$(锚固)
钢绞线束	对于夹片式等具有自锚性能的锚具	普通松弛力筋:$0 \to$ 初应力 $\to 1.03\sigma_{con}$(锚固) 低松弛力筋:$0 \to$ 初应力 $\to \sigma_{con}$(持荷 5 min 锚固)
	其他锚具	$0 \to$ 初应力 $\to 1.05\sigma_{con}$(持荷 5 min)$\to \sigma_{con}$(锚固)
钢丝束	对于夹片式等具有自锚性能的锚具	普通松弛力筋:$0 \to$ 初应力 $\to 1.03\sigma_{con}$(锚固) 低松弛力筋:$0 \to$ 初应力 $\to \sigma_{con}$(持荷 5 min 锚固)
	其他锚具	$0 \to$ 初应力 $\to 1.05\sigma_{con}$(持荷 5 min)$\to 0 \to \sigma_{con}$(锚固)
精轧螺纹钢筋	直线配筋时	$0 \to$ 初应力 $\to \sigma_{con}$(持荷 5 min 锚固)
	曲线配筋时	$0 \to \sigma_{con}$(持荷 5 min)$\to 0$(上述程序可反复几次)$\to$ 初应力 $\to \sigma_{con}$(持荷 5 min 锚固)

注:1. 表中 σ_{con} 为张拉时的控制应力值,包括预应力损失值。

    2. 两端同时张拉时,两端千斤顶升降压、画线、测伸长量、插垫等工作应基本一致。

    3. 梁的竖向预应力筋可一次张拉到控制应力,然后于持荷 5 min 后测伸长量和锚固。

(d)孔道压浆和封锚(图 2-5-53)。

孔道压浆是为了保护预应力钢筋不致锈蚀,并使预应力钢筋与混凝土梁体成为一个整体,从而既能减小锚具的受力,又能提高梁的承载能力、抗裂性能和耐久性。孔道压浆用专门的压浆泵进行,压浆时要求密实、饱满,并应在张拉后尽早完成。压注孔道所用的水泥浆,需用强度等级不低于 42.5 级的普通硅酸盐水泥或普通水泥拌制。火山灰质水泥与矿渣水泥由于凝固慢、泌水率高,均不宜使用。水泥浆的水灰比应为 0.40~0.45,最大不超过 0.5。为了防止腐蚀钢丝,加掺加剂时须验明其中不含氯盐,不得掺用加气剂。

Ⅰ. 压浆孔道应压水清洗干净,并检查灌浆孔、出气孔是否与预应力筋孔道连通,否则,应事先处理。

Ⅱ. 压浆顺序应先下后上,避免上层孔道漏浆把下层孔道堵住。压浆应使排气孔冒出浓浆并达到要求为止。

Ⅲ. 压浆过程中及压浆后 48 h 内,结构混凝土的温度不得低于 5 ℃,否则应采取保温措施。压浆后应检查压浆的密实情况。

Ⅳ. 压浆后应先将其周围冲洗干净并对梁端混凝土凿毛,然后设置钢筋网浇筑封端混凝土。封端混凝土的强度应符合设计规定,一般不宜低于构件混凝土强度等级值的 80%。

图 2-5-53　压浆和封锚

②运输。

预制梁的运输分为场内运输和场外运输。从工地预制现场至桥头处的运输称为场内运输,通常需要铺设钢轨便道,在预制场地先用轨道式起重机或木扒杆将预制构件装上轨道平车后,再用卷扬机牵引运抵桥头。当采用浮式起重机架梁时,还需要在河岸的适当位置修建临时栈桥(码头),再将钢轨便道延伸到这里,以便将预制构件运上驳船,再开往桥孔下面进行架设。

从预制构件厂至施工现场的运输称为场外运输,通常用大型平板车(图 2-5-54)、驳船或火车等运输工具进行运输。

无论采用哪类运输方式,在运输过程中都要求构件的放置要符合受力要求,并在预制构件的两侧采用斜撑和木楔加以临时固定,防止构件发生倾倒、滑动或跳动。

图 2-5-54　用平板车进行运输

③安装。

预制梁的架设是装配式桥梁施工中的关键性工序。预制梁的架设包括起吊、纵移、横移、落梁等工序。吊装的机具有汽车吊、桁式吊、浮吊、龙门吊、架桥机等多种,现仅就几种常见的架梁方法进行介绍。

a. 跨墩门式吊车架梁。

跨墩门式吊车架梁是以平板拖车或轨道平车将预制梁运送至桥孔,然后用跨墩龙门架或墩侧高低腿龙门架将梁吊起,再横移到设计位置落梁安装。当桥不太高,架桥孔数又多,且沿桥墩两侧铺设轨道不困难时,可以采用龙门架架设法,如图 2-5-55 所示。

图 2-5-55　龙门架架梁

b. 架桥机架梁(图 2-5-56)。

架桥机属于起重机范畴,因为其主要功能是将梁片提起,然后运送到位置后放下。

架桥机与一般意义上的起重机有很大的不同。其要求的条件苛刻,并且在梁片上走行,或者叫纵移。架桥机分为架设公路桥、常规铁路桥、客专铁路桥等几种,一般用于长桥和水中桥跨的施工。

图 2-5-56　架桥机架梁

补充阅读：
世界上最大的起重船——振华30号

c.浮吊架设法。

浮吊架设法适用于水上架梁。桥墩中不设临时支架，可用一套浮吊设备架设多跨同孔径的梁，设备利用率高，比较经济，对河流通航影响小。

2.悬臂体系和连续体系梁桥的施工

(1)悬臂施工法。

悬臂施工法是指在桥墩两侧设置工作平台，平衡地逐段向跨中悬臂浇筑或拼装梁段，直至桥跨结构合龙的施工方法。悬臂施工法可分为悬臂浇筑和悬臂拼装两类，其工作原理均可用工作平台移位（挂篮或吊机）、施工梁段就位（浇筑或拼装）和施工梁段联结（强拉预应力）三个主要工作环节来说明。

悬臂施工法具有许多突出的优点，如可以不用或少用支架；施工时不影响通航或桥下交通，并适用于变截面桥梁结构的施工；对于墩顶承受负弯矩的桥梁，施工时的受力状态与建成后的受力状态基本一致，因而可减少或节省施工用材。但是，悬臂施工也有其不利的一面，如施工技术要求较高，对于墩梁非固结的桥梁结构，还需采取临时固结措施，因而会产生施工阶段体系转换；此外，桥墩在施工过程中的受力较为不利，特别是当两个悬臂长度非对称时，桥墩将承受很大的不平衡弯矩。

①悬臂浇筑法。

悬臂浇筑法主要设备是一对能行走的挂篮（图 2-5-57），挂篮在已经张拉锚固并与墩身连成整体的梁段上移动，绑扎钢筋、立模、浇筑混凝土、施预应力都在其上进行。完成本段施工后，挂篮对称向前各移动一节段，进行下一梁段施工，循序前行，直至悬臂梁段浇筑完成。

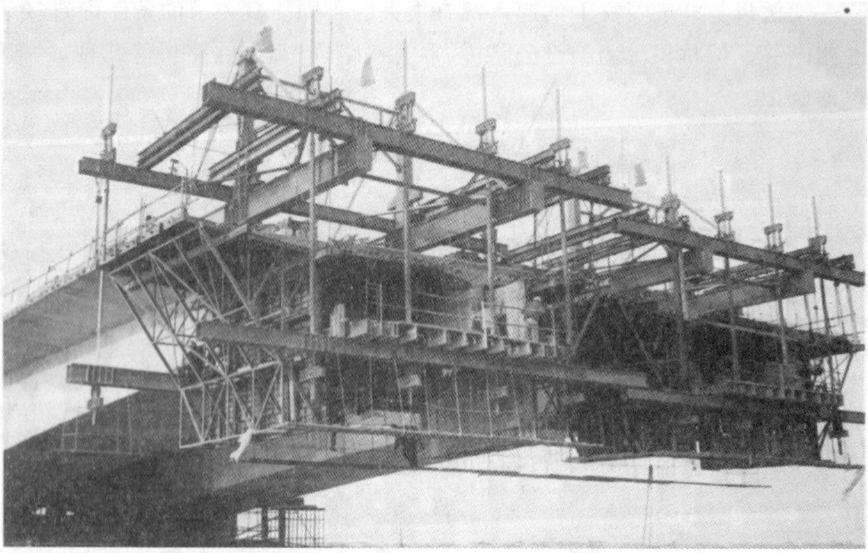

图 2-5-57 挂篮

悬臂浇筑法适用于大跨径的预应力混凝土悬臂梁桥、连续梁桥、T形刚构桥、连续刚构桥等结构,特别适合于宽深河流和山谷,施工期水位变化频繁不宜水上作业河流,以及通航频繁且施工时需留有较大净空等河流上桥梁的施工。

悬臂浇筑法无须建立落地支架,无须大型起重与运输机具。但梁体部分不能与墩柱平行施工,施工周期较长,而且悬臂浇筑的混凝土加载龄期短,对混凝土收缩和徐变影响较大。

悬臂浇筑法的主要工作内容包括:在墩顶托架或膺架上浇筑 0 号块并实施墩梁临时固结;在 0 号块段上安装悬臂挂篮,向两侧依次对称分段浇筑主梁至合龙前段;在支架上浇筑边跨主梁合龙段;最后浇筑中跨合龙段形成连续梁体系。

图 2-5-58 为悬臂浇筑法施工示意图,合龙段施工如图 2-5-59 所示。

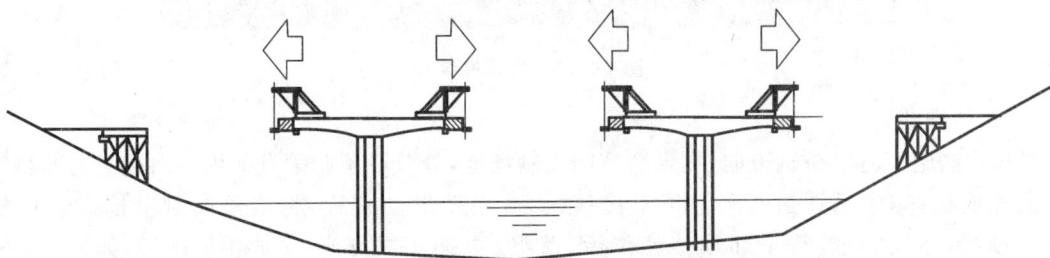

图 2-5-58　悬臂浇筑法施工示意图

图 2-5-59　合龙段施工

②悬臂拼装法。

悬臂拼装法指的是在桥墩两侧设置吊架,平衡地逐段向跨中悬臂拼装水泥混凝土梁体预制件,并逐段施加预应力的施工方法,如图 2-5-60 所示。悬臂拼装施工包括块件的预制、运输、拼装及合龙。悬臂拼装法施工中,梁段预制方法分为长线法和短线法,梁段的拼装施工工序为:0 号块施工→1 号块拼装→其他梁段拼装。

图 2-5-60　悬臂拼装法

（2）顶推法。

顶推法施工是沿桥轴方向,在台后开辟预制场地,分节段预制梁身并用纵向预应力筋将各节段连成整体,然后通过水平液压千斤顶施力,借助滑动装置,将梁段向对岸推进。这样分段预制,逐段顶推,待全部顶推就位后,落梁、更换正式支座,完成桥梁施工,如图 2-5-61 所示。顶推法适用于中等跨径、等截面的直线或曲线桥梁。图 2-5-62 为顶推法施工流程图。

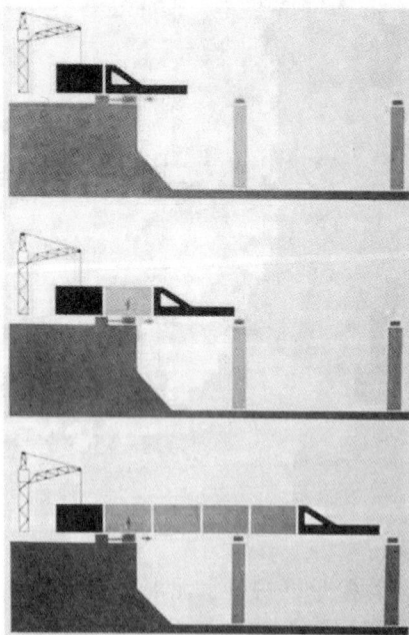

图 2-5-61　顶推法施工示意图

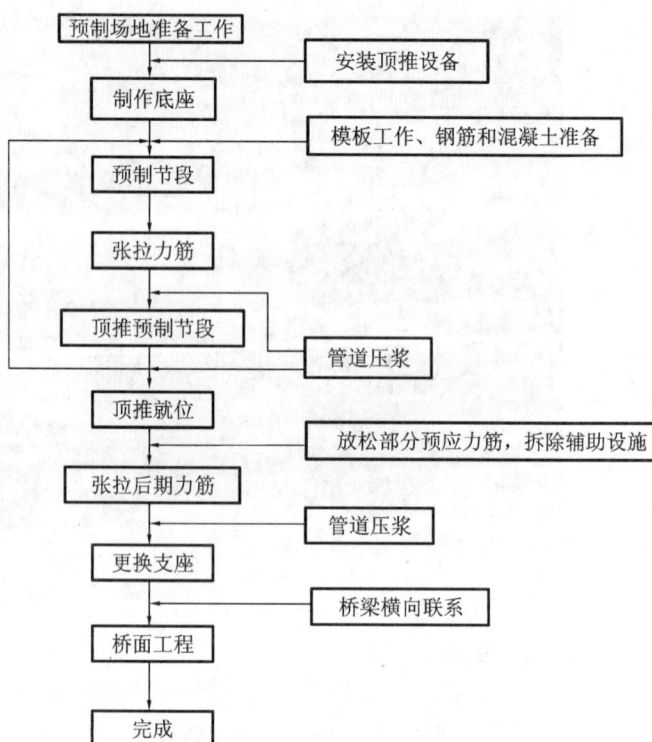

图 2-5-62　顶推法施工流程图

①顶推法施工特点。

优点:机具设备简便,无须大型起吊设备;节省施工用地,工厂化制作,能保证构件质量;模板可周转;不影响通航;节约劳力,施工安全;适应于连续梁、简支梁、拱桥(桥面纵梁)、斜拉桥(主梁)等结构。

缺点:不适于多跨变高梁、曲率变化的曲线桥和竖向曲率大的桥梁;受顶推悬臂弯矩的限制,顶推跨径大于 70~80 m 不经济;随着桥长的增大,施工进度较慢。

②施工工艺介绍。

顶推法施工的基本思路是:在桥台后的预制场地预制 15~30 m 的梁单元,并不断预制接长,同时通过聚四氟乙烯滑板支座将其顶推至最终位置,从而实现无支架施工。

③顶推法施工的关键技术。

a.预制场。顶推法的预制场如图 2-5-63 所示。

图 2-5-63　顶推法的预制场

b.钢导梁(图 2-5-64)。

导梁设置在主梁的前端,为钢桁梁或钢板梁,主梁前端装有预埋构件与钢导梁栓接。

图 2-5-64　钢导梁

c.临时墩(图 2-5-65)。

临时墩用于减小顶推的标准跨径,特别是当顶推跨径超过 50 m 以上,或者顶推其他形式的桥梁,如斜拉桥、钢管系杆拱桥或连续刚构桥梁时采用。

图 2-5-65　临时墩

d.滑道(图 2-5-66)。

采用滑道后只要 $5\%\sim8\%$ 的水平力就能够将笨重的箱梁(一般在 1 万～2 万吨)拖动。滑道设置在墩上的混凝土临时垫块上,由光滑的不锈钢板与组合的聚四氟乙烯滑块组成,其中滑块由聚四氟乙烯板与具有加劲钢板的橡胶块构成。

顶推时,组合的聚四氟乙烯滑块在不锈钢板上滑动,并在前方滑出,通过在滑道后方不断塞入滑块,带动梁身前进。

工程实例:

沅陵沅水大桥

图 2-5-66　滑道

(3)移动模架法。

移动模架造桥机(图 2-5-67)是一种自带模板,利用承台或墩柱作为支承,对桥梁进行现场浇筑的施工机械。其主要特点是施工质量好,施工操作简便,成本低廉等。移动模架造桥机在国外已被广泛地用于公路桥、铁路桥的连续梁施工中,是较为先进的施工方法;国内已开始在高速公路、铁路客运专线上使用。移动模架造桥机主要由支腿机构、支承桁梁、内外模板、主梁提升机构等组成,可完成由移动支架到浇筑成型等一系列施工。

图 2-5-67 移动模架造桥机

移动模架主要有上导梁式和下导梁式两种,如图 2-5-68 和图 2-5-69 所示。其适用于高墩、多跨、中等跨径(30～50 m)现浇梁桥;施工速度快,节省劳动力,劳动强度低,占用场地少;施工中不影响通行、通航;机械化程度高,模板可多次循环使用;适用于箱梁、T 梁、槽型梁等各种断面的桥梁施工。

图 2-5-68 上导梁式移动模架

移动模架的支撑系统按如下工序进行拼装:牛腿的组装,主梁的组装及有关施工设备、机具的就位→牛腿的安装→主梁吊装、同步横移合龙→横梁安装→铺设底板,安装模板支架→安装外腹板及翼缘板、底板→内模安装(在绑扎钢筋后)。

上导梁式移动模架的施工过程(图 2-5-70)为:搭设临时墩,安装中后支腿→拼装主梁→安装液压系统,拆除临时支墩→安装吊挂外肋→底模、侧模安装→导梁安装→模架的开合调试→模预压。模预压采用砂袋加载,重量为梁体自重的 1.05 倍。预压目的是检验各构件受力后的安全性,消除系统结构的非弹性变形,确定施工预拱度值。

107

图 2-5-69　下导梁式移动模架

图 2-5-70　上导梁式移动模架施工过程

任务实施

　　任务9：识读鱼亮子小桥上部结构图纸。

　　任务目标：能够根据图纸判断上部结构类型，读懂鱼亮子小桥上部结构图纸，并复核混凝土量和钢筋量。

　　任务内容：（1）根据总体布置图判断鱼亮子小桥属于什么类型的梁桥。

　　（2）根据图 2-5-71～图 2-5-73 所示的现浇板一般构造图（一）、现浇板一般构造图（二）、现浇板一般构造图（三），复核混凝土量和①～⑦号钢筋的性质、作用、位置、形状、根数及重量。

横断面

立面

平面

滴水槽大样

注：本图尺寸均以cm计。

支座中心线

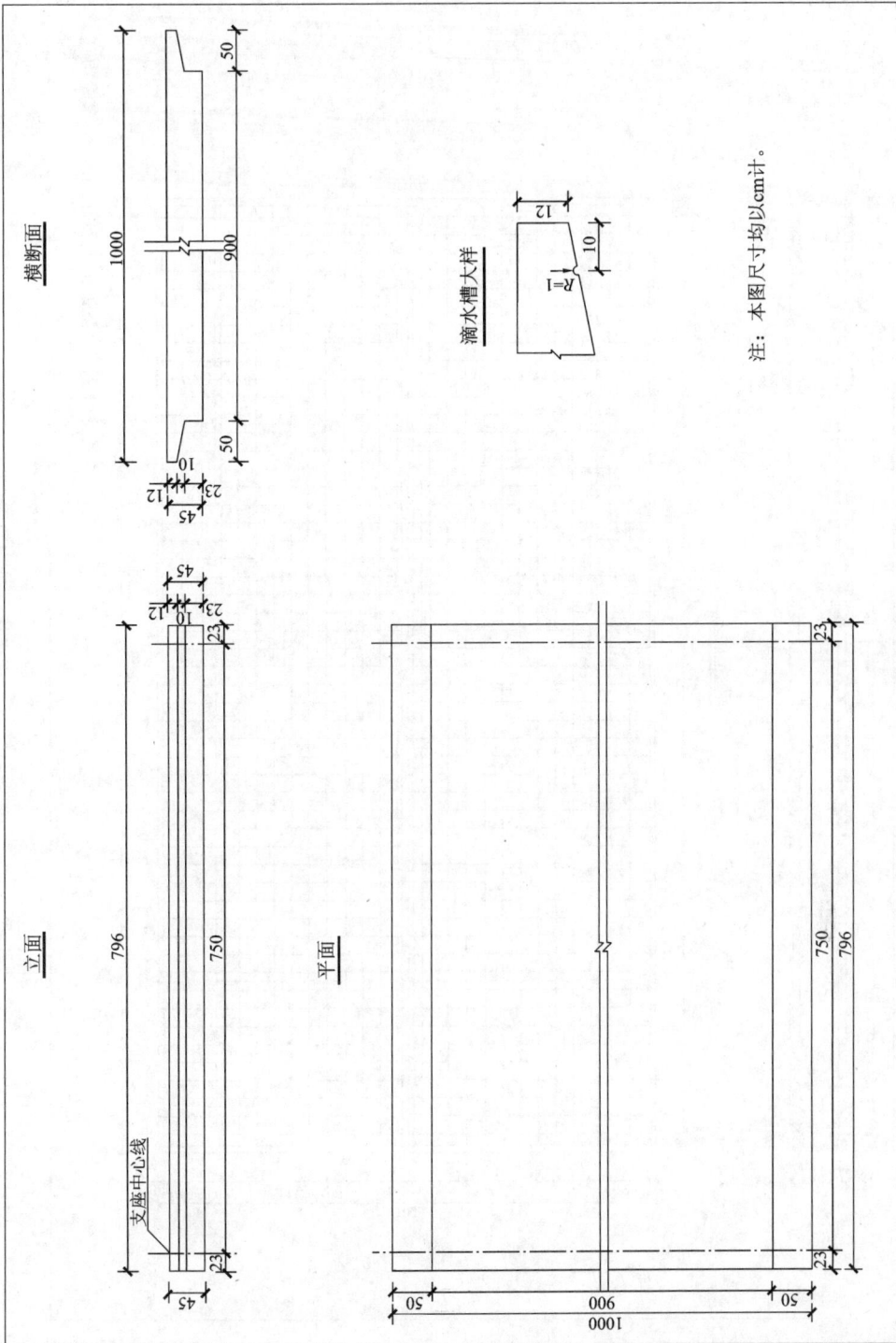

图 2-5-71　现浇板一般构造图(一)

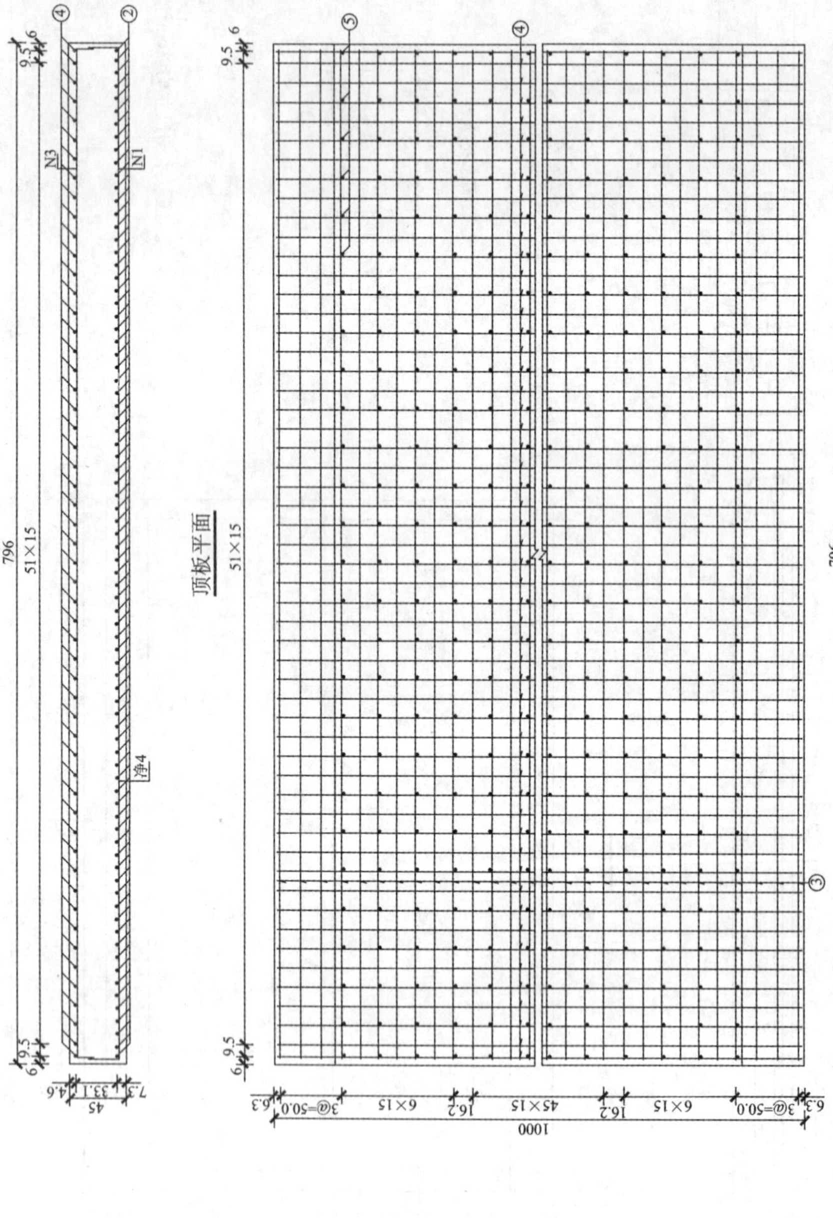

图 2 - 5 - 72　现浇板一般构造图(二)

注:本图尺寸除钢筋直径以mm计外,其余均以cm计。

立面

顶板平面

工程数量表

编号	直径(mm)	单根长(cm)	根数	总长(m)	单位重(kg/m)	共重(kg)	钢筋合计(kg)	C40混凝土(m³)
1	Φ22	840.5	90	756.5	2.98	2254.4	Φ22 2254.4	33.58
2	Φ12	931.6	80	745.3	0.888	661.8	Φ12 1545.8	
3	Φ8	814.8	66	537.8	0.395	212.4		
4	Φ12	996.3	54	538.0	0.888	477.7		
5	Φ12	46.4	837	388.4	0.888	344.9		
6	Φ8	791.0	6	47.5	0.395	18.8	Φ8 231.2	
7	Φ12	64.0	108	69.1	0.888	61.4		

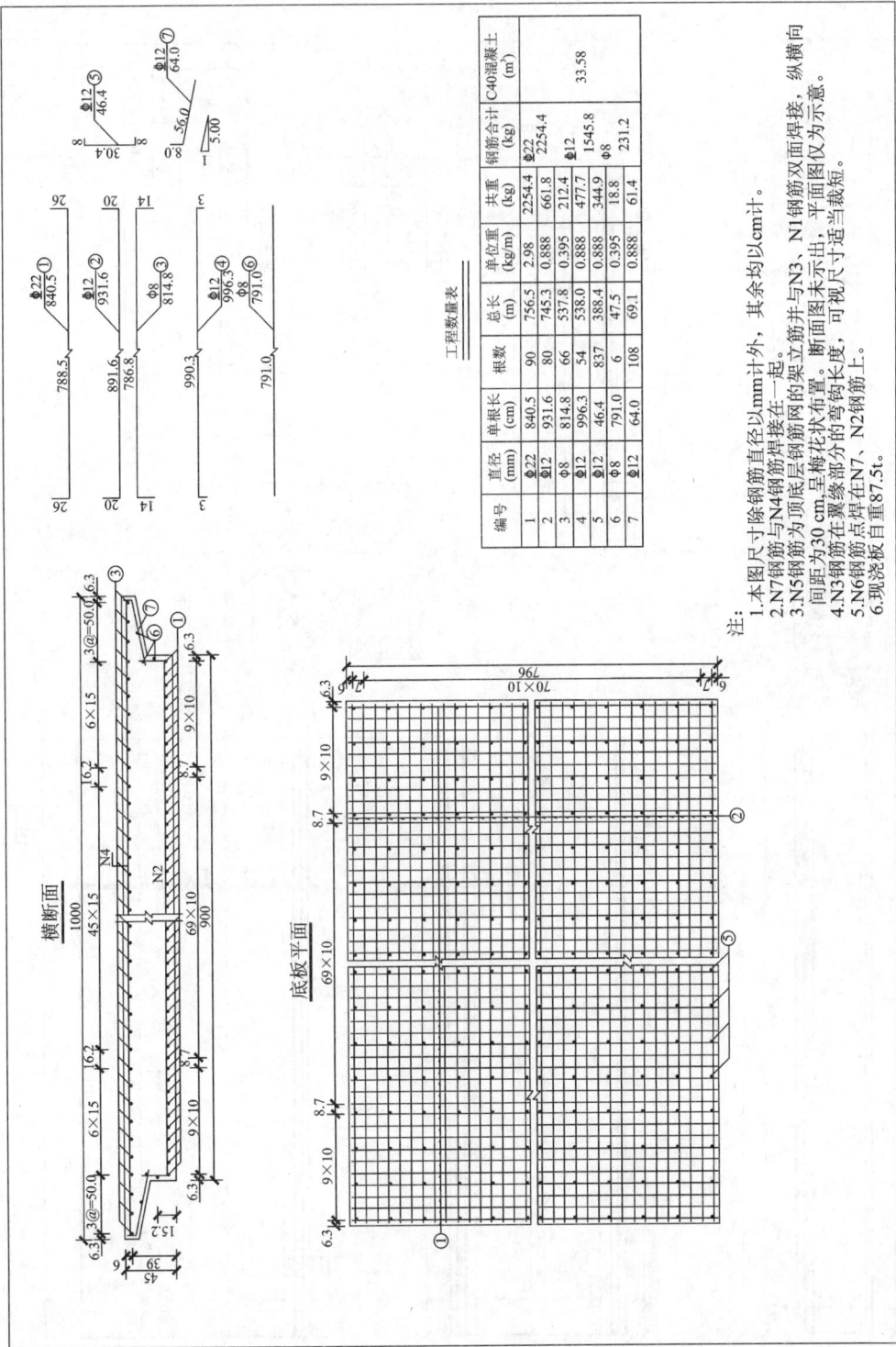

注：
1.本图尺寸除钢筋直径以mm计外，其余均以cm计。
2.N7钢筋与N4钢筋焊接在一起。
3.N5钢筋为顶底层钢筋网的架立筋并与N3、N1钢筋双面焊接，纵横向间距为30cm，呈梅花状布置。断面图未示出，平面图仅为示意。
4.N3钢筋在覆缘部分的弯钩长度，可视尺寸适当裁短。
5.N6钢筋点焊在N7、N2钢筋上。
6.现浇板自重87.5t。

横断面

底板平面

图 2-5-73 现浇板—般构造图（三）

任务延伸:(1)识读空心板一般构造图(图 2-5-74)。

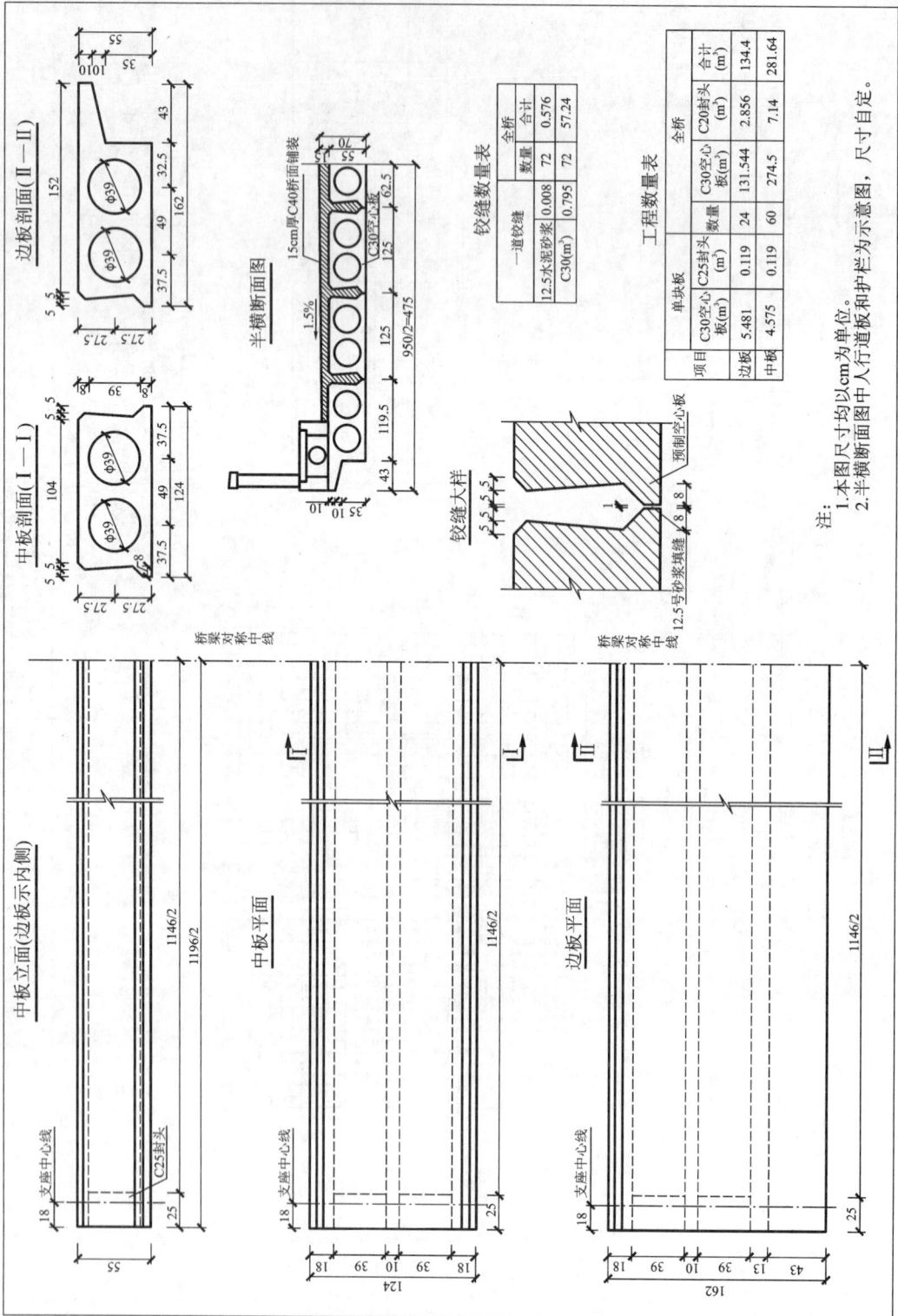

图 2-5-74　空心板一般构造图

任务评价：识读图 2-5-74，按照表 2-5-5 的评分标准进行评比。

表 2-5-5　　　　　　　　　　　　　　　　　　评分表一

评价内容		配分	评分细则	得分
职业素养与操作规范 （20分）		2	语言文明、态度端正、秩序感强	
		3	检查资料是否齐全，做好准备工作	
		5	任务完成后，整齐摆放图纸、作业、工具，整理工作台面	
		5	不损坏工具和设备，故意损坏的本项计 0 分	
		5	严格遵守课堂纪律，故意违背纪律的本项计 0 分	
作品	识图问题回答 （80分）	10	问题：本图表示了几种形式的空心板	
			评价：正确计 10 分，错误计 0 分	
		10	问题：本图中中板的长度和高度各是多少	
			评价：长度回答正确计 5 分；高度回答正确计 5 分	
		10	问题：本图中边板的总宽度是多少	
			评价：正确计 10 分，错误计 0 分	
		10	问题：本图中每块板之间的铰缝宽度是多少	
			评价：正确计 10 分，错误计 0 分	
		10	问题：本图中铰缝之间填料是什么材料	
			评价：正确计 10 分，错误计 0 分	
		10	问题：本图中每道铰缝填料的数量是多少	
			评价：正确计 10 分，错误计 0 分	
		10	问题：本图中封头的长度是多少？是什么材料封头	
			评价：每问回答正确计 5 分	
		10	问题：本图中桥梁共有几块中板？几块边板	
			评价：每问回答正确计 5 分	

(2)识读小桥整体板钢筋构造图(图2-5-75)。

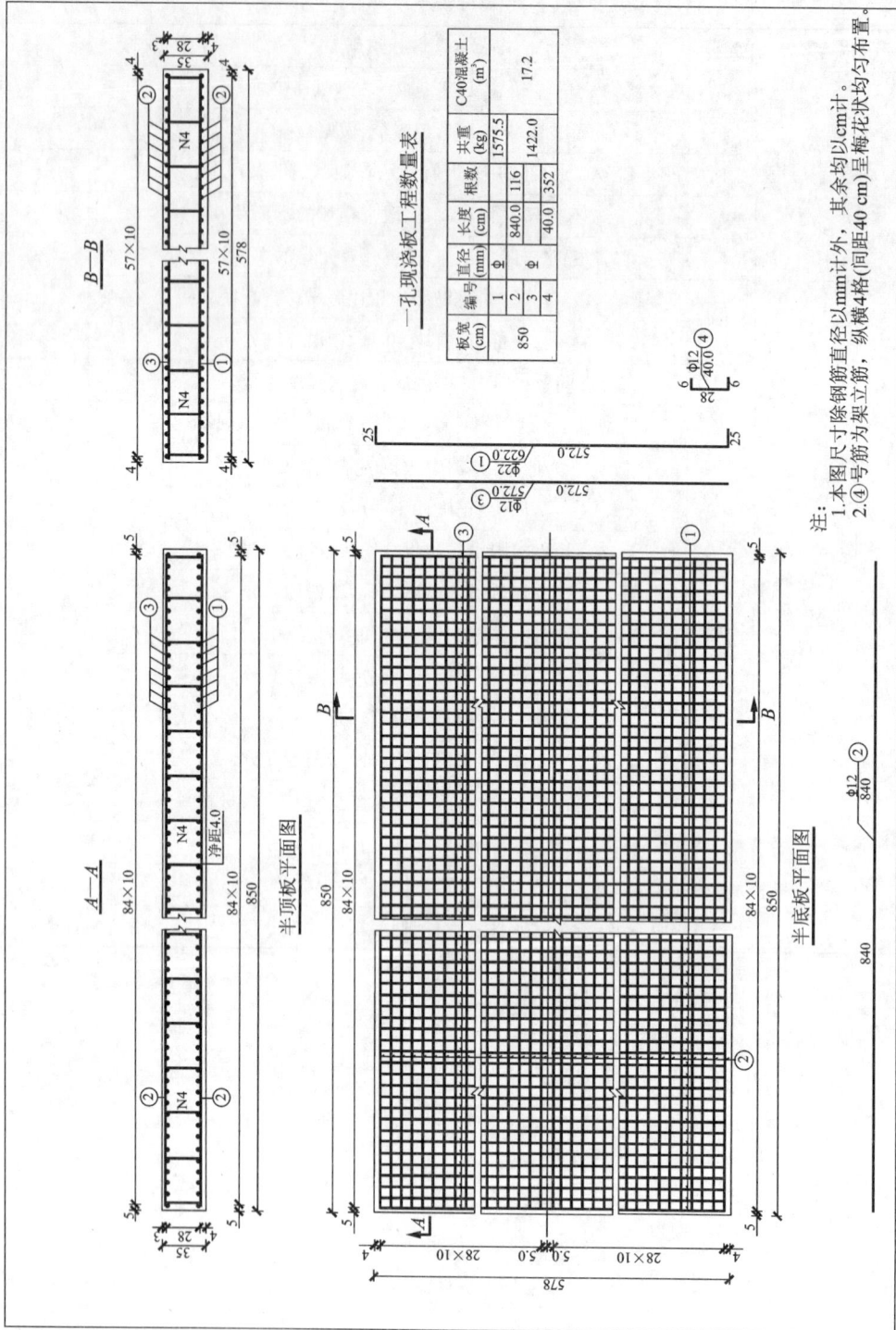

一孔现浇板工程数量表

板宽 (cm)	编号	直径 (mm)	长度 (cm)	根数	共重 (kg)	C40混凝土 (m³)
850	1	Φ	840.0	116	1575.5	17.2
	2	Φ				
	3				1422.0	
	4		40.0	352		

注:
1. 本图尺寸除钢筋直径以mm计外,其余均以cm计。
2. ④号筋为架立筋,纵横4格(间距40 cm)呈梅花状均匀布置。

图 2-5-75　小桥整体板钢筋构造图

114

任务评价:识读图 2-5-75,按照表 2-5-6 的评分标准进行评比。

表 2-5-6   评分表二

评价内容		配分	评分细则	得分
职业素养与操作规范 (20分)		2	语言文明、态度端正、秩序感强	
		3	检查资料是否齐全,做好准备工作	
		5	任务完成后,整齐摆放图纸、作业、工具,整理工作台面	
		5	不损坏工具和设备,故意损坏的本项计 0 分	
		5	严格遵守课堂纪律,故意违背纪律的本项计 0 分	
作品	识图问题回答 (80分)	10	问题:本图中板的总宽度是多少	
			评价:正确计 10 分,错误计 0 分	
		10	问题:本图中底部钢筋混凝土保护层厚度是多少	
			评价:正确计 10 分,错误计 0 分	
		10	问题:本图中①号钢筋的间距是多少?直径是多少	
			评价:每问回答正确计 5 分	
		10	问题:本图中②号钢筋的间距是多少?总长度是多少	
			评价:每问回答正确计 5 分	
		10	问题:本图中③号钢筋和①号钢筋位置有什么不同	
			评价:正确计 10 分,错误计 0 分	
		10	问题:本图中②号钢筋两端与端部的距离是多少	
			评价:正确计 10 分,错误计 0 分	
		10	问题:本图中所有钢筋总重量是多少	
			评价:正确计 10 分,错误计 0 分	
		10	问题:本图中板用到的混凝土量是多少	
			评价:正确计 10 分,错误计 0 分	

（3）识读现浇实心板钢筋构造图（图 2-5-76）。

钢筋明细表

编号	钢筋类型	单根长(cm)	根数	总长(m)	单位质量(kg/m)	总重(kg)
1	Φ20	614	70	429.8	2.466	1059.9
1'	Φ20	594	14	83.2	2.466	205.1
2	Φ12	614	30	184.2	0.888	163.6
3	Φ8	138	148	204.2	0.385	78.6
4	Φ12	50	160	80.0	0.888	71.0
5	Φ8	595	47	279.7	0.888	248.3
6	Φ12	903	37	334.1	0.888	296.7
					C30(m³)	13.40

工程数量表

钢筋类型	一跨			全桥		
	总长(m)	总重(kg)		数量	总重(kg)	
Φ20	513.0	1264.96		7	8854.72	
Φ12	598.3	531.30		7	3719.09	
Φ8	483.9	186.30		7	1304.08	
扎丝		9.91		7	69.39	
C30(m³)		13.40		7	93.80	

注:
1.图中尺寸除钢筋直径以mm计,其余均以cm为单位。
2.本图比例为1:30。
3.浇筑混凝土前应先预埋锚固钢筋和伸缩缝锚固钢筋。

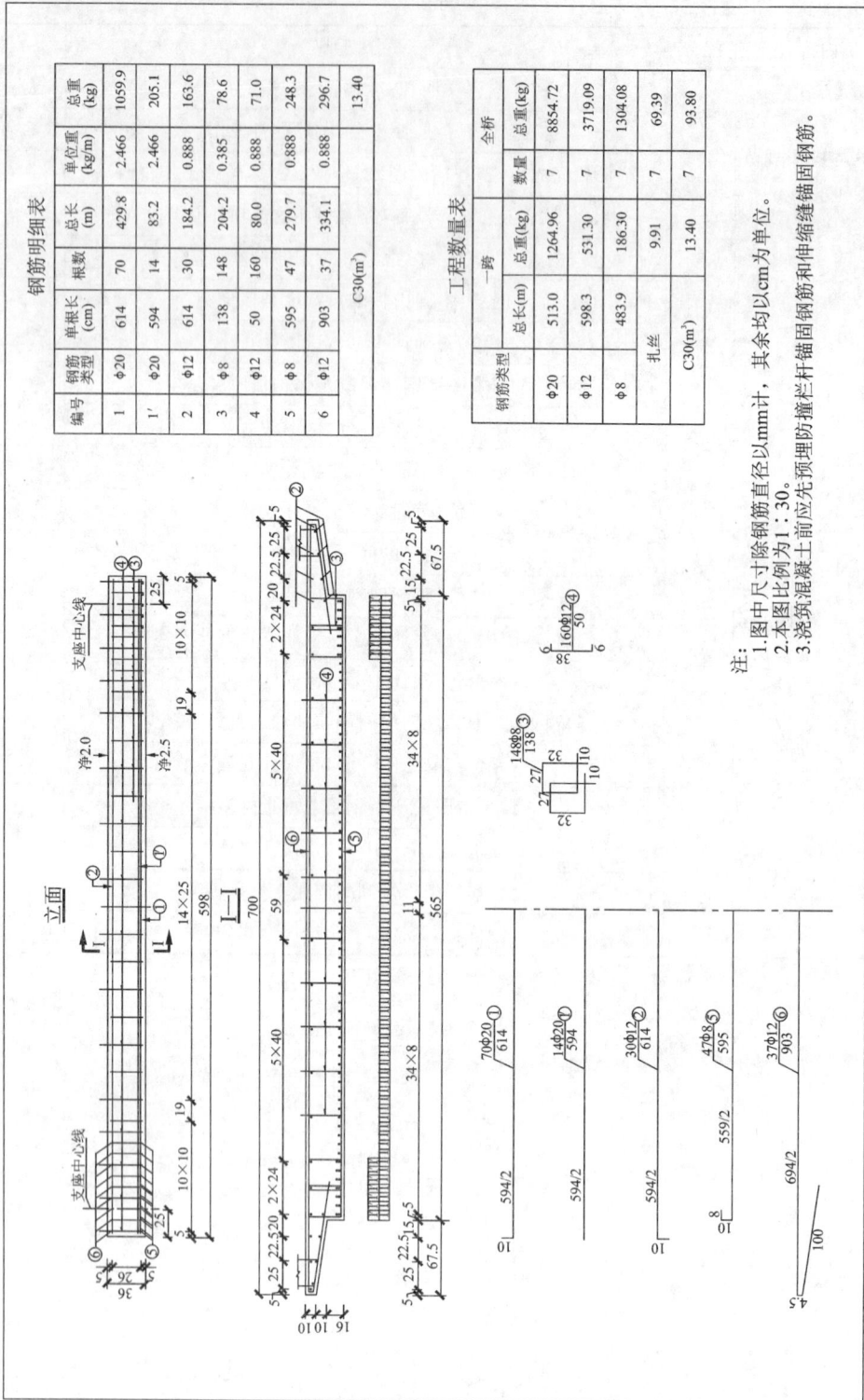

图 2-5-76　现浇实心板钢筋图

任务评价:识读图 2-5-76,按照表 2-5-7 的评分标准进行评比。

表 2-5-7   **评分表三**

评价内容		配分	评分细则	得分
职业素养与操作规范 (20分)		2	语言文明、态度端正、秩序感强	
		3	检查资料是否齐全,做好准备工作	
		5	任务完成后,整齐摆放图纸、作业、工具,整理工作台面	
		5	不损坏工具和设备,故意损坏的本项计 0 分	
		5	严格遵守课堂纪律,故意违背纪律的本项计 0 分	
作品	识图问题回答 (80分)	10	问题:本图中板的总宽度是多少	
			评价:正确计 10 分,错误计 0 分	
		10	问题:本图中底部钢筋混凝土保护层厚度是多少	
			评价:正确计 10 分,错误计 0 分	
		10	问题:本图中①号钢筋的间距是多少?直线长度是多少	
			评价:每问回答正确计 5 分	
		10	问题:本图中②号钢筋的直径是多少?总长度是多少	
			评价:每问回答正确计 5 分	
		10	问题:本图中⑥号钢筋弯起部分长度是多少	
			评价:正确计 10 分,错误计 0 分	
		10	问题:描述本图中①号钢筋的位置	
			评价:正确计 10 分,错误计 0 分	
		10	问题:本图中一跨用到的直径 20 mm 的钢筋总重量是多少	
			评价:正确计 10 分,错误计 0 分	
		10	问题:全桥板用到的 C30 混凝土量是多少	
			评价:正确计 10 分,错误计 0 分	

任务 10：编写鱼亮子小桥上部结构施工流程图和施工方案。

任务目标：能够根据图纸判断梁桥上部结构的施工顺序，并写出施工流程图和施工方案。

任务内容：在任务 9 的基础上，根据鱼亮子小桥上部结构的图纸，写出施工流程图；从施工流程图中判断施工注意事项，完成施工方案，并将完成的作业拍照，上传至教学平台，教师进行点评。

在施工注意事项中，学生根据参考资料"桥××支架预压方案"，选择适合的预压方法，编写鱼亮子小桥支架预压方案。

参考资料：
××桥支架
预压方案

2.6 桥面及附属结构施工

【知识目标】

掌握桥面和附属结构的组成；掌握桥面和附属结构的施工方法。

【技能目标】

能够分辨常见桥面铺装的类型和特点；能够识读桥面及附属结构的图纸，复核工程量；能够书写桥面铺装的施工流程和施工方案。

【德育素养目标】

培养学生的职业责任感；培养学生的独立学习能力和自主思考能力；培养学生的职业素养。

【任务引入】

鱼亮子小桥的上部结构已经施工完了，验收合格，现在工期临近结束，开始了桥面及附属工程的施工。小李很开心，他认为桥梁的主体结构已经施工完了，以后的工作就会很轻松。孙工看出了小李的心思，他提醒小李现在也是整座桥施工的关键时期。小李又不明白了，桥面系不是属于桥梁的附属结构吗，它关键在哪里呢？

补充阅读：
武汉白沙洲
大桥十年间维修
"整容"24 次

知识储备

桥面构造既能为车辆、行人提供一个平整、舒适的行走界面，也能对桥梁的主要结构起保护作用。与桥梁的主体结构相比，桥面构造工程量小，但所包含的项目却很繁杂，其选择与布置的合理性，不但直接影响桥梁的使用功能，还对桥梁的布局和美观有很大影响。桥面构造包括行车道铺装、排水防水系统、人行道（或安全带）、缘石、栏杆、护栏、照明灯具和伸缩缝等。桥面的一般构造如图 2-6-1 所示。

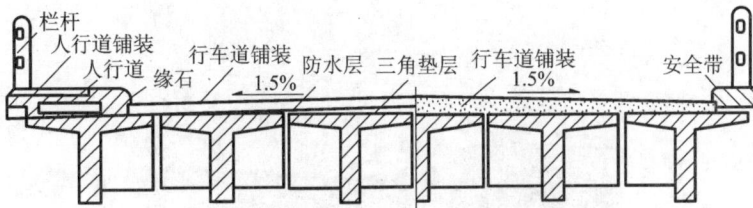

图 2-6-1　桥面一般构造图

2.6.1　桥面铺装

桥面铺装是车轮直接作用的部分,又称行车道铺装或桥面保护层。其作用是保护桥面板,防止车轮的直接磨损,保护主梁免受雨水侵蚀,并借以分散车轮的集中荷载。

常用的桥面铺装有水泥混凝土和沥青混凝土两种形式。在不设防水层的桥面上,也有采用防水混凝土铺装的。

1.水泥混凝土桥面

水泥混凝土桥面铺装造价低,耐磨性能好,适合重载交通,但养护期长,日后修补较麻烦。采用水泥混凝土桥面铺装时,通常需设置桥面钢筋网,以提高铺装的抗裂性能和承压性能,如图 2-6-2 所示。钢筋网一般为 10 cm×10 cm 的网格布置。钢筋直径一般为 8～12 mm,直径在 10 mm 及以上时,一般采用螺纹钢筋,在 10 mm 以下时,一般采用光圆钢筋。

采用混凝土桥面铺装时,也可加入钢纤维(或聚丙烯纤维),形成纤维混凝土桥面铺装,纤维的加入可提高铺装的耐磨性和抗裂性。混凝土可采用 C40,厚度不小于 8 cm 且不大于 12 cm。

图 2-6-2　水泥混凝土桥面铺装内的钢筋网

2.沥青混凝土桥面

沥青混凝土桥面铺装(图 2-6-3)重量较轻,维修养护方便,通车速度快,但易老化和变形。桥面铺装的结构形式宜与桥梁所在的公路路面相协调。高速公路和一级公路上特大桥、大桥的桥面铺装宜采用沥青混凝土铺装。

沥青混凝土桥面由黏层、防水层、保护层及沥青面层组成,铺设方式分为单层式和双层式两种。

高速公路、一级公路上桥梁的沥青混凝土桥面铺装层厚度不宜小于 70 mm;二级及二级以下公路上的桥梁不宜小于 50 mm。

图 2-6-3　沥青混凝土桥面铺装

2.6.2　桥面排水和防水设施

一个完整的排水系统由桥面纵坡、横坡或一定数量的泄水管构成。

1.防水层的设置

对于防水程度要求高,桥面板位于结构受拉区而可能出现裂纹的混凝土梁式桥,还应在桥面铺装内设置防水层。桥面防水层设置在行车道铺装层之下,将透过铺装层渗下的雨水汇集到排水设施(泄水管)后排出。

防水层在桥面伸缩缝处应连续铺设,不可切断,桥面纵向应铺过桥台背,横向两侧则伸过缘石底面从人行道与缘石砌缝里向上折起。

公路中的防水层有三种类型:①沥青涂胶下封层;②高分子聚合物涂胶;③沥青或改性沥青防水卷材,以及浸渍沥青的无纺土工布等。

2.泄水管的设置

当桥面纵坡大于2%而桥长小于50 m时,雨水一般能较快地从桥头引道排出,可不设泄水管。需在引道两侧设置流水槽,以免雨水冲刷引道路基。

当桥面纵坡大于2%而桥长大于50 m时,桥面就需要设置泄水管以防止雨水积滞,一般每隔12~15 m设置1个。图2-6-4为铸铁泄水管。

当桥面纵坡小于2%时,泄水管则需更密一些,一般每隔6~8 m设置1个。

图 2-6-4　铸铁泄水管

3.桥面纵、横坡

设置桥面纵、横坡,可迅速排除雨水,防止或减少雨水渗透,从而避免行车道板受雨水侵蚀,延长桥梁使用寿命。桥面的纵坡一般都做成双向纵坡,坡度不宜超过 4%,在市镇混合交通处则不宜超过 3%。

桥面横坡坡度一般采用 1.5%～3%,通常有以下三种设置方式。

(1)墩台顶部设置横坡。

板桥或就地浇筑的肋板式梁桥,为节省铺装材料并减小恒载重力,可将横坡直接设在墩台顶部,从而使桥梁上部构造形成双向倾斜,如图 2-6-5 所示。此时的铺装层在整个桥宽方向是等厚的。

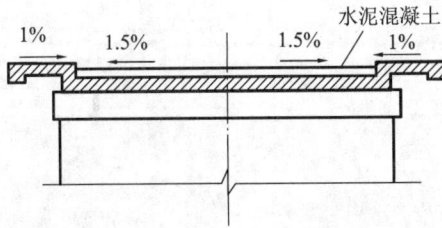

图 2-6-5　墩台顶部设置横坡

(2)设置三角垫层。

装配式肋板梁桥中,为使主梁构造简单,便于架设与拼装,通常横坡不再设在墩台顶部,而直接设在行车道板上。

其做法是先铺设一层厚度变化的混凝土三角形垫层,如图2-6-6所示,形成双向倾斜,然后铺设等厚的混凝土铺装层。

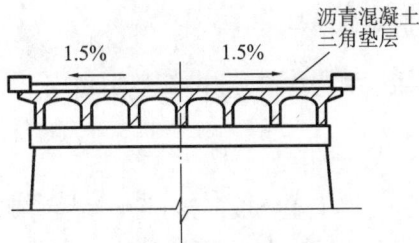

图 2-6-6　设置三角垫层

(3)行车道板做成倾斜面。

在比较宽的桥梁(或城市桥梁)中,设置三角垫层将使混凝土用量或恒载重力增加过大,为此,可将行车道板做成倾斜面形成横坡,如图 2-6-7 所示。其缺点是主梁构造复杂,制作麻烦。

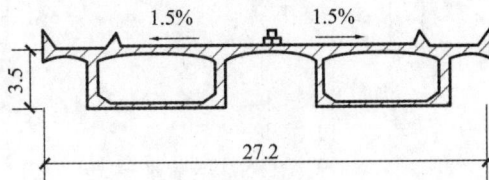

图 2-6-7　行车道板做成倾斜面

2.6.3　桥面伸缩装置

桥面伸缩装置的主要作用是适应桥梁上部结构在气温变化、活载作用、混凝土收缩徐变等因素的影响下变形的需要,并保证车辆通过桥面时平稳。

桥面伸缩装置一般设在两梁段之间、梁段与桥台背墙之间。伸缩缝处的栏杆、人行道结构也应断开。

1.基本概念

伸缩缝是为适应材料胀缩变形对结构的影响而在结构的两端设置的间隙,如图 2-6-8 所示。

图 2-6-8　桥面伸缩缝

2.伸缩装置的类型

桥面伸缩装置的类型有 U 形锌铁皮伸缩装置、跨搭钢板式伸缩装置、橡胶伸缩装置等,目前多用橡胶伸缩装置,其最大适应伸缩量可达 2 m。

2.6.4　人行道、安全带、栏杆、灯柱与护栏

1.人行道

人行道宽度由行人交通量决定。人行道一般布置在承重结构的顶面,且高出行车道 25～30 cm。

人行道一般设 1%～1.5% 的内倾横坡,人行道顶面一般铺设 20 mm 厚的水泥砂浆或沥青砂浆作为面层,并以此形成横坡,如图 2-6-9 所示。

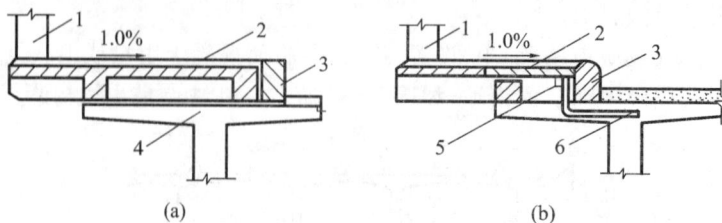

(a)　　　　　　　　　　　　　(b)

图 2-6-9　人行道

(a)非悬臂式;(b)悬臂式

1—栏杆;2—人行道铺装;3—缘石;4—主梁;5—焊接钢板;6—锚固钢筋

2. 安全带

行人稀少地区可不设人行道而设置安全带。安全带宽度不小于 0.25 m,高为 0.25～0.35 m,如图 2-6-10 所示。为保证高速行车的安全,目前许多安全带的高度已超过 0.4 m。

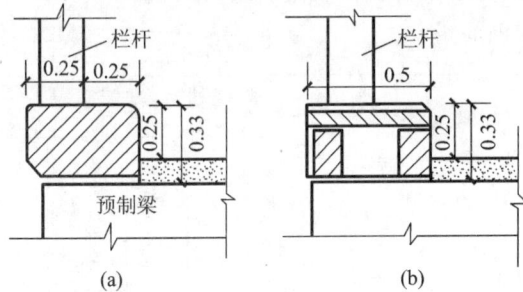

图 2-6-10　安全带(尺寸单位:m)
(a)矩形安全带;(b)肋板式安全带

3. 栏杆、灯柱

栏杆(图 2-6-11)的高度一般以 0.8～1.2 m 为宜,标准设计为 1.0 m,栏杆柱的间距一般为 1.6～2.7 m,标准设计为 2.5 m。栏杆主要用来遮拦行人,给人以安全感。

灯柱常用钢管或铸铁管架立,一般采用钢筋(或钢板)焊接(或螺栓锚固)在预埋件上,然后用水泥砂浆填缝固定。

图 2-6-11　栏杆

4. 护栏

护栏(图 2-6-12)的主要作用是封闭沿线两侧,隔离人畜与非机动车,同时具有吸收碰撞能量,使失控车辆改变并恢复到原有行驶方向的作用,防止冲出路外或跌落桥下。

图 2-6-12　护栏

防撞护栏按其防撞性能可分为刚性护栏、半刚性护栏和柔性护栏。

任务实施

任务 11：识读鱼亮子小桥桥面及附属结构图纸。

任务目标：能够读懂鱼亮子小桥桥面及附属结构图纸（图 2-6-13～图 2-6-17），并复核桥面铺装构造图的混凝土量和钢筋量。

一个伸缩缝工程数量表

编号	直径 (mm)	长度 (cm)	根数	共长 (m)	单位重 (kg/m)	共重 (kg)	总重 (kg)	C40防水混凝土 (m³)
1	Φ12	170	30	51.00	0.888	45.29	Φ12 45.29	0.59
2	Φ10	1000	10	100.00	0.617	61.70	Φ10 123.96	
3	Φ10	100.9	100	100.90	0.617	62.26		

注：
1. 本图尺寸除钢筋直径以mm计外，余均以cm计。
2. 隔离层涂料材料为沥青，施工时应注意其厚度为2 mm。
3. 桥台简易伸缩缝同铺装一同浇筑。
4. 本图适用于0、1号桥台。

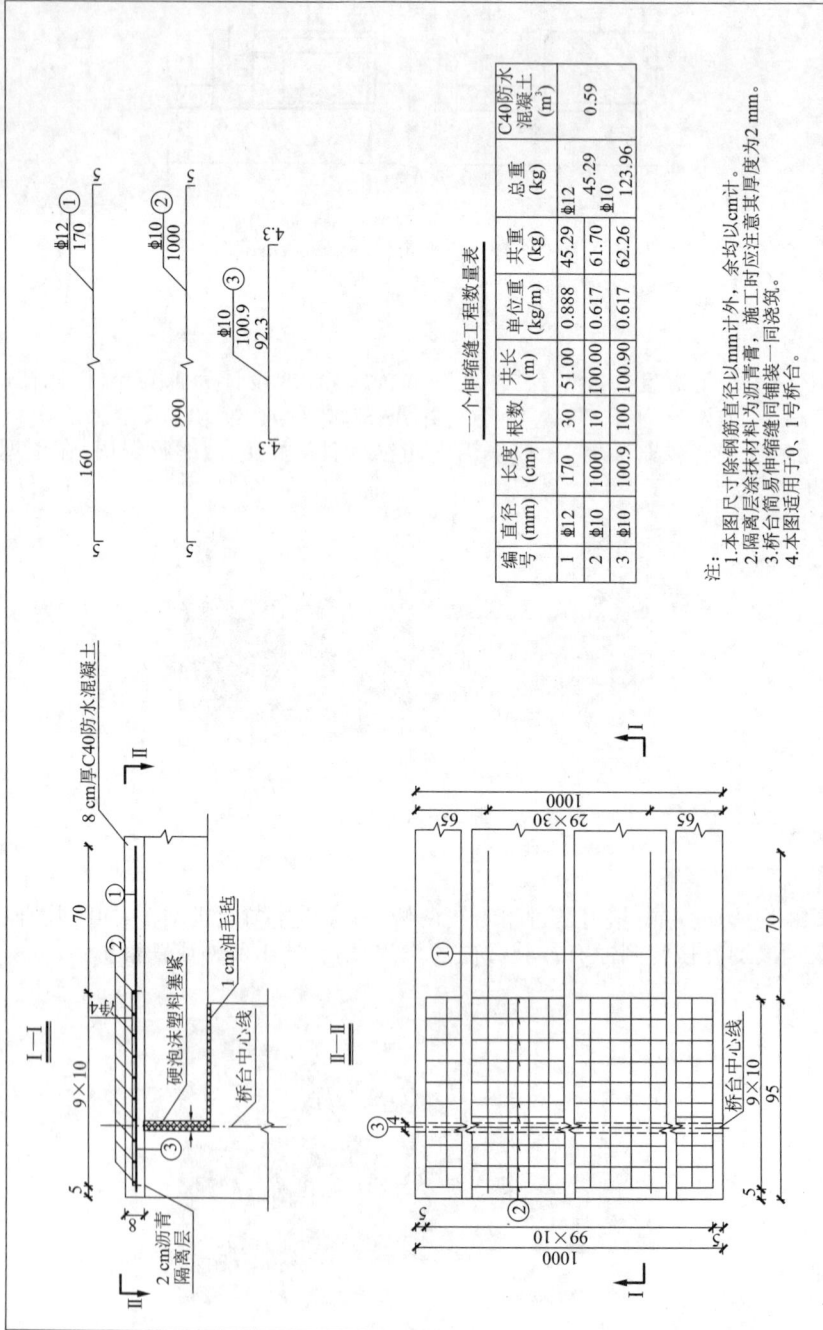

图 2-6-13　桥面简易伸缩缝钢筋构造图

全桥桥面铺装材料数量表

编号	直径 (mm)	长度 (cm)	根数	共长 (m)	单位重 (kg/m)	共重 (kg)	总重 (kg)
1	Φ10	895	79	707.05	0.617	436.25	Φ10 865.7
2	Φ10	791	88	696.08	0.617	429.48	
C40混凝土 (m³)							8.19

注:
1.本图尺寸除钢筋直径以mm计外,余均以cm计。
2.桥面横坡通过铺装层进行找拱,桥面最小铺装厚度不小于8cm。

79Φ10 ①
895

88Φ10 ②
791

895

791

I—I

8 cm厚C40防水混凝土
796
78×10

伸缩端

伸缩端

2
8

II—II

796
78×10

15   87×10   15
900

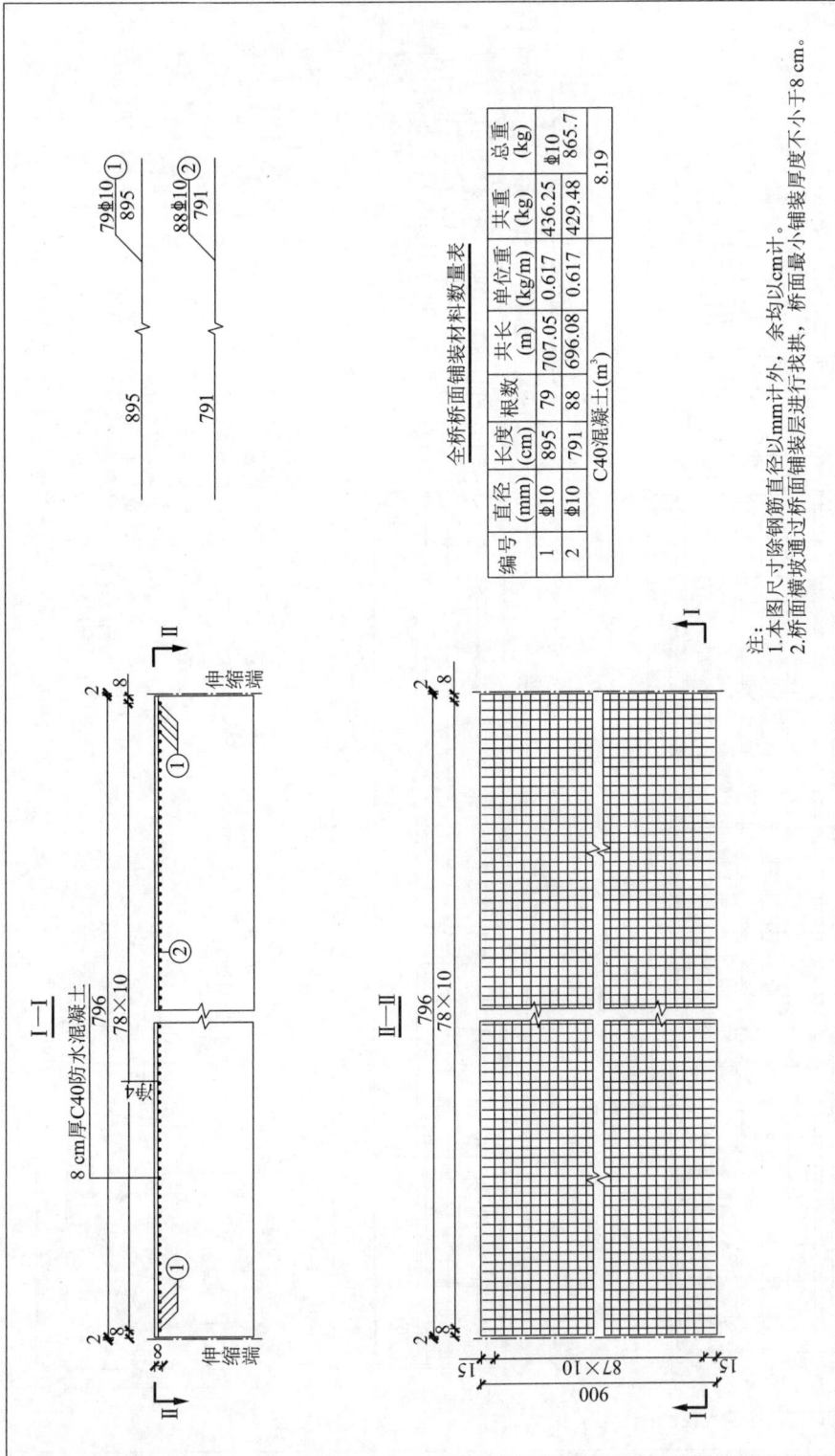

图 2 - 6 - 14　桥面铺装钢筋构造图

125

8 m跨一侧护栏材料及工程数量表

编号	直径(mm)	长度(cm)	根数	共长(m)	单位重(kg/m)	共重(kg)	总重(kg)	C40(m³)
1	Φ12	786	16	125.76	0.888	111.67	Φ12 111.7	2.20
2	Φ16	195.8	40	78.31	1.580	123.73		
3	Φ16	90.3	40	36.13	1.580	57.08	Φ16 268.5	
4	Φ16	138.7	40	55.48	1.580	87.65		

注：
1. 本图尺寸除钢筋直径以mm计外，余均以cm计。
2. 施工时注意N4钢筋的预埋。N2、N3与N4钢筋绑扎连接。
3. 侧面图中5号钢筋为板梁内的纵向钢筋。

图 2 - 6 - 15　防撞护栏钢筋构造图

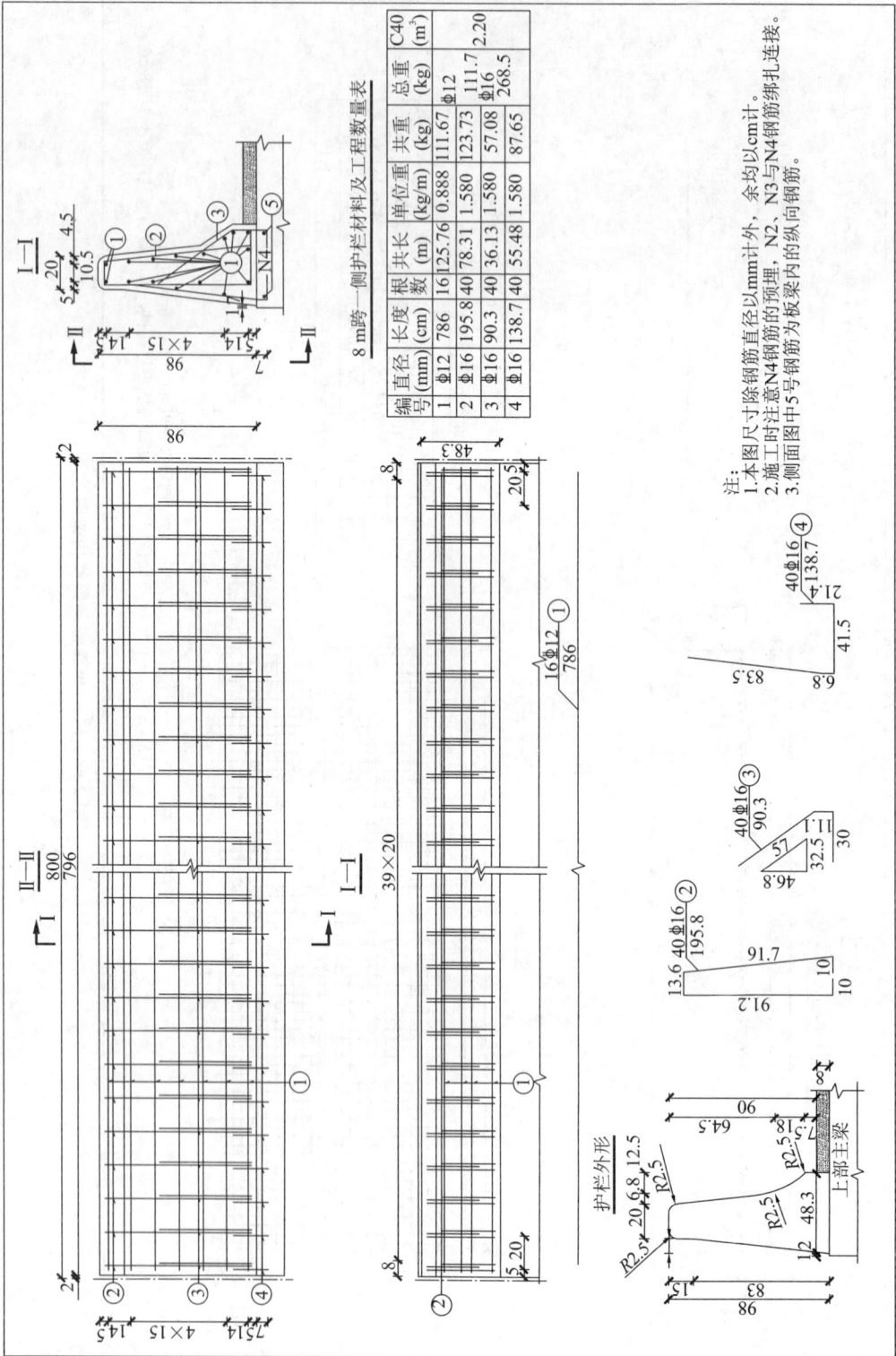

泄水管布置

800

400

200

200

护栏底座

护栏底座

护栏底座

桥面

横断面

16.7

48.3

2%

护栏底座

5

8 cm桥面铺装

I—I

5 φ10 5

5

泄水管

I

I

65

全桥泄水管工程数量表

材料	规格	长度(cm)	根数	单位重(kg/m)	共重(kg)
铸铁管	φ100×5mm	65	4	8.700	22.62

注：
1. 本图尺寸除泄水管孔径图以外均以mm计。
2. 浇筑桥面铺装层前应先固定好泄水管，并将泄水管与预留孔间的孔隙用砂浆填充。

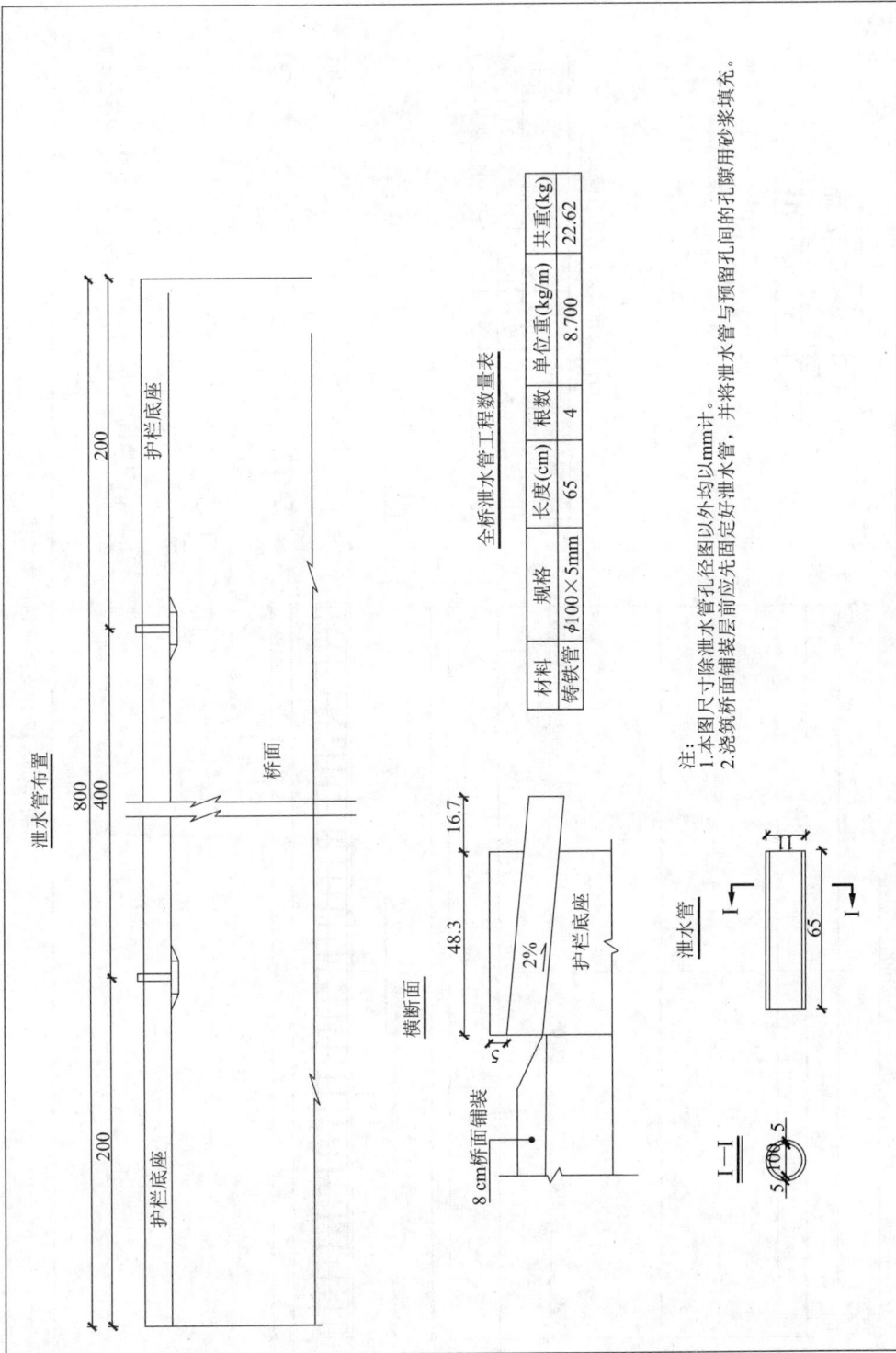

图 2 - 6 - 16　泄水管一般构造图

支撑梁尺寸表

支撑梁型式	支撑梁（根数）	d(cm)	L(cm)	n(cm)
A	5	7.9	714	46

一个A型支撑梁材料及工程数量表

编号	直径(mm)	长度(cm)	根数	共长(m)	单位重(kg/m)	共重(kg)	总重(kg)	C25(m³)
1	Φ12	735.4	4	29.41	0.888	26.12	Φ12 26.1	1.14
2	Φ8	138.8	49	68	0.395	26.86	Φ8 26.9	

支撑梁立面布置

支撑梁钢筋布置

Ⅰ—Ⅰ

注：
1.本图尺寸除钢筋直径以mm计外，其余均以cm计。
2.支撑梁下地基需夯实，加铺15cm砂垫层，以防支撑梁绕曲。

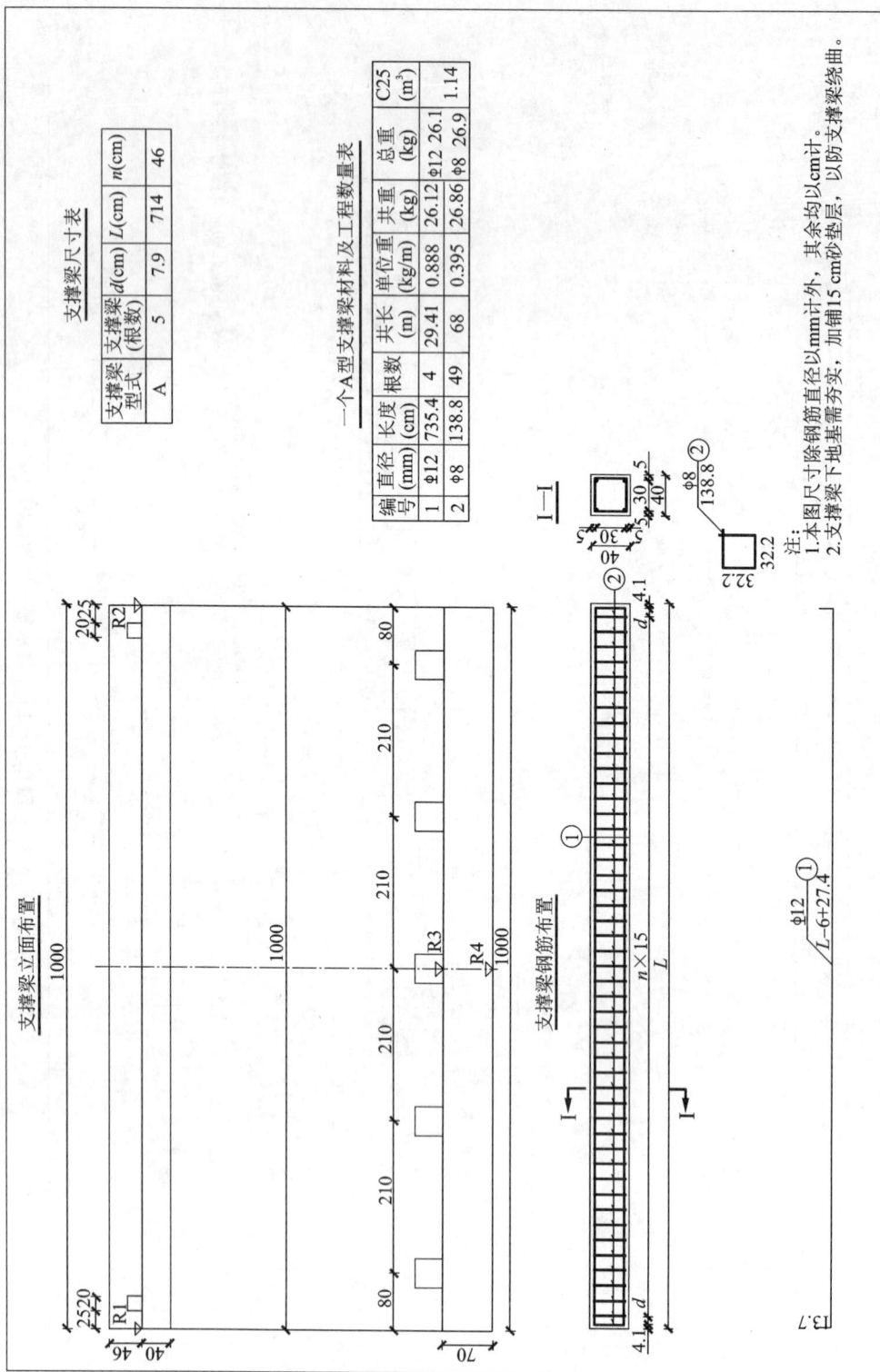

图 2-6-17 支撑梁钢筋构造图

任务内容：(1)回答以下问题。

①鱼亮子小桥有几车道？为什么？

②鱼亮子小桥要不要设置泄水管？为什么？

③支撑梁的作用是什么？

(2)复核图 2-6-13～图 2-6-17 的鱼亮子小桥桥面简易伸缩缝钢筋构造图、桥面铺装钢筋构造图、防撞护栏钢筋构造图、泄水管一般构造图、支撑梁钢筋构造图工程量。复核内容包括混凝土量，钢筋的位置、形状、根数及重量。

任务评价：请回答以下问题进行自测。

(1)桥面部分有哪些组成？

(2)桥面铺装的作用是什么？

(3)什么情况下，桥上可以不设专门的泄水孔道？

(4)桥面横坡有哪几种设置方法？

(5)桥面常用的排水方法有哪些？

(6)桥面为什么要设伸缩缝？伸缩缝的位置应该设在哪里？

(7)护栏和栏杆有什么区别？

任务 12：编写小桥桥面及附属结构施工流程图和施工方案。

任务目标：能够根据图纸判断梁桥桥面及附属结构的施工顺序，并写出施工流程图和施工方案。

任务内容：根据鱼亮子小桥桥面及附属结构的图纸，绘出施工流程图；从施工流程图中判断施工注意事项，完成施工方案，并将完成的作业拍照，上传至教学平台，教师进行点评。

任务拓展：识读桥梁泄水管构造图(图 2-6-18)。

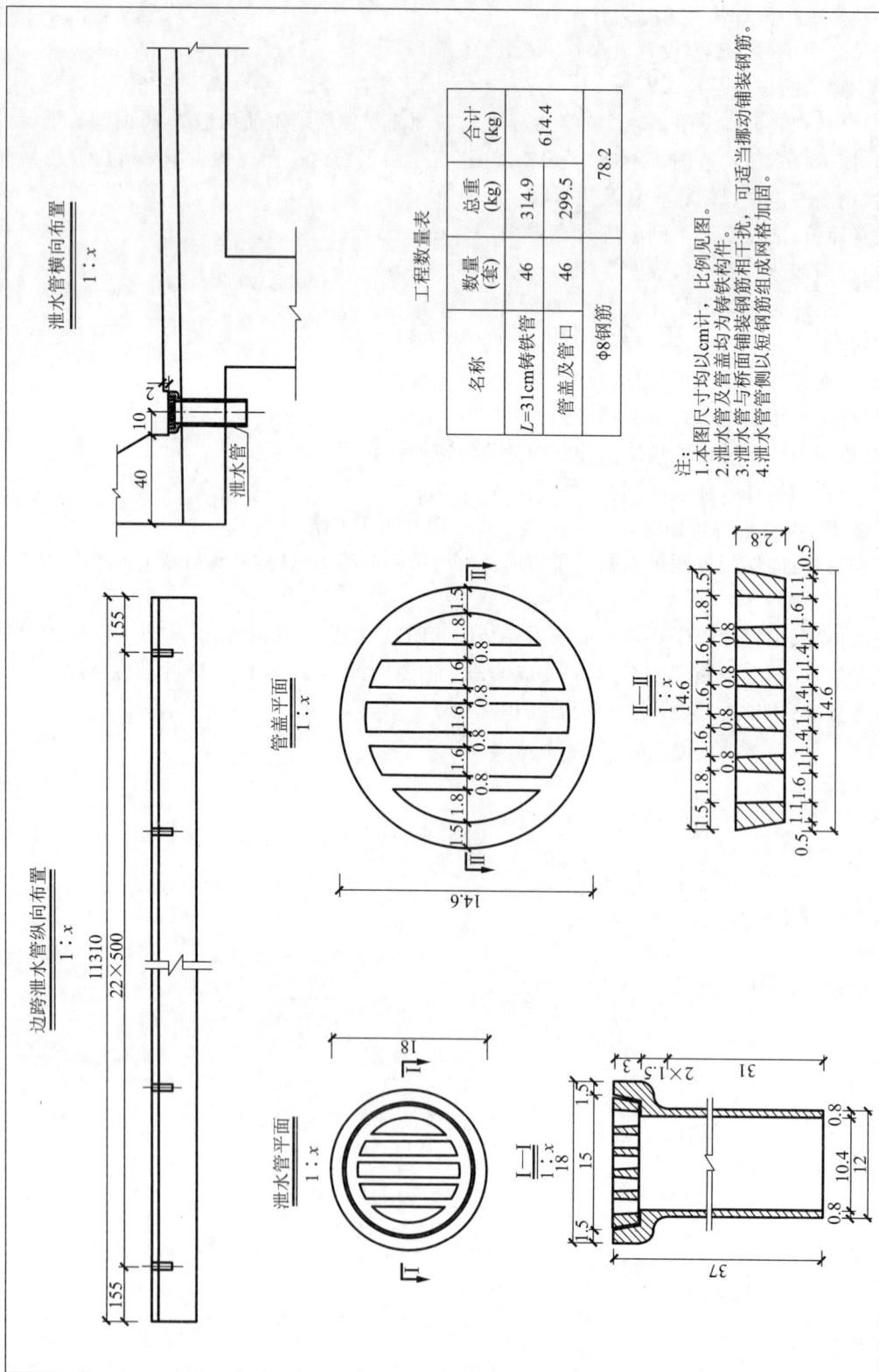

图 2-6-18 桥梁泄水管构造图

任务评价：识读图 2-6-18，按照表 2-6-1 的评分标准进行评比。

表 2-6-1   评分表四

评价内容		配分	评分细则	得分
职业素养与操作规范 （20分）		2	语言文明、态度端正、秩序感强	
		3	检查资料是否齐全，做好准备工作	
		5	任务完成后，整齐摆放图纸、作业、工具，整理工作台面	
		5	不损坏工具和设备，故意损坏的本项计 0 分	
		5	严格遵守课堂纪律，故意违背纪律的本项计 0 分	
作品	识图问题回答 （80分）	10	问题：本图中泄水管在桥梁横向的安装位置	
			评价：正确计 10 分，错误计 0 分	
		10	问题：本图中泄水管纵向安装的间距	
			评价：正确计 10 分，错误计 0 分	
		10	问题：本图中泄水管的材料	
			评价：正确计 10 分，错误计 0 分	
		10	问题：本图中泄水管的管盖直径	
			评价：正确计 10 分，错误计 0 分	
		10	问题：本图中泄水管管盖的厚度	
			评价：正确计 10 分，错误计 0 分	
		10	问题：本图中泄水管管壁厚度	
			评价：正确计 10 分，错误计 0 分	
		10	问题：本图中泄水管的总高	
			评价：正确计 10 分，错误计 0 分	
		10	问题：本图中各图的绘图比例是否相同？为什么	
			评价：每问回答正确计 5 分	

3

拱桥的构造与施工

拱桥在我国有着悠久的历史,其形式按因地制宜、就地取材的原则,并根据桥位处的地形、水文、通航等要求,结合施工设施等条件综合选择。由于拱桥结构受力合理、外形美观,其在桥梁方案的比较中占据有利地位,因此被广泛应用。

【知识目标】
  了解拱桥的主要类型、基本特点及其发展现状;理解拱桥的基本组成及常用技术名称;掌握拱桥上部结构的不同类型、构造特点及常见的施工方法。

【能力目标】
  能区分各种类型的拱桥,识读懂拱桥的构造图;能根据各类拱桥的构造特点,确定施工流程;能明白拱桥施工过程中的质量控制关键点,编制施工方案。

【德育素养目标】
  培养学生良好的桥梁施工员职业道德,包括爱岗敬业、诚实守信、遵守相关的法律法规等;培养学生良好的团队协作、协调人际关系的能力;培养学生对新知识、新技能的学习能力与创新能力。

3.1 认 知 拱 桥

补充阅读:
8·13凤凰县
沱江大桥
垮塌事故

【任务引入】
  小李刚从学校毕业来到某交通建设公司实习,被分配到某项目部参与一座拱桥的建设,但是他的毕业设计做的是梁桥,对拱桥不是很熟悉。在去单位报到之前,实习单位的师傅孙工与小李取得了联系,希望他事先能对拱桥有一定的认知,并通过电子邮件发送了一张拱桥总体布置图给小李。小李决定利用去项目部报到之前的一周时间,认真复习拱桥的认知这一章节,并在图书馆、互联网查阅了有关拱桥发展现状的相关资料,但是他在自学拱桥的基本特点、主要组成和类型、各类型拱桥的适用范围等相关知识的过程中,还是遇到了很多问题。

知识储备

3.1.1 拱桥的基本特点及其发展现状

拱桥是我国公路上使用很广的一种桥型。拱桥和梁桥的区别不仅在于外形,更重要的是在受力性能方面。

如图 3-1-1 所示,由力学知识可知,在竖向荷载作用下,梁在支承处将仅受到竖向反力作用,而拱在竖向荷载作用下,支承处将受到竖向和水平反力的共同作用。这个水平反力的反作用力,被称为水平推力(简称推力)。由于水平反力的作用,拱承受的弯矩将比相同跨径的梁小很多,从而处于主要承受轴向压力的状态。

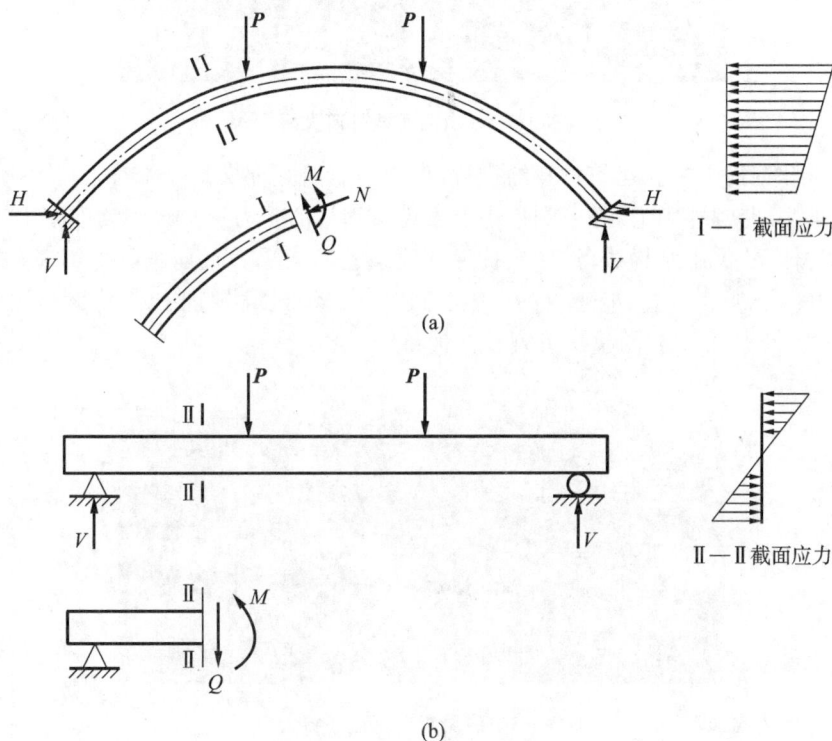

(a)

(b)

图 3-1-1 拱、梁受力简图

(a)拱受力简图;(b)梁受力简图

拱桥的主要优点:①跨越能力较大;②能充分就地取材,与混凝土梁式桥相比,可以节省大量的钢材和水泥;③耐久性能好,维修、养护费用少;④外形美观;⑤构造较简单。

拱桥的主要缺点:①自重较大,相应的水平推力也较大,增加了下部结构的工程量,当采用无拱时,对地基条件要求高;②由于拱桥水平推力较大,在连续多孔的大、中桥梁中,为防止一孔破坏而影响全桥的安全,需要采用较复杂的措施,例如设置单向推力墩,但会增加造价;③与梁式桥相比,上承式拱桥的建筑高度较高,当用于城市立交及平原地区时,因桥面高程提高,使两岸接线长度增长,或者使桥面纵坡增大,既增加了造价又对行车不利。

结合上述特点,拱桥不仅可以利用钢、钢筋混凝土等材料来修建,还能依其受力特点,利用适合承压而抗拉性能较差的圬工材料来修建。

采用圬工材料(石料、混凝土、砖等)修建的拱桥,简称圬工拱桥。这种拱桥具有取材容易、节省钢材与水泥、构造简单、技术容易掌握、承载能力潜力大、耐久性好、养护费用少等优点。目前世界上跨度最大的石拱桥,是我国于 1990 年建成的山西晋城丹河大桥(图 3-1-2),跨度达到 146 m。

图 3-1-2　山西晋城丹河大桥

以混凝土和钢筋为主要建筑材料的拱桥,称为钢筋混凝土拱桥。相对于圬工拱桥,钢筋混凝土拱桥自重小、跨越能力大,充分利用了混凝土与钢材的受力优势。钢筋混凝土拱桥也能通过选择合理的体系,突出结构线条,达到良好的建筑艺术效果。目前世界上第一、二跨径的钢筋混凝土拱桥,分别为 2015 年建成的、跨径 445 m 的沪昆高铁北盘江特大桥(图 3-1-3)与 1997 年建成的、跨径 420 m 的重庆万州长江大桥。

图 3-1-3　沪昆高铁北盘江特大桥

钢拱桥是以钢材为主要建筑材料的拱桥。钢材的优良性能使钢拱桥能够适应更大跨径的要求,2009 年建成的、跨径达到 552 m 的重庆朝天门长江大桥(图 3-1-4),建成时为世界第一跨钢拱桥。

图 3-1-4　重庆朝天门长江大桥

施工方法是大跨径拱桥建设的关键问题。从传统的利用支架(拱架)施工发展到无支架施工,拱桥的适用性及在大跨径桥梁中的竞争力有了很大提高。相比斜拉桥,钢筋混凝土拱桥的造价低、抗风稳定性强、维护费用少。钢管混凝土、劲性骨架混凝土及预应力混凝土材料的使用,为大跨径拱桥施工与设计水平的提高提供了保证。

在今后一个较长时期内,拱桥仍是我国公路桥梁的主要形式之一。结合我国具体情况,逐步研究拱桥的设计理论,并使结构构造和施工工艺更完善,更重视装配化、轻型化、机械化的施工方法,以加快桥梁建设的速度,将是我国广大桥梁工作者努力的方向。

3.1.2 拱桥的主要组成

拱桥同其他桥梁一样,也是由上部结构(桥跨结构)和下部结构两大部分组成,各主要组成部分的名称如图 3-1-5 所示。

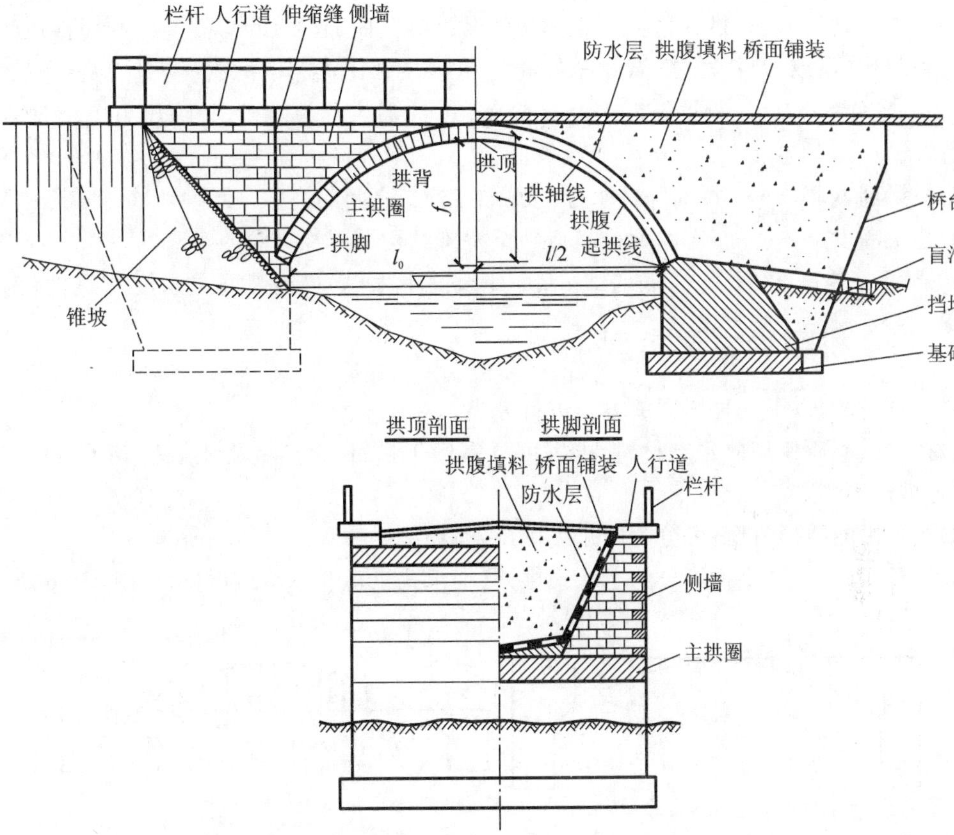

图 3-1-5 拱桥的主要组成部分

拱桥上部结构由主拱圈和拱上建筑组成。主拱圈是拱桥的主要承重结构。桥面与主拱圈之间需要有传力的构件或填充物,以使车辆能在平顺的桥道上行驶。桥面系和这些传力构件或填充物统称为拱上建筑。

拱桥下部结构由桥墩、桥台及基础等组成,用以支承上部结构,将上部结构的荷载传至地基。桥台还起到与两岸路堤相连接的作用,使路桥形成一个协调的整体。

如图 3-1-5 所示,拱圈最高处的横向截面称为拱顶,拱圈和墩(台)连接处的横向截面称为拱脚(或起拱面)。拱圈各横向截面(或换算截面)的形心连线称为拱轴线。拱圈的上曲面称为拱背,下曲面称为拱腹。拱脚(或起拱面)与拱腹相交的直线称为起拱线。

下面介绍拱桥的几个主要技术术语名称:

(1)净跨径(l_0)——每孔拱跨两个起拱线之间的水平距离。

(2)计算跨径(l)——相邻两拱脚截面形心点之间的水平距离。因为拱圈(或拱肋)各形心点的连线称为拱轴线,所以也就是拱轴线两端点之间的水平距离。

(3)总跨径($\sum l_0$)——多孔桥梁中各孔净跨径的总和,又称为桥梁孔径,它反映了桥下宣泄洪水的能力。

(4)桥梁全长(L)——桥梁两端两个桥台的侧墙或耳墙后端点之间的距离。对于无桥台的桥梁,为桥面系行车道的全长。

(5)净矢高(f_0)——拱顶截面下缘至相邻两拱脚截面(起拱面)下缘最低点的连线的垂直距离。

(6)计算矢高(f)——拱顶截面形心至相邻两拱脚截面(起拱面)形心连线的垂直距离。

(7)矢跨比(D 或 D_0)——拱圈的净矢高与净跨径之比,或计算矢高与计算跨径之比,即 $D_0=f_0/l_0$ 或 $D=f/l$。一般将矢跨比大于或等于 1/5 的拱称为陡拱,矢跨比小于 1/5 的拱称为坦拱。

(8)桥梁高度(H)——桥面与低水位(或桥下路面)之间的高差。

(9)建筑高度(h)——行车路面(或轨顶)至桥跨结构最下缘之间的距离。

(10)桥下净空高度(H_0)——桥跨结构最下缘至设计洪水位(或计算通航水位)之间的距离。

3.1.3 拱桥的主要类型

拱桥可以按照以下几种不同的方式进行分类。

(1)按主拱圈所使用的建筑材料,拱桥可分为圬工拱桥、钢筋混凝土拱桥、钢拱桥和钢-混凝土组合拱桥等。

(2)按主拱圈线形,拱桥可分为圆弧线拱桥、抛物线拱桥和悬链线拱桥等。

(3)按桥面的位置,拱桥可分为上承式拱桥、中承式拱桥和下承式拱桥,如图 3-1-6 所示。

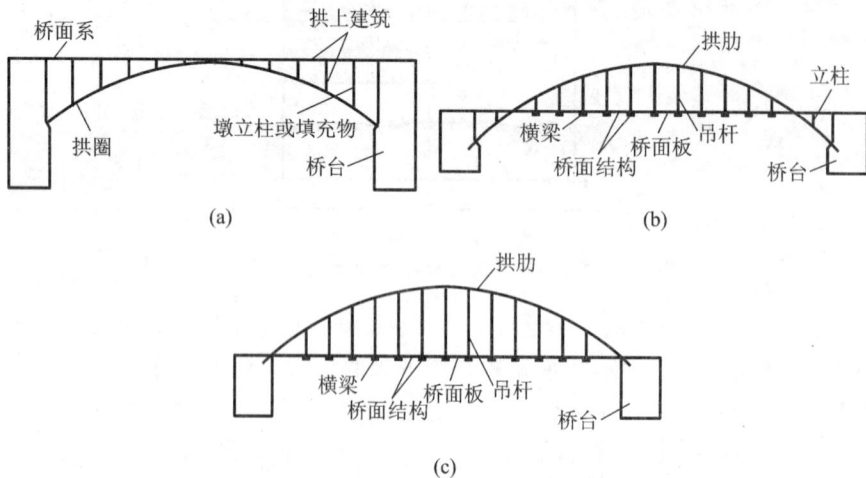

图 3-1-6 拱桥按桥面位置分类

(a)上承式拱桥;(b)中承式拱桥;(c)下承式拱桥

　　①上承式拱桥的桥面系设置在主拱圈承重结构的上面,其优点是桥面系构造简单、施工方便,桥上视野开阔;缺点是桥面到梁底的建筑高度较大。一般上承式拱桥的桥跨结构由主拱圈、拱上建筑等组成。

　　②中承式拱桥的行车平面位于肋拱矢高的中间部位;桥面系一部分用吊杆悬挂在拱肋下,一部分用立柱支撑在拱肋上。

　　③下承式拱桥的桥跨结构由拱肋、悬吊结构和横向联结系三部分组成。车辆在两片(三片)拱肋之间行驶,需要用吊杆将桥面系悬挂在拱肋下。

　　(4)按静力体系,拱桥可分为三铰拱桥、两铰拱桥和无铰拱桥,如图 3-1-7 所示。

　　①三铰拱。在拱圈两端和拱顶分别设置可转动的铰支撑,由于结构的刚度较小,拱顶铰的构造和维护也较复杂,故一般不宜作为主拱圈。

　　②两铰拱。在拱圈两端设置可转动的铰支撑形成一次超静定结构,结构的整体刚度介于三铰拱和无铰拱之间。

　　③无铰拱。三次超静定结构,由于拱的内力分布较均匀,材料用量较三铰拱要少,再加上构造简单,施工方便,整体刚度较大,故得到广泛应用。

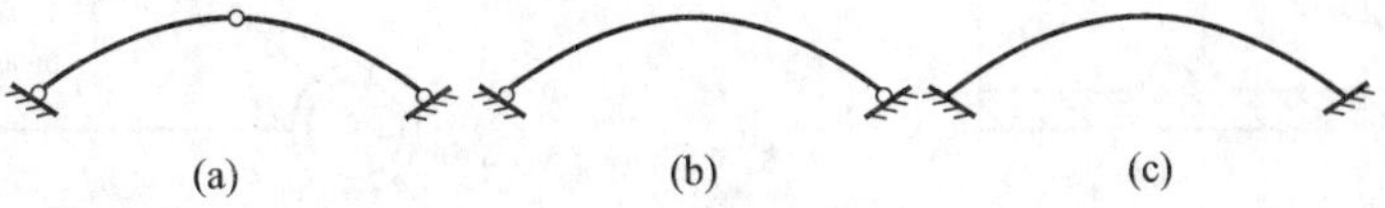

(a)　　　　　　　　　(b)　　　　　　　　　(c)

图 3-1-7　拱桥按静力体系分类

(a)三铰拱;(b)两铰拱;(c)无铰拱

　　(5)按拱圈截面形式,拱桥可分为板拱桥、肋拱桥、双曲拱桥、箱形拱桥、钢管混凝土拱桥、劲性骨架混凝土拱桥,如图 3-1-8 所示。

　　①板拱桥。

　　主拱圈采用矩形实体截面的拱桥称为板拱桥。它的构造简单、施工方便,但在相同截面面积的条件下,矩形实体截面比其他形式截面的抵抗矩小。

　　如果在较薄的拱板上增加几条纵向肋,以提高拱圈的抗弯刚度,就构成板拱的另外一种形式,即板肋拱[图 3-1-8(b)],它的拱圈截面由板和肋组成。

　　②肋拱桥。

　　肋拱桥是在板拱桥的基础上发展形成的,它将板拱划分成两条或多条分离的、高度较大的拱肋,肋与肋间用横系梁相连。这样就可以用较小的截面面积获得较大的截面抵抗矩,从而节省材料,减轻拱桥的自重。

　　③双曲拱桥。

　　其主拱圈横截面由一个或数个横向小拱单元组成,由于主拱圈的纵向及横向均呈曲线形,故称双曲拱桥。这种截面抵抗矩较相同材料用量的板拱大,故可节省材料。施工中可采用预制拼装,较板拱有较大的优越性,但存在施工工序多、组合截面整体性较差和易开裂等缺点。

　　④箱形拱桥。

　　这类拱桥外形与板拱相似,由于截面挖空,箱形拱的截面抵抗矩较相同材料用量的板拱大很多,因此能节省材料,减轻自重,相应地也减少下部结构材料用量,对于大跨径拱桥则效果更为显著。

⑤钢管混凝土拱桥。

钢管混凝土属于钢-混凝土组合结构中的一种,主要用于以受压为主的结构。它借助内填混凝土增强钢管壁的稳定性,同时又利用钢管对核心混凝土的套箍作用,使核心混凝土处于三向受压状态,从而使其具有更高的抗压强度和抗变形能力。

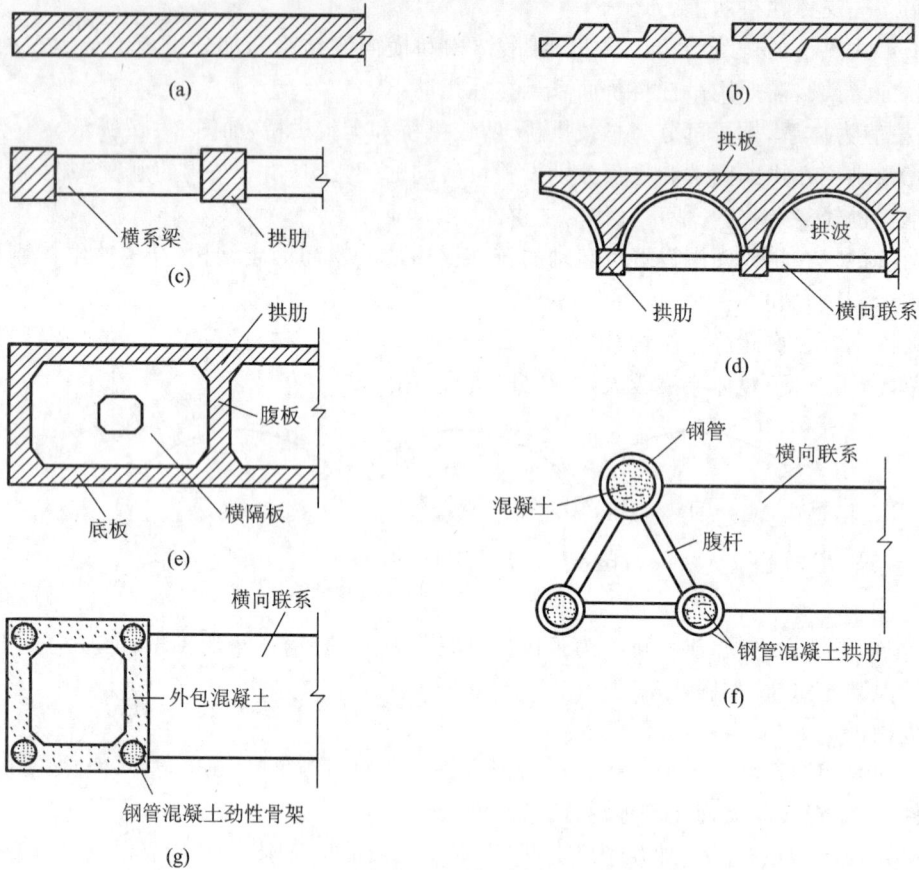

图 3-1-8 拱桥按拱圈截面形式分类
(a)板拱;(b)板肋拱;(c)肋拱;(d)双曲拱;(e)箱形拱;(f)钢管混凝土拱;(g)劲性骨架混凝土拱

⑥劲性骨架混凝土拱桥。

劲性骨架混凝土拱桥与普通钢筋混凝土拱桥的区别在于前者以钢骨拱桁架作为受力筋,它可以是型钢,也可以是钢管。采用钢管作劲性骨架的混凝土拱又可称为内填外包型钢管混凝土拱。内填外包型钢管混凝土拱解决了大跨度拱桥施工的"自架设问题",即首先架设自重轻、刚度、强度均较大的钢管骨架,然后在空钢管内压注混凝土形成钢管混凝土,使骨架进一步硬化,再在钢管混凝土骨架上外挂模板浇筑外包混凝土,形成钢筋混凝土结构。劲性骨架混凝土拱桥跨越能力大、超载潜力大、施工方便,是一种极具发展前途的拱桥结构形式。

(6)按拱上建筑的形式,拱桥可分为实腹式拱桥和空腹式拱桥。

实腹式拱桥的一般构造和组成如图 3-1-5 所示。实腹式拱上建筑具有构造简单、施工方便等优点。

空腹式拱上建筑由多孔腹孔结构和桥面系构成。根据腹孔的结构形式,空腹式拱上建筑又分为拱式拱上建筑和梁式拱上建筑两种。

3.1.4 拱桥的适用范围

拱桥是以承受轴向压力为主的桥梁,不同类型的拱桥的适用范围是不同的。

1.按主拱圈使用的材料确定适用范围

圬工拱桥使用砖、石、混凝土等抗压性能良好的材料建造,由于自重较大,宜用于中、小跨径;大跨度拱桥则用钢筋混凝土或钢材建造,以承受力矩。

钢筋混凝土拱桥以混凝土为主要材料来承压,配以少量的钢筋来承拉,它是重要的拱桥结构,应用范围十分广泛。

钢拱桥主要采用桁式或箱形拱肋,拥有强度高、自重轻、跨越能力强等优点;但钢拱桥以受压为主,稳定问题突出,高强度材料的性能得不到充分发挥。一般来说,大跨度钢拱桥的经济竞争力比较弱,但施工难度较钢筋混凝土拱桥小。

钢-混凝土组合拱桥采用组合材料,可提高结构强度与刚度,且施工方便,适用于更大跨径的拱桥。

2.按主拱圈采用的拱轴线形式确定适用范围

(1)圆弧线拱。在均布径向荷载作用下,拱的合理拱轴线是圆弧线,所以在一般情况下,圆弧形拱轴线与恒荷载的压力有偏离,但其线型简单、施工方便、易于掌握,适用于跨径在 20 m 以下的小跨径拱桥。

(2)悬链线拱。实腹式拱桥的结构重量从拱顶向拱脚均匀增加,这种荷载引起的压力线是一条悬链线,因此,实腹式拱桥采用悬链线作为拱轴线是合理的。

空腹式拱桥由于拱上建筑的形式发生变化,结构重量从拱顶向拱脚不再均匀增加,其相应的结构重量压力线不再是悬链线,而是一个有转折的弧线。为了计算方便,一般仍用悬链线作为拱轴线,并合理布置拱上建筑,使采用的拱轴线在拱顶、拱脚和拱跨 1/4 点处与结构重量压力线相匹配,其他点则有偏离。理论分析证明,此偏离对控制截面内力是有利的,因此,悬链线是目前大、中跨径拱桥采用最普遍的拱轴线形。

(3)抛物线拱。在均布荷载作用下,拱的合理拱轴线是二次抛物线。对于结构重量接近均布的拱桥,可采用二次抛物线作为拱轴线。

某些特大跨径的拱桥,由于拱上建筑布置的特殊性,为了使拱轴线尽量与结构重量压力线相匹配,可采用高次抛物线(四次或六次抛物线)作为拱轴线,但因计算工作量过大,目前很少采用。

由以上可知,拱上建筑的形式及布置对合理选择拱轴线的线形有密切联系。在一般情况下,小跨径拱桥可采用实腹式悬链线拱或实腹式圆弧拱;大、中跨径拱桥可采用空腹式悬链线拱;轻型拱桥或矢跨比较小的大跨径钢筋混凝土拱桥可采用抛物线拱。

3.按桥面位置确定适用范围

上承式拱桥主要用于峡谷和桥面标高较高的情况。传统的石拱桥因主拱圈为板式结构,只能采用上承式;中承式或下承式拱桥一般是在桥梁建筑高度受到限制时考虑,其拱圈只能使用肋拱形式,主要用于地势平坦、桥面标高受限制或基础较差的情况。

4.按静力体系确定适用范围

按静力体系分类,拱桥可分为三铰拱、两铰拱和无铰拱。其中,两铰拱和无铰拱为超静定结构,三铰拱为静定结构。三铰拱一般用作大、中跨径空腹式拱上建筑的腹拱;双铰拱一般用于地基条件较差和不宜修建无铰拱的地方;无铰拱是拱桥普遍采用的结构形式,其中钢筋混凝土无铰拱是大跨径拱桥的主要结构形式。

5.按主拱圈的截面形式确定适用范围

(1)板拱。从力学性能方面来看,在相同截面面积的条件下,实体矩形截面比其他形式截面的截面抵抗矩要小,所以通常只在地基条件较好的中、小跨径砌体拱桥中采用板拱形式。

(2)肋拱。由于肋拱以较小的截面面积获得较大的截面抵抗矩,这样可以节省材料,减轻拱桥本身的重量,一般多用于较大跨径的拱桥。

(3)双曲拱。由于双曲拱存在施工程序多,组合截面的整体性较差,易开裂等缺点,故只宜在中、小跨径的桥梁中采用。

(4)箱形拱。由于箱形拱是闭合箱形截面,截面的抗扭刚度较大,横向的整体性和稳定性均较好,适用于无支架施工。一般情况下,跨径在 50 m 以上的拱桥宜采用箱形拱。

(5)钢管混凝土拱桥。由于承载能力大,正常使用状态是以应力控制设计,外表不存在混凝土裂缝问题,因而可以使主拱圈截面及其宽度相对减小,这样便可以减小桥面上由承重结构所占的宽度,提高了中、下承式拱的桥面宽度的使用效率。钢管本身相当于混凝土的外模板,它具有强度高,质量轻,易于吊装或转体的特点,可以先将空管拱肋合龙,再压注管内混凝土,省去了支模、拆模等工序,从而大大降低了大跨径拱桥施工的难度。

(6)劲性骨架混凝土拱。由于解决了大跨度拱桥施工的"自架设问题",主要用在大跨度拱桥中。目前,世界第二大跨径的钢筋混凝土拱桥——重庆万州长江大桥为用钢管作劲性骨架的拱桥。

任务实施

任务 1:拱桥的初步认知。

任务目标:能够熟练划分拱桥的基本组成,能够熟练将拱桥按主拱圈的截面形式、拱上建筑的形式、主拱圈使用的材料等不同分类方式进行分类,并准确描述其相应特点。

任务内容:请大家一起讨论以下问题。

(1)说明拱桥的优缺点。

(2)简述拱桥的基本组成。

(3)拱桥是如何分类的?

(4)中华人民共和国成立以来,我国拱桥的发展取得了令世人瞩目的成就,下面我们一起来认识其中的六座具有代表性的拱桥。根据班级学生人数将全班学生分为 6 组,小组抽签,共有 6 座拱桥,分别为赵州桥、重庆万州长江大桥、上海卢浦大桥、长沙橘子洲大桥、重庆菜园坝长江大桥、湘潭莲城大桥,如图 3-1-9 所示。每组根据自己抽到的拱桥查找相关资料,制作PPT,分组上台汇报。

注意事项:教师在布置任务时,要对 PPT 的内容和形式(尤其是字体字号)有所规定,PPT应以图片为主,PPT 讲授的内容是该拱桥的基本组成、采用的材料、按主拱圈的截面形式和拱上建筑的形式划分所属的类型、最大跨径、受力特点、建成时间、建造时的小故事等。

图 3-1-9 拱桥举例

(a)赵州桥;(b)重庆万州长江大桥;(c)上海卢浦大桥;(d)长沙橘子洲大桥;
(e)重庆菜园坝长江大桥;(f)湘潭莲城大桥

任务评价:完成以上任务后,根据表 3-1-1,教师和学生可按照自评、互评、师评表对每组同学进行评价。

表 3-1-1   **自评、互评、师评表**

专业：   班级：   时间：

授课教师			科目	桥涵施工技术	组别						
授课任务					节次		第 小节				
评价体系	项目	任务要点			评分标准	1	2	3	4	5	6
	严谨认真(30分)	编制的 PPT 内容完整、翔实,且符合国家标准、行业规范			30						
		编制的 PPT 内容完整,基本符合国家标准、行业规范			25						
		编制的 PPT 内容较完整,基本符合国家标准、行业规范			20						
		编制的 PPT 内容不完整,不符合国家标准、行业规范			10						
	成果质量(10分)	PPT 版面制作精美、图文并茂,动画效果流畅,有创新			10						
		PPT 版面精美、图文并茂,有动画效果			8						
		PPT 版面精美,图文并茂			5						
		PPT 版面不精美,没有图片			0						
	协作团结(20分)	分组合理,组员之间融洽,相互之间商量有度,共同完成任务			20						
		分组合理,组员之间交流较少,完成任务			15						
		分组较合理,组员之间无交流,完成任务			10						
		分组不合理,组员无交流,没有完成任务			0						
	表达自信(10分)	大方得体,观点阐述清楚,逻辑性强			10						
		大方得体,观点阐述较清楚,逻辑性较强			8						
		汇报不连贯,观点基本清楚			5						
		汇报慌乱,词不达意,观点阐述不清			0						
	诚信务实(30分)	成果唯一性,无抄袭现象			30						
		成果存在抄袭现象			0						
总分					100						

任务 2：识读拱桥总体布置图。

任务目标：能够读懂总体布置图上桥梁的组成和基本参数。

任务内容：仔细识读拱桥总体布置图(图 3-1-10),请在图纸上标出该桥的上部结构、下部结构、支座和附属结构的名称及位置,并标出该桥的净跨径、计算跨径、总跨径、桥梁全长、净矢高、计算矢高、矢跨比、桥高、桥梁高度、桥下净空高度和桥梁建筑高度。

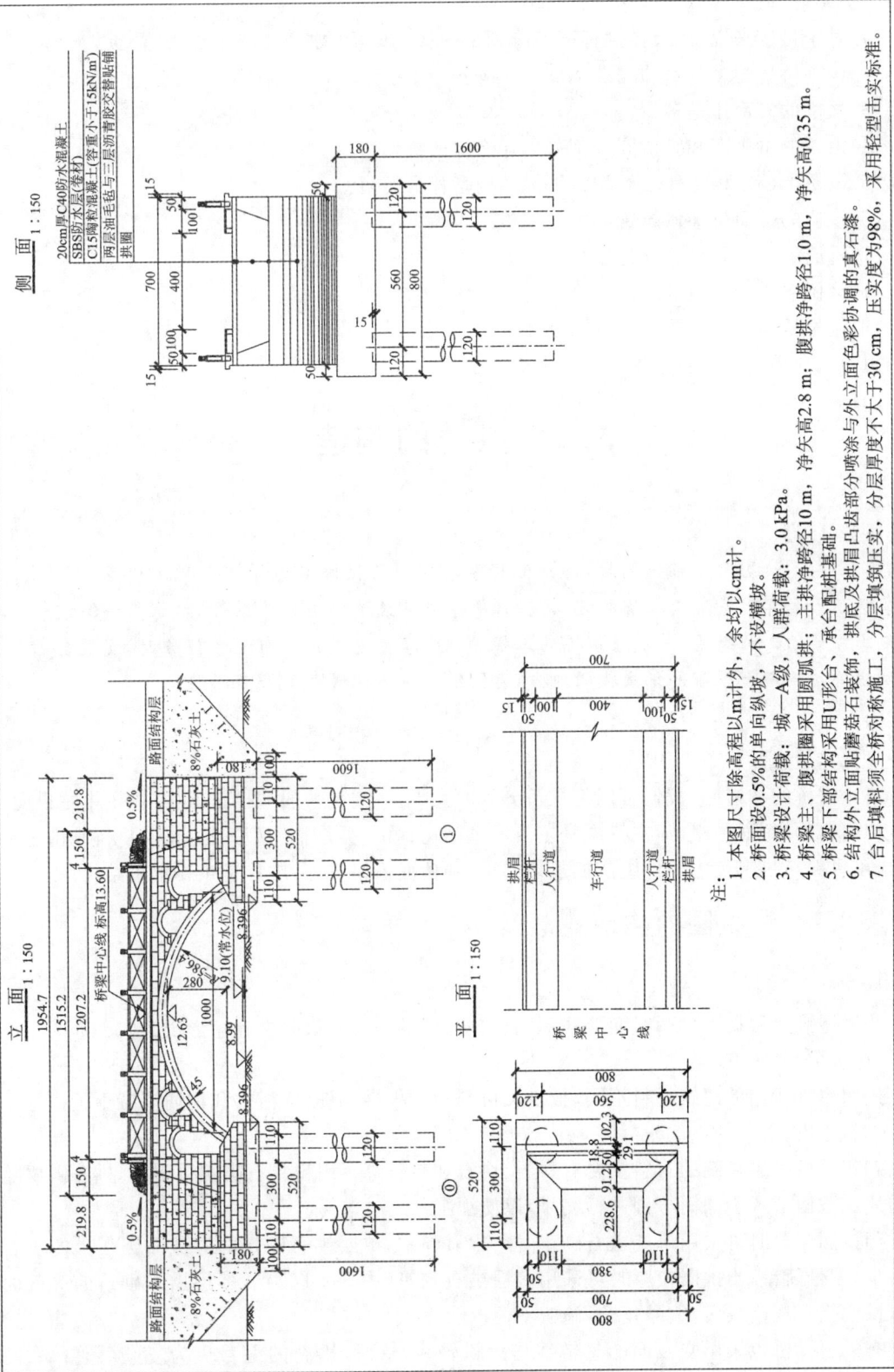

图 3-1-10 拱桥总体布置图

注：
1. 本图尺寸除高程以m计外，余均以cm计。
2. 桥面设0.5%的单向纵坡，不设横坡。
3. 桥梁设计荷载：城一A级，人群荷载：3.0 kPa。
4. 桥梁主、腹拱圈采用圆弧拱；主拱净跨径10 m，净矢高2.8 m；腹拱净跨径1.0 m，净矢高0.35 m。
5. 桥梁下部结构采用U形台、承台配桩基础。
6. 结构外立面贴磨菇石装饰，拱底及拱眉凸齿部分喷涂与外立面色彩协调的真石漆。
7. 台后填料须全桥对称施工，分层填筑正实，压实度为98%，采用轻型击实标准。

20cm厚C40防水混凝土
SBS防水层(壁材)
C15细粒混凝土(容重小于15kN/m³)
两层油毛毡与三层沥青胶交替贴铺
拱圈

侧 面 1：150

立 面 1：150

路面结构层
8%石灰土

桥梁中心线 标高13.60

8.396
9.10(常水位)
12.63

8%石灰土
路面结构层

平 面 1：150

拱眉
栏杆
人行道
车行道
人行道
栏杆
拱眉

桥梁中心线

任务评价：请回答以下问题进行自测。

(1)对于拱桥来说,四大控制标高值分别是什么? 该桥的四大标高值分别是多少?

(2)该桥桥长为多少? 伸缩缝宽度为多少?

(3)该桥的矢跨比是多少?

(4)该桥的主拱圈和腹拱圈分别采用什么样的线形?

(5)该桥上部结构是什么类型? 下部结构是什么类型?

(6)该桥的桥面是如何布置的?

(7)桥面的横坡和纵坡各是多少?

(8)该桥主拱圈和腹拱圈的矢跨比是否一样? 为什么?

(9)该桥桥面铺装有几层? 分别是什么?

(10)钻孔灌注桩共有几根? 桩径多少?

3.2　拱桥的构造

知识储备

讨论拱桥的构造时,我们可以将拱桥分为两大类:一类是普通型拱桥,这类拱桥由主拱圈、拱上传力构件、桥面系组成,主拱圈是主要承重结构;另一类是整体型拱桥,这类拱桥则由主拱片(指由拱圈与拱上传力构件组成的整体结构)和桥面系组成,主拱片是主要承重结构。

3.2.1　主拱圈的构造

1.普通型拱桥

普通型拱桥根据主拱圈截面形式不同可分为板拱、肋拱、双曲拱和箱形拱等。

(1)板拱。

按照主拱所用的建筑材料不同,板拱又可分为石板拱、混凝土板拱和钢筋混凝土板拱等。

①石板拱。

砌筑石板拱主拱圈的石料主要有料石、块石和砖石等。用粗料石砌筑拱圈时,拱石需要随拱轴线和截面形式不同而分别进行编号,以便加工。

当拱圈较薄时可采用单层拱石砌筑[图 3-2-1(a)],单层拱石砌筑的等截面圆弧拱的拱石规格少,编号简单;当拱圈较厚时可采用多层拱石砌筑[图 3-2-1(b)],多层拱石砌筑的等截面圆弧拱的拱石规格较多,编号复杂,施工不便。

有的石拱桥也采用变截面的悬链线作为拱轴线,这时,拱石的编号更为复杂(图 3-2-2)。因此,目前大多采用等截面拱桥。

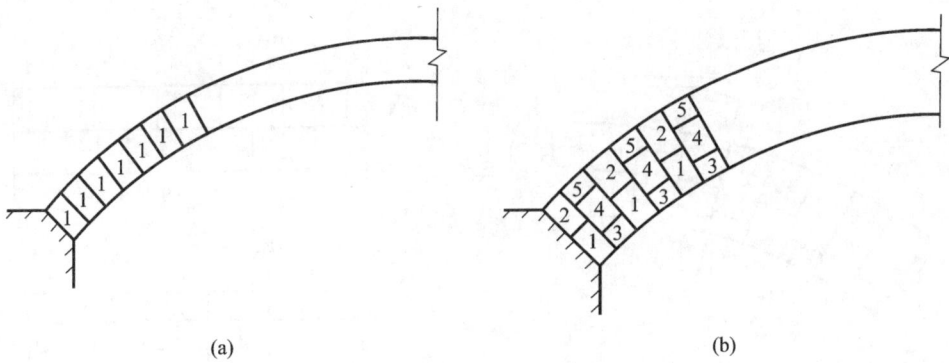

(a)   (b)

图 3-2-1　等截面拱圈的拱石编号

(a)单层拱石砌筑；(b)多层拱石砌筑

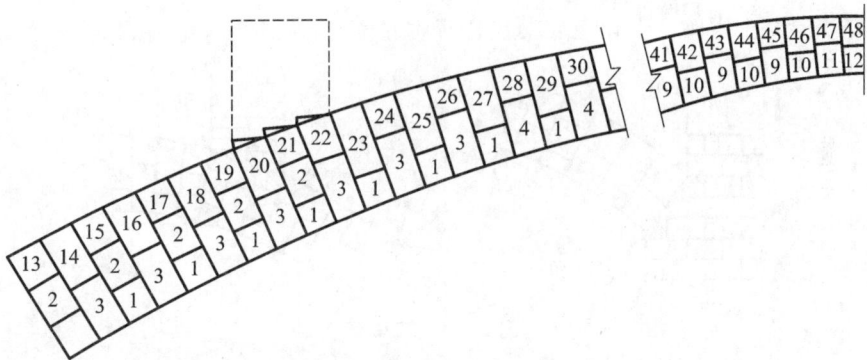

图 3-2-2　变截面拱圈的拱石编号

用于拱圈砌筑的石料应石质均匀，不易风化和无裂纹。石料强度等级不得低于C30，砌筑拱石用的砂浆，对大、中跨径拱桥不得低于C7.5，对于小跨径拱桥不得低于C5。在必要时也可用小石子混凝土进行砌筑，小石子粒径一般不得大于2 cm。采用小石子混凝土砌筑的片石板拱，其砌体强度比用同强度的水泥砂浆的砌体强度要高，而且可以节约水泥1/4～1/3。

根据拱圈的受力(主要承受压力，其次是弯矩)特点和需要，拱圈砌筑应满足下列构造要求。

a.错缝。

对料石拱，拱石受压面的砌缝应与拱轴线垂直，可以不错缝。对于块石拱、片石拱，应选择较大平面与拱轴线垂直，拱石大头在上，小头在下，当拱圈厚度不大时，可采用单层砌筑；当拱圈厚度较大时，可采用多层砌筑，但其垂直于受压面的顺桥向砌缝和拱圈横截面内拱石竖向砌缝必须错开且不小于10 cm，如图3-2-3所示，以免因存在通缝而降低砌体的抗剪强度和削弱其整体性。

b.限制砌缝宽度。

拱石砌缝宽度不能太大，因砂浆强度比拱石低得多，缝太宽必将影响砌体强度和整体性。通常，对料石拱不大于2 cm，对块石拱不大于3 cm，对片石拱不大于4 cm。

c.设五角石。

拱圈与墩台以及拱圈与空腹式拱上建筑的腹孔墩连接处，应采用特别的五角石(图3-2-4)，

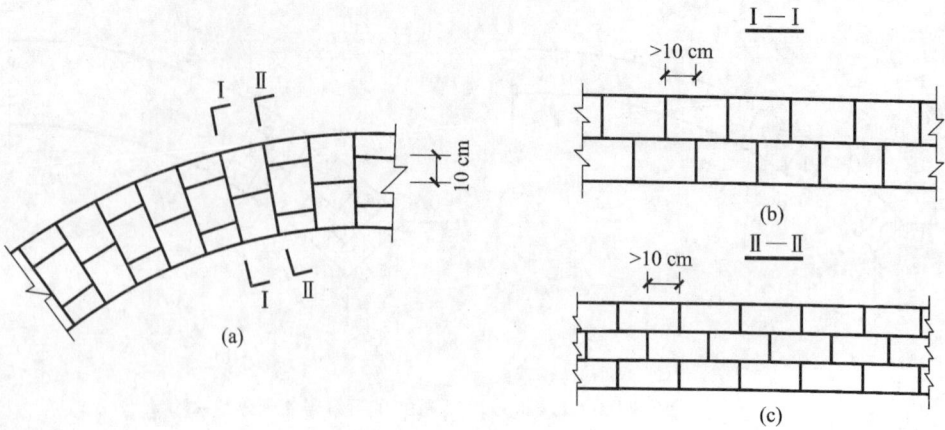

图 3-2-3　拱石的错缝要求

以改善该处的受力状况。为避免施工时损坏或被压碎,五角石不得带有锐角。为了简化施工,目前常用现浇混凝土拱座及腹孔墩底梁代替石质五角石,如图 3-2-5 所示。

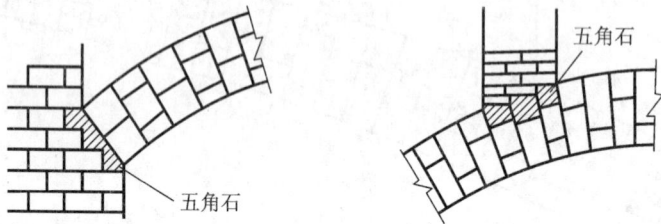

图 3-2-4　五角石

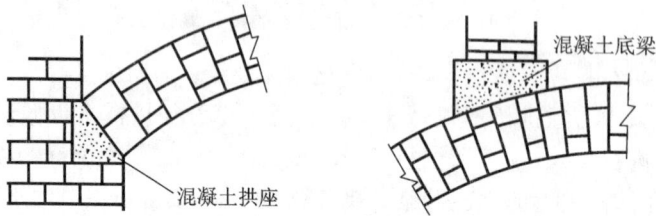

图 3-2-5　混凝土拱座、底梁

②混凝土板拱。

a. 素混凝土板拱。

这类拱桥主要用于缺乏合格天然石料的地区,可以采用整体现浇,也可以预制砌筑。整体现浇混凝土拱圈,拱内收缩应力大,受力不利,同时,拱架、模板木材用量大,工期长,质量不易控制,故较少采用。预制砌筑就是将混凝土板划分成若干块件,然后预制混凝土块件,最后将块件砌筑成拱。预制砌块在砌筑前应有足够的养护期,以消除或减小混凝土收缩的影响。

b. 钢筋混凝土板拱。

与混凝土板拱相比,这类拱桥可以设计成较小的板厚,其构造简单、外表整齐、轻巧美观,如图 3-2-6 所示。根据桥宽需要可做成单条整体拱圈或多条平行板(肋)拱圈,施工时可反复利用一套较窄的拱架与模板来完成,大大节省材料。

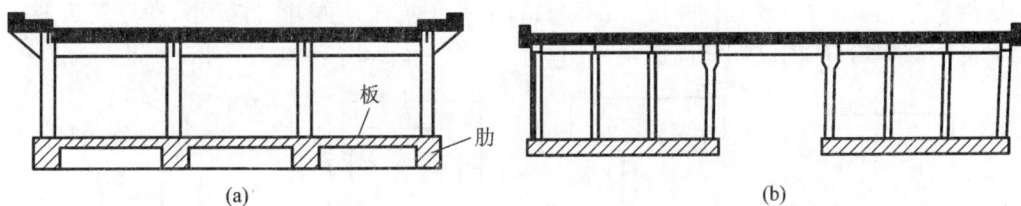

图 3-2-6　钢筋混凝土板拱截面
(a)整体式板；(b)分离式板

(2)肋拱。

肋拱桥由两条或多条分离的拱肋、横系梁、立柱和由横梁支承的行车道部分组成，如图 3-2-7所示，通常多为无铰拱，也可采用两铰拱，材料通常是混凝土或钢筋混凝土。

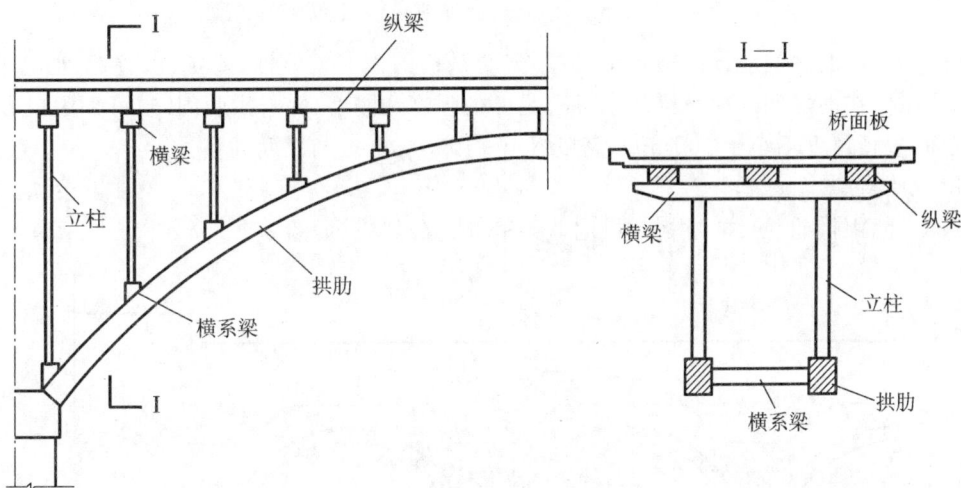

图 3-2-7　肋拱桥立面布置图

钢筋混凝土肋拱桥与板拱桥相比，主要优点在于：能较多地节省混凝土的用量，减轻拱体自重，相应地，桥墩、桥台的工程量也减少。随着恒载对拱肋内力影响的减小，活载影响相应增大，钢筋可以较好地承受拉应力，这样就能充分发挥钢材的作用。当然，它比混凝土板拱用钢量大，施工也较复杂。

拱肋是主要承重结构，可由混凝土、钢筋混凝土、钢管混凝土、劲性骨架混凝土做成。拱肋的数目和间距以及截面形式主要根据桥梁宽度、肋形、材料性能、荷载等级、施工条件、拱上结构等各方面综合考虑决定。为了简化构造，一般在吊装能力满足要求的情况下，宜选用较少的拱肋数量。通常，桥宽在 20 m 以内时均可考虑采用双肋拱，当桥宽在 20 m 以上时，宜采用分离的双幅双肋拱，以避免由于肋中距增大而使肋间横系梁、拱上结构横向跨度与尺寸增加太多。上下游拱肋最外缘的间距一般不宜小于跨径的 1/20，以保证肋拱的横向整体稳定性。

拱肋的截面形式主要与跨径有关。为便于施工，小跨径肋拱桥多采用矩形截面[图 3-2-8(a)]，这种截面拱肋的经济性相对较差；大、中跨径肋拱桥常做成工字形截面[图 3-2-8(b)]，以减轻结构自重并改善截面受力，但这种截面拱肋的横向刚度较小；跨径大、桥面宽的肋拱桥，可采用箱形截面[图 3-2-8(c)]，以提高拱肋横向受力和抗扭性能，节省更多的坰工量，但结构构造及施工较复杂。

采用钢管混凝土材料的拱肋[图 3-2-8(d)],是一种抗压性能好、自重小、塑性及耐疲劳等性能优良的结构构造,现已在我国广泛采用。

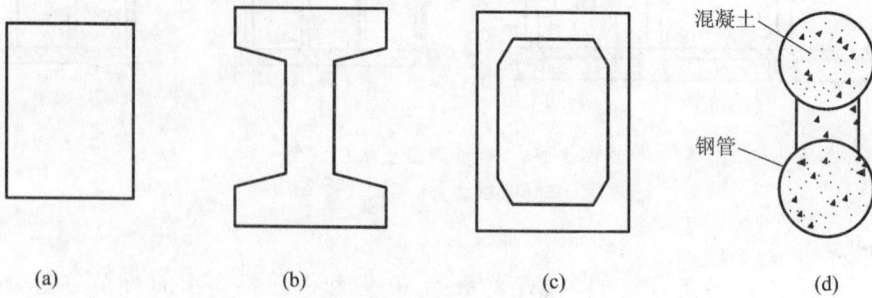

图 3-2-8　钢筋混凝土板拱截面
(a)矩形截面;(b)工字形截面;(c)箱形截面;(d)钢管混凝土拱肋截面

在分离的拱肋之间应设置横系梁,以增强肋拱桥的横向整体性、稳定性,并起到横向分布荷载的作用。拱肋之间的横系梁要求具有足够的强度和刚度,并与拱肋固结,可采用矩形或工字形截面,腹板厚度不小于 100 mm、高度 800~1000 mm 或与拱肋同高。

(3)双曲拱。

双曲拱圈由拱肋、拱波、拱板和横向联系等几部分组成,如图 3-2-9 所示。

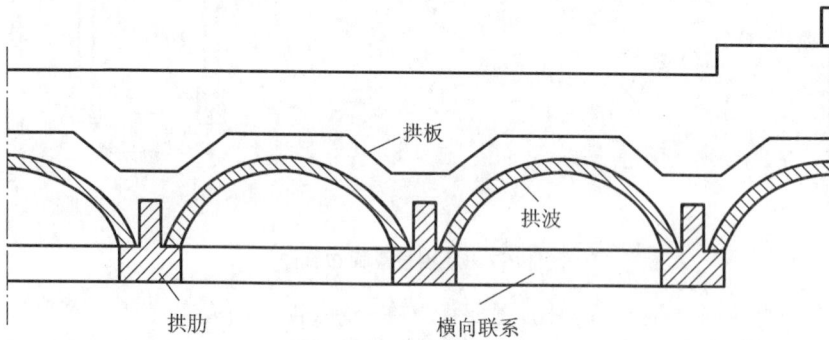

图 3-2-9　双曲拱圈的组成

双曲拱圈采用"化整为零、集零为整"的成型方式,充分利用了预制装配施工方法。施工时,先将拱圈划分成拱肋、拱波、拱板及横向联系四部分,并预制拱肋、拱波和横向联系,即"化整为零";然后吊装钢筋混凝土拱肋成拱并与横向联系构件组成拱形框架,在拱肋间安装拱波,随后浇筑拱板混凝土,形成主拱圈,即"集零为整"。双曲拱圈适用于无支架和无大型吊装设备的施工条件。

双曲拱桥应有较强的横向联系,以保证结构的整体性和各肋受力均匀,避免拱波顶可能出现的纵向裂缝。常用的横向联系是横系梁和横隔板,布置在主拱圈拱顶、腹孔墩下面、分段吊装的拱肋接头处等,间距一般为 3~5 m。河南南河桥(图 3-2-10)是中国最大的双曲拱桥。

这种构造形式采用了多次截面组合的施工成型方式,截面受力复杂、整体性差。经多年使用发现,多数双曲拱都出现了较严重的裂缝,影响桥梁安全,故目前已很少采用。

图 3-2-10 河南南河桥

(4)箱形拱。

主拱圈截面由若干箱室构成的拱称为箱形拱,如图 3-2-11 所示。

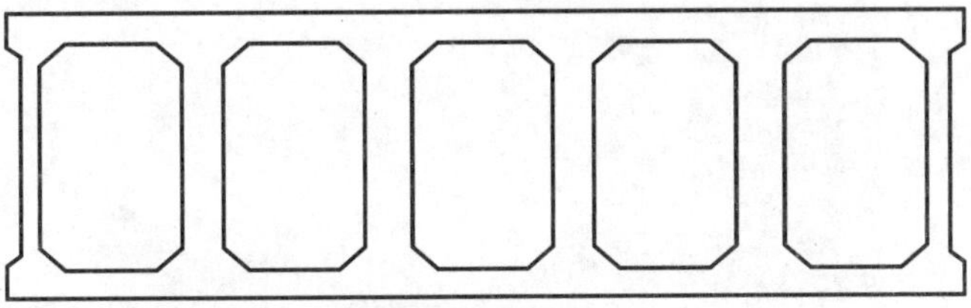

图 3-2-11 箱形拱拱圈断面示意

箱形拱的主要特点如下:

①截面挖空率大,挖空率可达全截面的 50%～60%,与板拱相比,可节省大量圬工体积,减轻质量。

②箱形截面的中性轴大致居中,对于抵抗正负弯矩具有几乎相等的能力,能较好地适应主拱圈各截面正负弯矩变化的需要。

③由于是闭合空心截面,抗弯和抗扭刚度大,拱圈的整体性好,应力分布较均匀。

④单条箱肋刚度较大,稳定性较好,能单箱肋成拱,便于无支架吊装。

⑤制作要求较高,使用吊装设备较多,主要用于大跨径拱桥。

箱形拱的拱圈,可以由一个闭合箱(单室箱)或由几个闭合箱(多室箱)组成,每一个闭合箱又由箱壁(侧板)、顶板(盖板)、底板及横隔板组成,如图 3-2-12 所示。

箱形拱截面的组成方式有以下几种:

①由多条 U 形肋[图 3-2-13(a)]和多条 I 形肋[图 3-2-13(b)]组成的多室箱形截面,现在已较少采用。

②多室箱形截面[图 3-2-13(c)]由多条预制闭合箱形肋和现浇箱间混凝土组成,箱形肋的预制可以一次浇筑成型,也可分阶段进行。预制箱形肋的优点是抗弯、抗扭刚度大,吊装稳定性好,是目前最常用的装配整体化成型方式。

③整体式单箱多室截面[图 3-2-13(d)]，截面一次成型，整体性好，便于施工，但当拱肋跨径较大、拱肋截面较大时，对吊装能力要求较高。

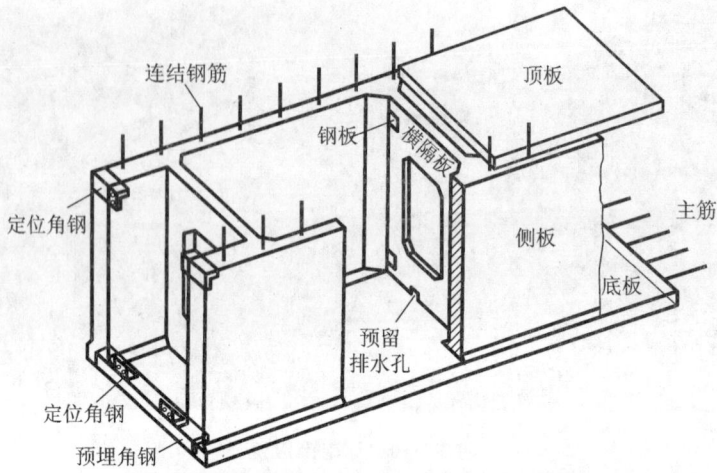

图 3-2-12　箱形拱闭合箱的构造

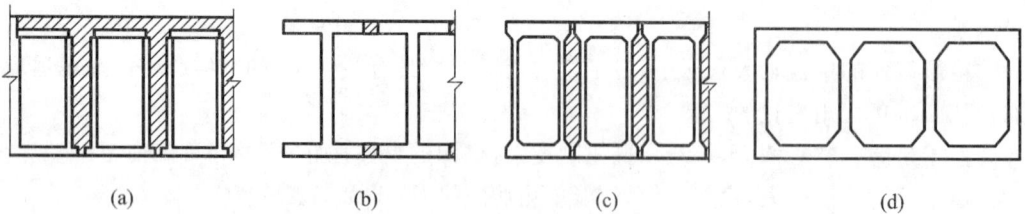

图 3-2-13　箱形截面组成方式

为保证拱圈的整体性，预制箱形肋之间应有可靠的横向联结。预制箱形肋的常用横向联结构造为：底板横向预留外伸带钩钢筋，交叉分布在现浇混凝土内；在设横隔板处顶板上面预埋钢板，箱肋间用钢筋搭焊连接，如图 3-2-14 所示。

预制槽形肋的常用横向联结构造为：除了底板横向预留外伸带钩钢筋外，在横隔板之间区段的顶板横向，也预留外伸带钩钢筋，确保箱肋横向联结的整体性。为了减轻箱肋吊装重量，可将箱肋部分厚度的顶板在拱圈安装后再浇筑，这样就不必预埋钢板和搭焊钢筋，直接在后浇混凝土中布置钢筋即可，如图 3-2-15 所示。

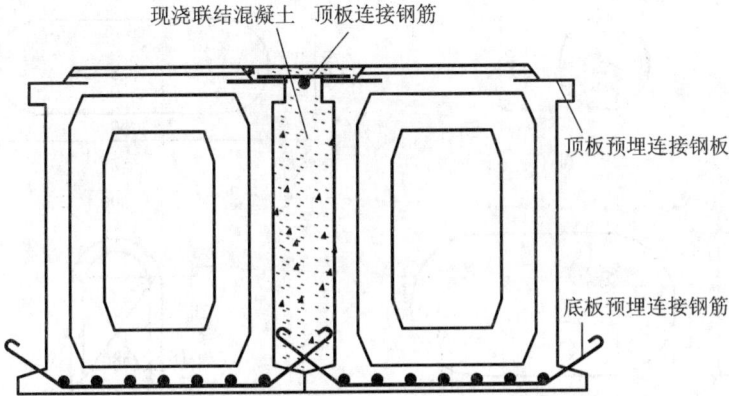

图 3-2-14　预制箱形肋的横向联结

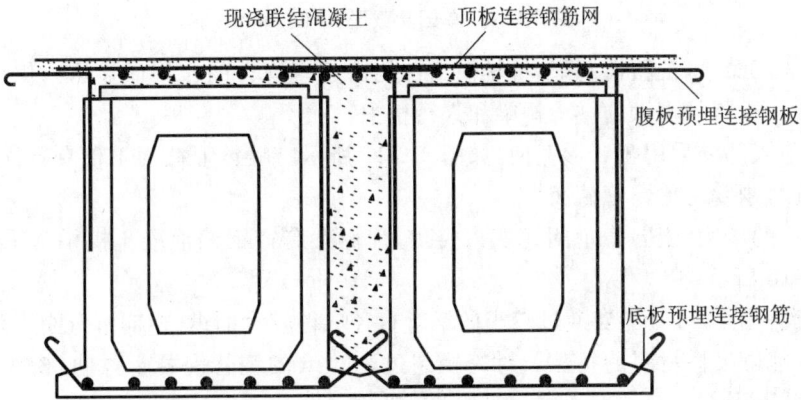

图 3-2-15　预制槽形肋的横向联结

　　箱形拱的构造与施工方法有密切的联系。修建箱形拱,可以采用预制拱箱无支架吊装或有支架现场浇筑等施工方法。若采用无支架施工,拱箱可以分段预制,当吊装能力很强时,可以采用封闭式拱箱,这样可以增强拱箱在施工过程中的整体性,减少施工步骤。其具体过程为:在横向将拱截面划分为多条箱形拱肋,在纵向将箱形肋分段,先预制各箱肋段,然后安装各箱肋段成拱,最后现浇各箱肋间的填缝混凝土形成箱形拱。

　　(5)钢管混凝土拱桥。

　　钢管混凝土拱桥利用先安装的钢管作为支架,然后灌注钢管内的混凝土,使拱桥的施工安装重量大大减轻;而将钢管混凝土作为施工的劲性骨架,体积庞大的特大跨径拱桥在符合受力要求的条件下逐步建成,不需要强劲的支架与强大的吊装能力。钢管混凝土材料因其优异的抗压性能,成为以受压为主的大跨径拱桥的最佳材料。

　　综上所述,钢管混凝土拱桥有两个方面的优点:一方面提高了材料的强度,减轻了拱圈的自重;另一方面使主拱圈本身成为自架设体系,便于无支架施工。因此,钢管混凝土拱桥成为拱桥的发展方向。随着跨径的不断加大,钢管混凝土拱桥的形式在不断变化,施工技术也在不断提高。

　　①拱肋的构造。

　　跨径不大时,钢管混凝土拱桥的拱肋可采用单管截面。单管截面主要有圆形和圆端形,如图 3-2-16 所示。

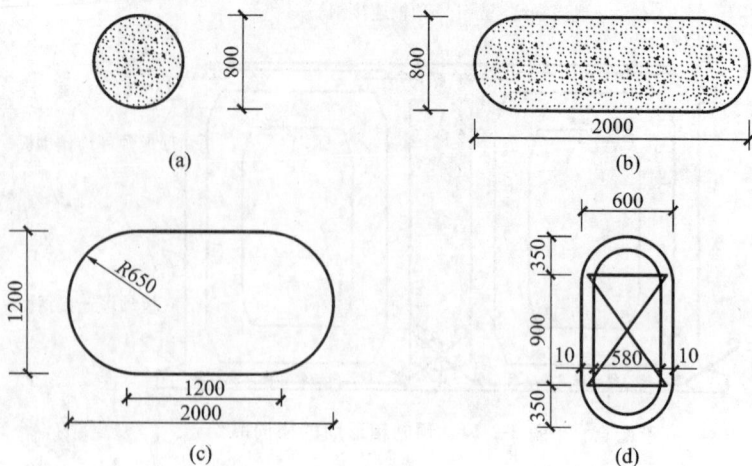

图 3-2-16 单圆管截面(单位：mm)

单圆管加工简单,抗扭性能好,抗轴向力性能由于紧箍力的作用而显示出优越性;但抗弯效果差,主要用于跨径不大的城市桥梁和人行桥中。

肋拱桥绝大部分采用哑铃形截面,如图 3-2-17 所示。哑铃形截面不仅有着优越的抗轴向力性能,其抗弯刚度比单圆管截面大。

随着跨径的增大,横向稳定问题变得突出,因而大跨径钢筋混凝土拱桥常采用箱肋式截面,如图 3-2-18 所示。

桁式截面(图 3-2-19)能够通过较小的钢管直径取得较大的纵、横向抗弯刚度,且杆件以受轴向力为主,能够发挥材料的特性。对跨径超过 100 m 的钢管混凝土拱肋,桁式截面是一个比较合适的截面形式。

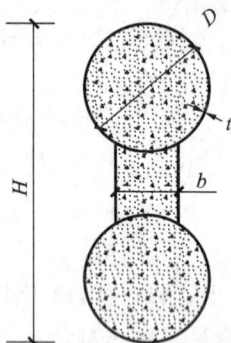

图 3-2-17 哑铃形截面　　　　图 3-2-18 箱肋式截面　　　　图 3-2-19 六肢桁式截面

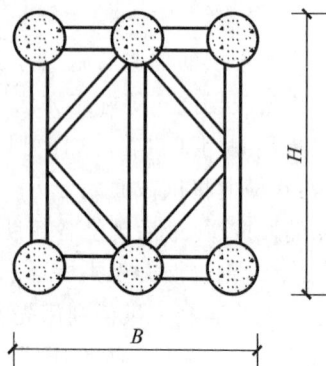

②横向联结的构造。

对于大跨径钢管混凝土拱桥,横向稳定性问题较为突出,因而其横向联系结构至关重要,通常采用增设横撑来增强钢管拱肋间的横向联系。例如哑铃形拱肋间的横撑常采用单根钢管焊接于两根拱肋的中部,如图 3-2-20(a)所示,横撑钢管的直径可与哑铃形中的圆管相同,也可稍大些;哑铃形拱肋间的横撑也可采用两根钢管,不过上下两根弦管之间不像普通钢筋混凝土拱肋那般用实腹板相接,而是用钢管制成的腹杆,当两根弦管的高度较小时,仅用直腹杆,高度较大时还可增设斜腹杆,如图 3-2-20(b)所示。

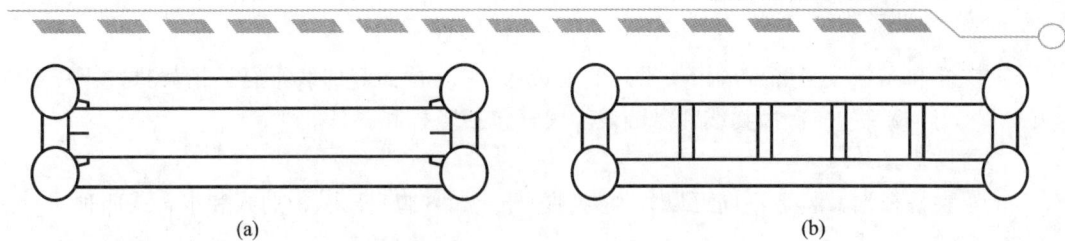

图 3-2-20 横撑形式

(a)单管横撑；(b)竖平面桁式横撑

2.整体型拱桥

整体型拱桥包括桁架拱桥和刚架拱桥。这些桥型进一步减轻了拱桥自重,增强桥梁结构的整体性,充分发挥装配式结构工业化程度高、施工进度快等优点,扩大了拱桥的使用范围。

（1）桁架拱桥。

桁架拱桥又称拱形桁架桥,是一种有水平推力的桁架结构,其上部结构由桁架拱片、横向联结系和桥面系组成。桁架拱片是桁架拱桥的主要承重结构,由上弦杆、下弦杆、腹杆构成的空腹段和实腹段两部分组成,其立面布置如图 3-2-21 所示。

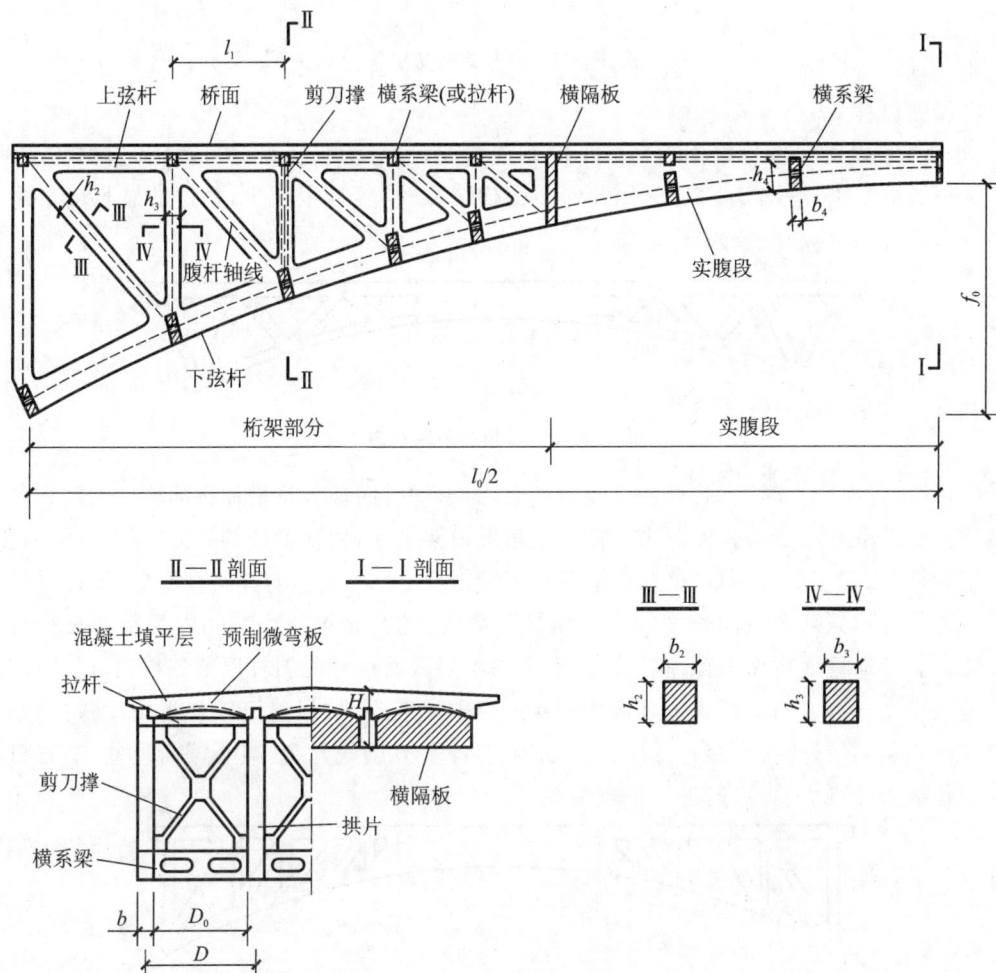

图 3-2-21 桁架拱桥的主要组成部分

上弦杆和实腹段上缘构成桁架拱片的上边缘,它与桥面竖曲线平行。桁架拱片下弦杆的轴线可采用圆弧线、二次抛物线和悬链线。腹杆包括竖杆和斜杆。

①结构形式。

桁架拱桥根据其构造不同可以分为竖(腹)杆式、斜(腹)杆式、桁肋式和组合式四种。

a.竖(腹)杆式。

竖(腹)杆式桁架拱桥(图 3-2-22)外形美观,节点构造简单,施工较方便,但杆件以弯曲变形为主,整体刚度较小,竖杆与上、下弦杆连接的节点处易开裂,故适用于荷载小、跨径较小的桥梁。

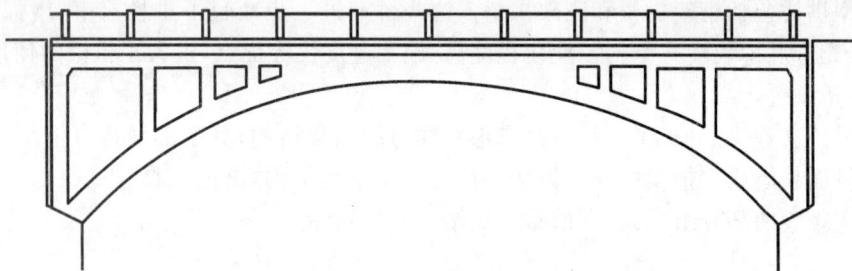

图 3-2-22　竖杆式桁架拱桥

b.斜(腹)杆式。

斜(腹)杆式桁架拱片根据腹杆的不同布置情况,可分为三角形、斜压杆和斜拉杆三种形式。三角形桁架拱片(图 3-2-23)采用几何不变构造方式,腹杆根数少,杆件的总长度最短,因此腹杆用料省,整体刚度较大。

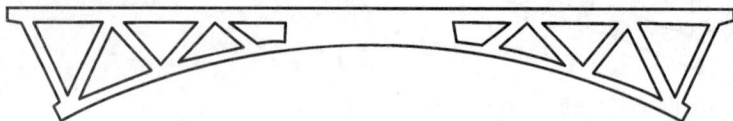

图 3-2-23　三角形桁架拱片

当拱跨、矢高较大时,上弦杆的节间就过大,为承受桥面荷载将增加桥面构件的用钢量,因此宜增设竖杆来减小节间长度。带竖杆的三角形桁架拱片,根据斜杆倾斜方向的不同,有斜压杆式桁架拱片(图 3-2-24)和斜拉杆式桁架拱片(图 3-2-25)两种。前者斜杆受压、竖杆受拉,而且斜杆的长度随矢高和节间长度的增大而显著增大,尤其是第一个节间内的斜杆长度更大。为了防止斜杆失稳而需增大截面尺寸,或者采用不同截面尺寸的斜杆以节省材料,但这些都增加了施工难度,另外,斜压杆式桁架拱片的外形也不太美观,故目前已较少采用。斜拉杆式桁架拱片则相反,斜杆受拉而竖杆受压,为了避免拉杆及节点处开裂,减小截面尺寸、节省材料,可采用预应力混凝土斜拉杆,外形也较美观。

图 3-2-24　斜压杆式桁架拱片

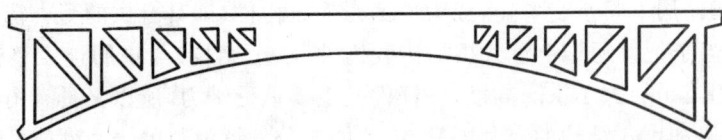

图 3-2-25　斜拉杆式桁架拱片

c.桁肋式。

桁肋式桁架拱桥(图 3-2-26)实质上为普通型上承式拱桥,仅是将主拱圈改为桁架结构。桁肋自重轻,吊装方便,适于无支架施工。但由于桁架在拱脚处固结,基础变位、温度变化和混凝土收缩徐变引起的附加内力较大,拱脚上弦杆易开裂。

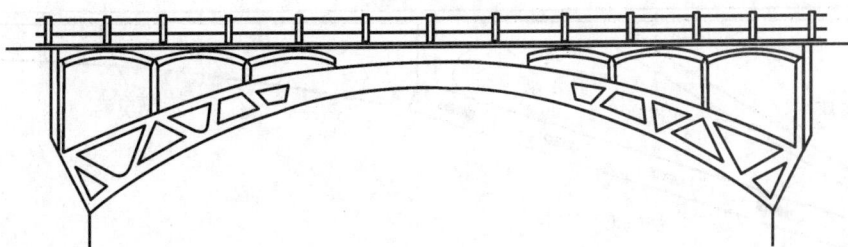

图 3-2-26　桁肋式桁架拱桥

d.组合式。

桁式组合拱与前面三种桁架拱的主要区别在于上弦杆断点位置不同。普通桁架拱的上弦杆简支于墩(台)上,上弦杆在墩(台)之间没有断缝(即断点),而桁式组合拱上弦杆却是在墩(台)顶部至拱顶之间适当位置断开,形成一条断缝(即断点),从断点至墩(台)顶部形成一个悬臂桁架[与墩(台)固结],跨间两断点之间为一普通桁架拱,全桥下弦杆保持连续,如图 3-2-27所示。

桁式组合拱常用于 100 m 以上的特大型预应力混凝土拱桥,设断缝对减小由于日照温差引起的附加内力有好处。

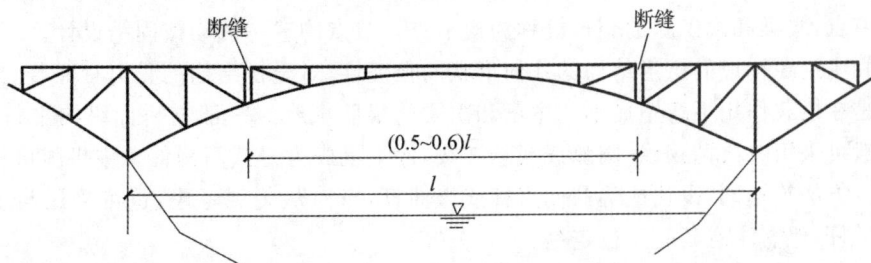

图 3-2-27　桁式组合拱桥的组成

②结构特点。

a.作为主要承重结构的桁架拱片在施工期间单独受力,在竣工后与桥面板共同受力。其中下弦杆为拱形,上弦杆一般与桥面结构组合成一整体而共同工作。在跨中部分,因上、下弦杆很靠近而做成实腹段。

b.桁架拱在荷载作用下具有水平推力,使跨中实腹段在恒载作用下弯矩减小,主要承受轴向压力,在活载作用下将承受弯矩,成为一偏心受压构件,即具有拱的受力特点。

c.桁架拱相当于把普通型上承式拱的传载构件(拱上结构)与拱肋连成整体,拱肋与拱上结构共同受力,相当于加大了拱圈高度,各杆件又主要承受轴力,所以又具有桁架的受力特点。桁架拱兼备了桁架和拱式结构的有利因素,因此能充分发挥材料的受力性能。

d.由于桁架拱外部通常采用两铰结构,因而基础位移、温度变化等产生的附加内力较小,适合软弱地基需要。

(2)刚架拱桥。

刚架拱桥的上部结构由刚架拱片、横向联结系和桥面系等部分组成,如图3-2-28所示。

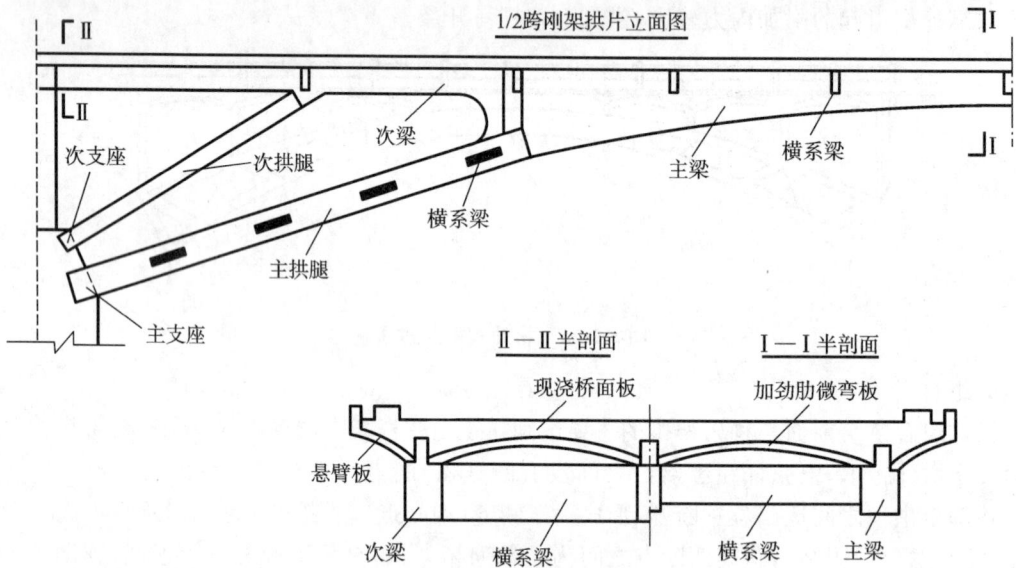

图 3-2-28　刚架拱桥的主要组成部分

刚架拱片是刚架拱桥的主要承重结构,一般由跨中实腹段的主梁、空腹段的次梁、主拱腿(主斜撑)、次拱腿(次斜撑)等构成,与桥面板一起形成刚架拱的主拱片。主梁和主拱腿的交接处称为主节点,次梁和次拱腿的交接处称为次节点。节点构造一般均按固结设计。

主梁和主拱腿构成的拱形结构的几何形状的合理性,对全桥结构的受力有显著的影响,其设计原则是在恒载作用下弯矩最小。主梁和次梁的梁肋上缘线一般与桥面纵向平行,主梁下边缘线一般可采用二次抛物线、圆弧线或悬链线,使主梁成为变截面构件。主拱腿可根据跨径大小和施工方法等不同,设计成等截面直杆或微曲杆,有时从美观考虑,也可采用与主梁同一曲线的弧形杆,但需注意其受压稳定性。

横向联系的作用是将刚架拱片连成整体共同受力,并保证其横向稳定。

刚架拱片可以采用现浇或预制安装的方法施工,应根据运输条件和安装能力具体确定,目前大多数采用后者。为了减小吊装质量,可将主梁和次梁、斜撑等分别预制,用现浇混凝土接头连接。当跨径较大时,次梁还可分段预制。

刚架拱桥属于有推力的高次超静定结构,具有构件少、质量轻、整体性好、刚度大、施工简便、造价低、造型美观等优点,可在软土地基上修建。

3.2.2 拱上建筑的构造

拱上建筑是拱桥的一部分,按照拱上建筑采用的不同构造方式,拱上建筑分为实腹式和空腹式两种。

1. 实腹式拱上建筑

实腹式拱上建筑构造简单,施工方便,填料数量较多,恒载较重,故一般用于小跨径的拱桥。实腹式拱上建筑由拱腹填料、侧墙、护拱、变形缝、防水层、泄水管以及桥面系组成,如图 3-2-29 所示。

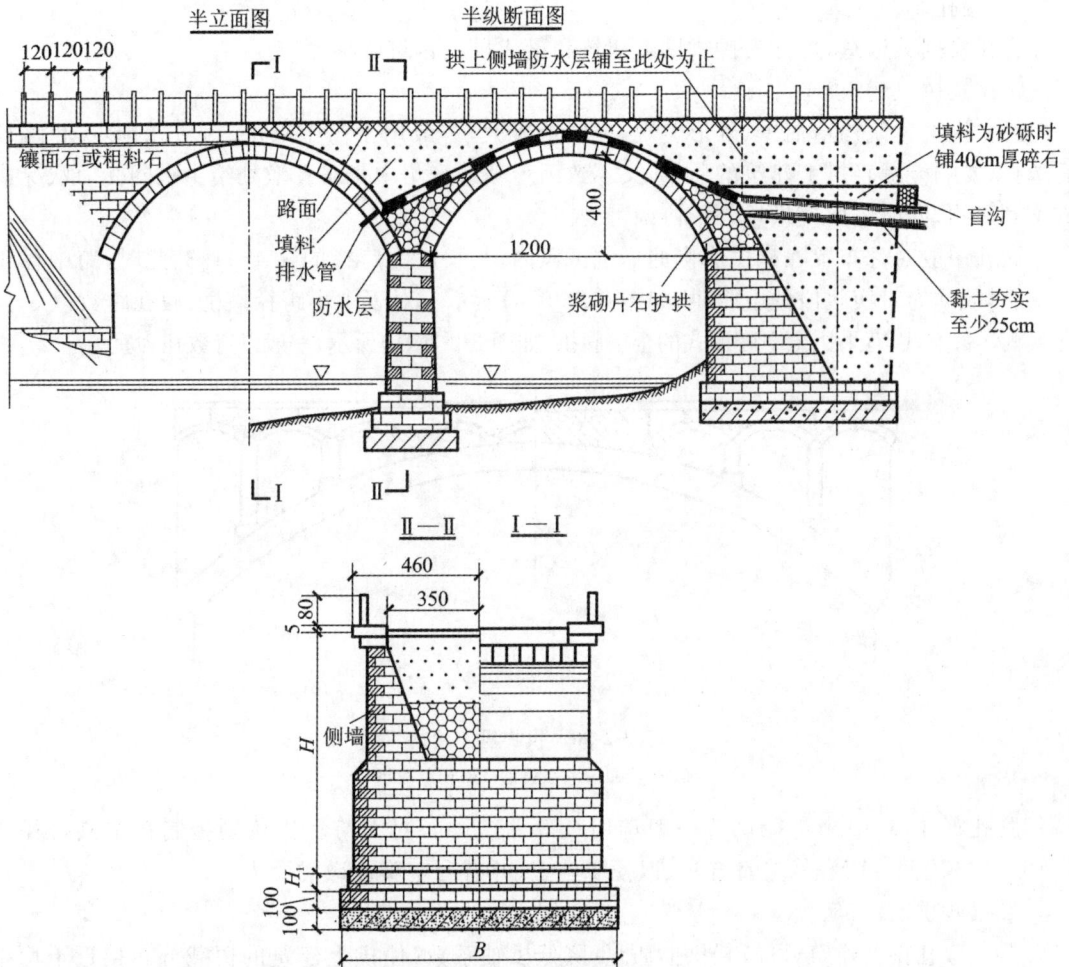

图 3-2-29 实腹式拱桥构造图

拱腹填料分为填充式和砌筑式两种。填充式拱腹填料应尽量做到就地取材,通常采用透水性好、土侧压力小的砾石、碎石、粗砂或卵石类黏土等材料,分层夯实,还可采用其他轻质材料,如炉渣与黏土的混合物、陶粒混凝土等,以减轻拱上建筑质量,使其适用于地质条件较差地区;砌筑式拱腹填料是在散粒料不易取得时才采用的一种干砌圬工方式。

侧墙是围护拱腹上的散粒填料设置在拱圈两侧的构造物。侧墙通常采用浆砌块、片石;若有特殊的美观要求,可用料石镶面;对混凝土或钢筋混凝土拱桥,也可用钢筋混凝土护壁式侧墙,这种侧墙可以与主拱浇筑为一体。侧墙一般要求承受填料土侧压力和车辆作用下的土侧压力,故按挡土墙进行设计。

护拱设于拱脚段,以便加强拱脚段的拱圈,同时,便于在多孔拱桥上设置防水层和泄水管,通常采用浆砌块、片石结构。

2.空腹式拱上建筑

大、中跨径的拱桥,特别是当矢高较大时,应以空腹式拱上建筑为宜。空腹式拱上建筑除具有实腹式拱上建筑相同的构造外,还具有腹孔和腹孔墩。

(1)腹孔。

腹孔根据其构造,可分为拱式拱上建筑和梁式拱上建筑两种。

①拱式拱上建筑。

拱式拱上建筑构造简单,外形美观,但质量较大,一般用于圬工拱桥。腹孔的形式和跨径的选择,要既能减轻拱上建筑的质量,又不致因荷载过分集中于腹孔墩处给主拱圈受力状况造成不利影响,同时还要使拱桥外形协调美观。

腹孔一般对称布置在靠拱脚侧的一定区段内,其长度为跨径的1/4~1/3,此时,跨中存在一实腹,故称为带实腹段的空腹拱,如图3-2-30(a)所示。对于中小跨径拱桥,腹孔跨数以3~6孔为宜。目前,也有采用全空腹形式的全空腹拱,如图3-2-30(b)所示,一般以奇数孔为宜。

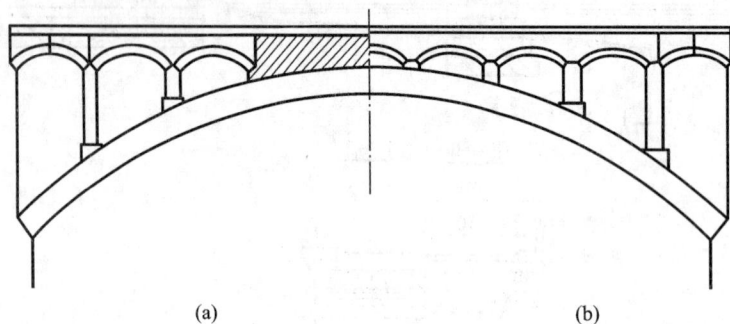

图 3-2-30 拱式拱上建筑
(a)带实腹段的空腹拱;(b)全空腹拱

腹孔跨径,对中小跨径拱桥一般选用2.5~5.5 m,对大跨径拱桥则控制在主拱跨径的1/15~1/8之间。腹孔构造宜统一,以便于施工,并有利于腹孔墩的受力。

②梁式拱上建筑。

梁式腹孔拱上建筑,可减轻拱上质量,降低拱轴系数(使拱上建筑的恒载分布接近于均布荷载),改善拱圈在施工过程中的受力状况,获得更好的经济效果。腹孔的布置与上述拱式拱上建筑的腹拱布置要求基本相同。

梁式腹孔结构有简支、连续和框架式等多种形式,如图3-2-31所示。

a.简支腹孔(纵铺桥道板梁)。

简支腹孔由底梁(座)、立柱、盖梁和纵向简支桥道板(梁)组成。这种形式的结构体系简单,基本上不存在拱与拱上结构的联合作用,受力明确,是大跨径拱桥拱上建筑主要采用的形式。

腹孔布置的范围及实腹段的构造与拱式腹拱相同。由于拱顶段上面全部被覆盖,空腹、实

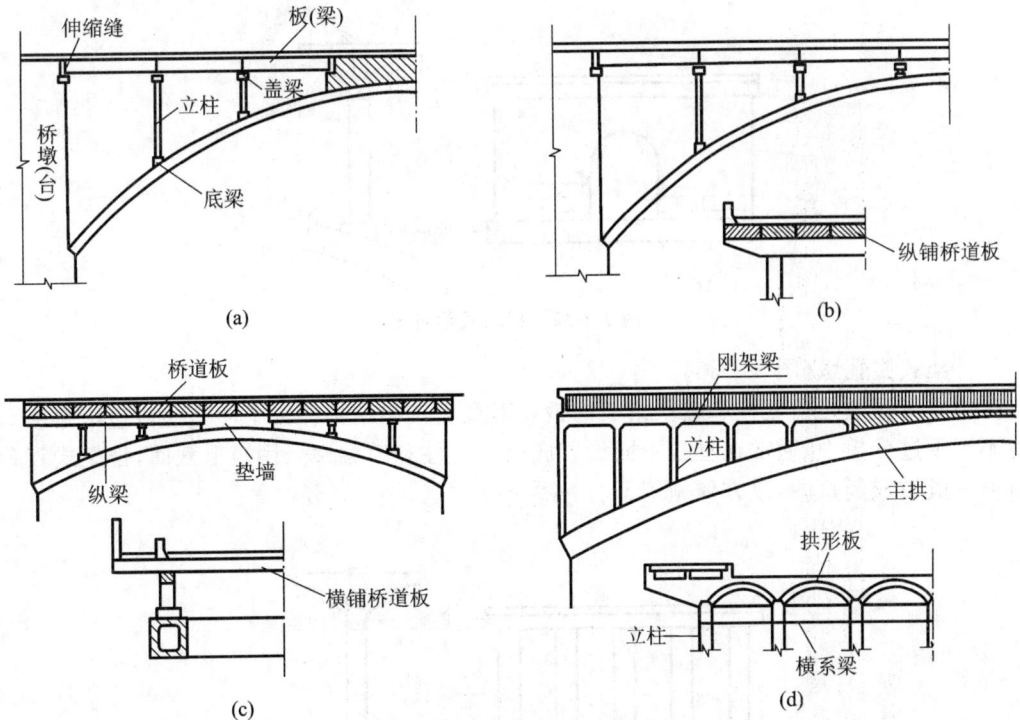

图 3-2-31 梁式拱上建筑

(a)带实腹段的简支腹孔;(b)全空腹式的简支腹拱;(c)连续腹孔;(d)框架腹孔

腹段拱式荷载差异较大。目前,大跨度拱桥的梁式拱上建筑一般都取消拱顶实腹段,而采用全空腹式拱上建筑。

b.连续腹孔(横铺桥道板梁)。

连续腹孔由立柱、纵梁、实腹段垫墙及桥道板组成。先在拱上立柱上设置连续纵梁,然后在纵梁上和拱顶实腹段垫墙上铺设横向桥道板,形成拱上传载结构,这种形式主要用于肋拱桥。其特点是桥面板横置,拱顶上只有一个板厚(含垫墙)及桥面铺装厚,建筑高度很小,适于建筑高度受限制的拱桥。

c.框架腹孔。

框架腹孔在横桥向根据需要设置多片,每片通过横系梁形成整体。

(2)腹孔墩。

腹孔墩可分为横墙式和排架式两种。

①横墙式腹孔墩(图 3-2-32)。

这种腹孔墩采用横墙式墩身,一般用圬工材料砌筑或现浇混凝土形成,施工简便。为了便于维修,减轻质量,可在横向挖一个或几个孔。横墙式腹孔墩自重较大,但节省钢材,多用于砖、石拱桥中。

横墙式腹孔墩的厚度,用浆砌片、块石时,不宜小于 0.60 m;用混凝土砌筑时,一般应大于腹拱圈厚度的一倍。

底梁能使横墙传下来的压力较均匀地分布到主拱圈全宽上,其每边尺寸较横墙宽 5 cm,高度则以使较矮一侧为 5~10 cm 为原则来确定。底梁常采用素混凝土结构。

墩帽宽度宜大于横墙宽 5 cm,也采用素混凝土结构。

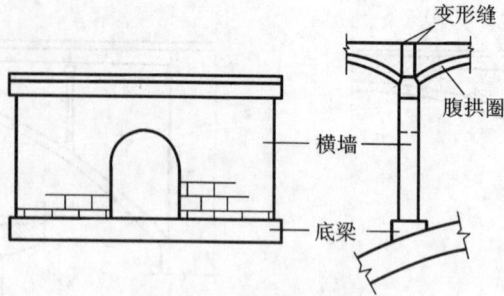

图 3-2-32　横墙式腹孔墩

②排架式腹孔墩(图 3-2-33)。

排架式腹孔墩是由立柱和盖梁组成的钢筋混凝土排架结构。为了使立柱传递给主拱圈的压力不至于过分集中,通常在立柱下面设置底梁。立柱和盖梁常采用矩形截面,排架式腹孔墩的侧面一般做成竖直的,以方便施工。

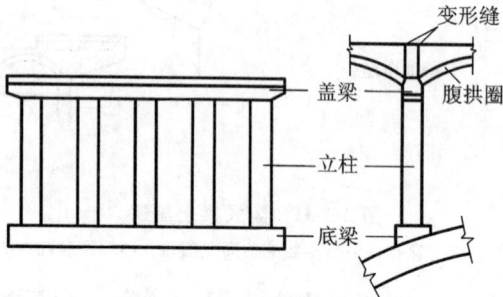

图 3-2-33　排架式腹孔墩

对于拱上结构与主拱联结成整体的钢筋混凝土空腹式拱桥,在活载或温度变化等因素作用下将引起拱上结构变形,在腹孔墩中产生附加弯矩,从而导致节点附近产生裂缝。为了使拱上结构不参与主拱受力,可以将腹孔墩的上下端设铰,使它成为仅受轴向压力的受力构件,以改善拱上建筑腹孔墩的受力情况。

由力学知识可知,当腹孔墩的截面尺寸相同时,高度较大的腹孔墩的相对刚度要比矮腹孔墩小,因此附加内力的影响也较小。为了简化构造和方便施工,一般高立柱仍可采用固结形式,而只将靠近拱顶处的 1~2 根高度较小的矮立柱上、下端设铰,如图 3-2-34 所示。

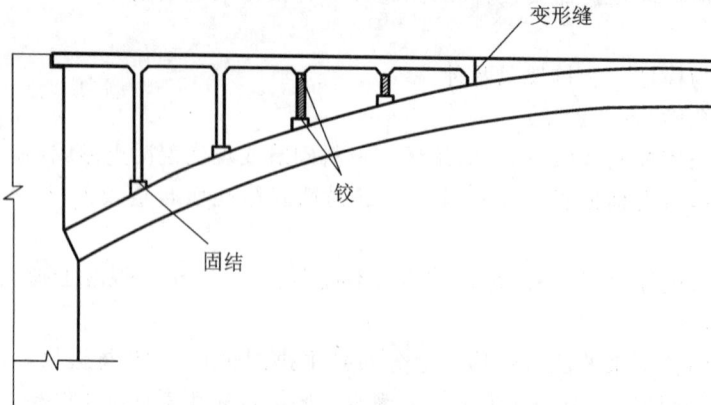

图 3-2-34　立柱的连接方式

3.2.3 拱桥的其他细部构造

有关桥面系的通用构造可参见前文梁桥部分,以下仅就拱桥的特殊构造加以阐述。

1.拱上填料、桥面及人行道

拱上建筑中的填料,一方面可以扩大车辆荷载作用的面积,另一方面可以减小车辆荷载对拱圈的冲击,但也增加了拱桥的恒载重量。

无论是实腹拱,还是空腹拱(除了无拱上填料的轻型拱桥),在拱顶截面上缘以下都做了拱腹填充处理,填充后,通常还需设置一层填料,即拱顶填料,在该填料以上才是桥面铺装,如图 3-2-35 所示。

主拱圈及腹拱圈的拱顶截面上缘以上,填料厚度(包括桥面铺装厚度)不宜小于 30 cm;当拱上填料厚度(包括桥面铺装厚度)大于或等于 50 cm 时,设计计算中不计汽车荷载的冲击力。

2.伸缩缝与变形缝

由于拱上建筑与主拱圈的共同作用,一方面拱上建筑能提高主拱圈的承载能力,但另一方面它对主拱圈的变形又起到约束作用,在主拱圈和拱上建筑内均产生附加内力,使结构受力复杂。

为了使结构的计算图式尽量与实际的受力情况相符合,避免拱上建筑的不规则开裂,以保证结构的安全使用和耐久性,除在设计计算上应做充分的考虑外,还需在构造上采取必要的措施。通常是在相对变形(位移或转角)较大的位置设置伸缩缝,而在相对变形较小处设置变形缝。

伸缩缝多做成直线形,以使构造简单、施工方便。对小跨径实腹拱,伸缩缝设在两拱脚的上方[图 3-2-36(a)],并在横桥方向贯通全桥宽和侧墙的全高及至人行道;对拱式空腹拱桥,通常将紧靠墩(台)的第一个腹拱做成三铰拱,并在紧靠墩(台)的拱铰上方设置伸缩缝,且应贯通全桥宽,而其余两拱铰上方设置变形缝,如图 3-2-36(b)所示;在大跨径拱桥中,还应将靠拱顶的腹拱做成两铰或三铰拱,并在拱铰上方也设置变形缝,如图 3-2-36(b)所示,以使拱上建筑更好地适应主拱的变形;对梁式腹孔,通常是在桥台和墩顶立柱处设置标准伸缩缝,而在其余立柱处采用桥面连续。

伸缩缝宽 2~3 cm,其缝内填料可用锯木屑与沥青按 1:1 的比例制成预制板,在施工时嵌入,并在上缘设置能活动而不透水的覆盖层。另外,也可采用沥青砂等其他材料填塞伸缩缝。变形缝不留缝宽,其缝可干砌或用油毛毡隔开即可。

3.排水与防水层

对于拱桥,不仅要求将桥面雨水及时排除,而且要求将透过桥面铺装渗入拱腹的雨水及时排除。桥面雨水的排除,除了桥梁设置纵坡和桥面设置横坡外,一般还沿桥面两侧缘石边缘设置泄水管,如图 3-2-37 所示。通过桥面铺装渗入拱腹内的雨水,应由防水层汇集于预埋在拱腹内的泄水管排出。

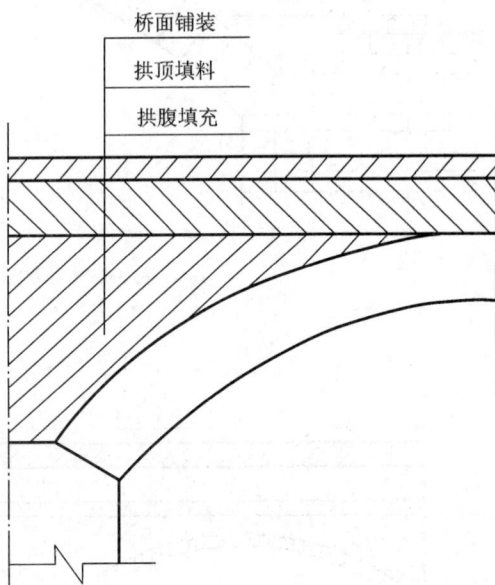

图 3-2-35 拱上填料图示

桥面铺装
拱顶填料
拱腹填充

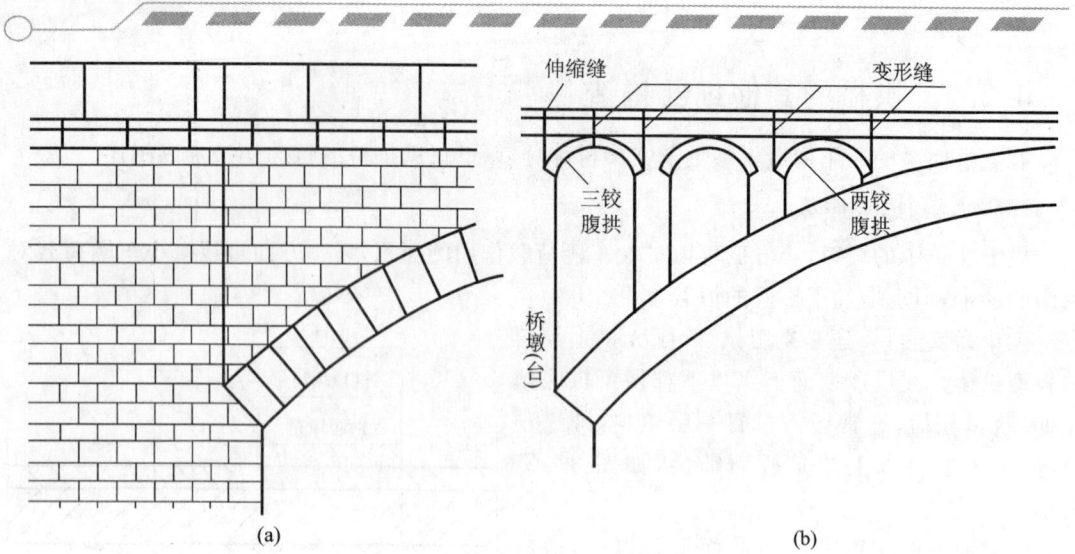

(a)

(b)

图 3-2-36　拱桥伸缩缝及变形缝的布置

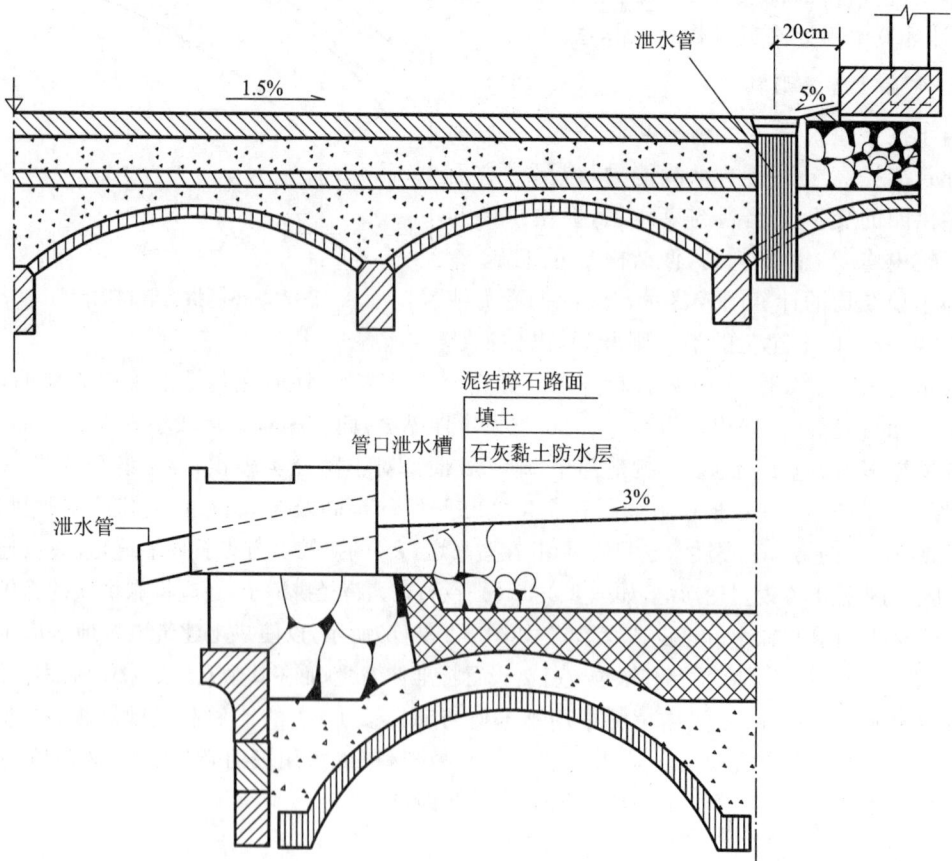

图 3-2-37　拱桥桥面排水装置

　　实腹式拱桥防水层应沿拱背护拱、侧墙铺设。对于单孔拱桥，可以不设拱腹泄水管，积水沿防水层流至两个桥台后面的盲沟，然后沿盲沟排出路堤；对于多孔拱桥，可在跨径 1/4 处设泄水管，如图 3-2-38(a)所示。

空腹式拱桥防水层应沿腹拱上方与主拱圈跨中实腹段的拱背设置,泄水管也宜布置在1/4跨径处,如图 3-2-38(b)所示。对于跨线桥、城市桥或其他特殊桥梁,需设置全封闭式排水系统。

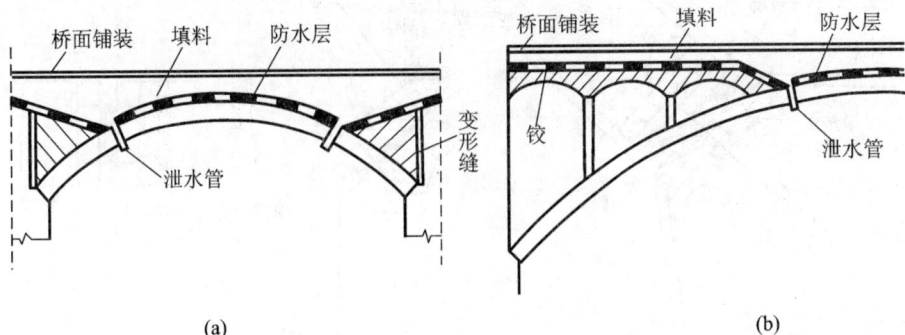

图 3-2-38　防水层与拱腹泄水管的布置

防水层在全桥范围内不宜断开,在通过伸缩缝或变形缝处应妥善处理,使其既能防水又能适应变形。

4.拱桥中铰的设置

拱桥中需要设置铰的情况有四种:

(1)按两铰拱或三铰拱设计的主拱圈。

(2)按构造要求需要采用两铰拱或三铰拱的腹拱圈。

(3)需设置铰的矮小腹孔墩,即将铰设置在腹孔墩上端与顶梁或腹孔墩下端与底梁的连接处。

(4)在施工过程中,为消除或减小主拱圈的部分附加内力,或是对主拱圈内力做适当调整时,需要在拱脚处设置临时铰。

前面三种情况属于永久性拱铰,故对其要求较高,构造较复杂,需经常养护,费用较高。最后一种是临时性拱铰,一般待施工结束时就将其封固,故构造较简单,但必须可靠。

常用的拱铰形式有弧形铰、铅垫铰、平铰、不完全铰和钢铰。

(1)弧形铰(图 3-2-39)。

弧形铰由两个具有不同半径弧形表面的块件组成,一个为凹面(半径为 R_2),一个为凸面(半径为 R_1)。R_2 与 R_1 的比值常在 $1.2\sim1.5$ 的范围内。铰的宽度应等于构件的宽度,沿拱轴线的长度取为拱厚的 $1.15\sim1.20$ 倍。铰的接触面应精加工,以保证紧密结合。由于构造复杂,加工难度大,故弧形铰主要用于主拱圈的拱铰。弧形铰一般用钢筋混凝土、素混凝土或石料等做成。

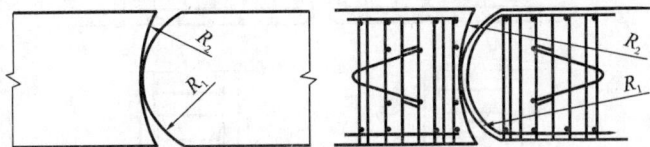

图 3-2-39　弧形铰

(2)铅垫铰(图 3-2-40)。

铅垫铰是利用铅的塑性变形达到支承面的自由转动,从而实现铰的功能。其主要用于中小跨径的板拱或肋拱,此外,铅垫铰也可作为临时铰。铅垫铰一般由厚度为 $1.5\sim2.0$ cm 的铅垫板外包以锌、铜薄片($1.0\sim2.0$ cm)构成。垫板宽度为拱圈厚度的 $1/4\sim3/4$,在主拱圈的全部宽度上(横桥方向)分段设置。

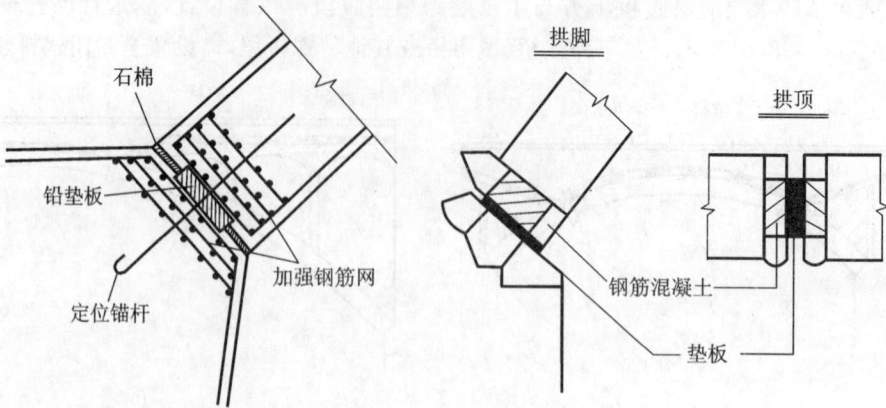

图 3-2-40　铅垫铰

（3）平铰（图 3-2-41）。

平铰就是构件两端面（平面）直接抵承，其接缝可铺一层低强度等级砂浆，也可垫衬油毛毡或直接干砌，一般用在空腹式的腹拱圈上。

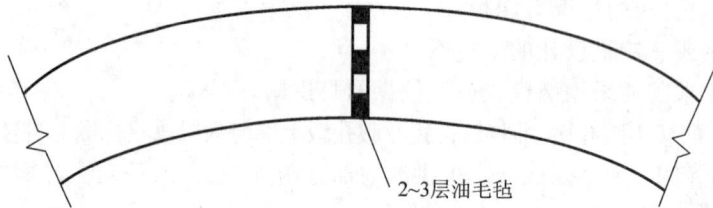

图 3-2-41　平铰

（4）不完全铰（图 3-2-42）。

不完全铰多用在小跨径或轻型的拱圈以及空腹式拱桥腹孔墩柱的上、下端，其构造是将截面突然减小（一般为全截面的 1/3～2/5），以保证该截面的转动功能。在施工时拱圈不断开，使用时又能起到铰的作用。由于截面突然变小而使其应力很大，容易开裂，故必须配以钢筋。

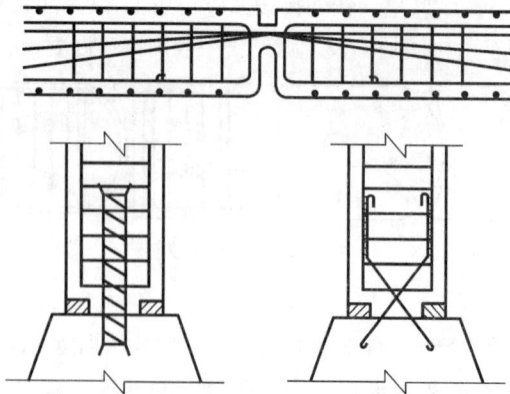

图 3-2-42　不完全铰

(5)钢铰(图3-2-43)。

钢铰通常做成理想铰,在跨径特大或在特殊情况下使用,如劲性骨架拱圈或施工临时设铰等,但在一般钢筋混凝土拱桥中很少使用。

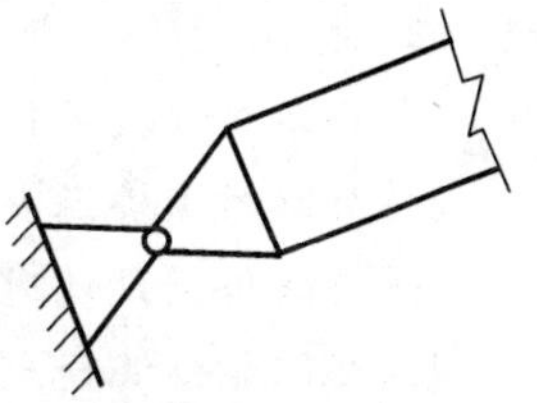

图3-2-43　钢铰

任务实施

任务3:编写拱桥工程概述部分。

任务目标:能够看懂桥梁施工图中的设计说明,并根据设计说明编写桥梁施工方案中的工程概述部分。

任务内容:根据拱桥的设计说明,按照以下格式编写桥梁施工方案中的第一章工程概述部分。

第一章　工程概述

一、工程说明

二、主要工程数量

三、主要技术指标

四、地质、水文情况

　　1.地形、地貌

　　2.水文地质

　　3.气候情况

五、施工条件

　　1.交通运输条件

　　2.施工用水条件

　　3.施工用电条件

　　4.对外通信条件

　　5.动力条件

　　6.材料供应条件

　　7.其他

任务评价:学生将工程概述部分的电子文档上传到网络课程平台,其他学生为其点赞,评比出该节课的"点赞王"并将其作业作为样板在课堂上进行讲评。

附:

桥梁施工图设计说明

一、概述

本桥上部结构形式为净跨径10 m的钢筋混凝土空腹式等截面无铰拱桥,桥梁全长19.547 m。桥梁下部采用U形台、承台配钻孔灌注桩基础。

二、设计标准

1.设计荷载:城-A级;人群荷载:3.0 kPa。

2.桥面宽度:0.15 m(拱眉)+0.5 m(栏杆)+1.0 m(人行道)+4.0 m(车行道)+1.0 m(人行道)+0.5 m(栏杆)+0.15 m(拱眉)=7.3 m。

3.水位:常水位9.10 m。

4.地震动峰值加速度:0.10g。

三、设计依据

1.《公路工程技术标准》(JTG B01—2014)。

2.《公路圬工桥涵设计规范》(JTG D61—2005)。

3.《公路桥涵设计通用规范》(JTG D60—2015)。

4.《公路钢筋混凝土及预应力混凝土桥涵设计规范》(JTG 3362—2018)。

5.《公路桥涵地基与基础设计规范》(JTG 3363—2019)。

6.《公路桥涵施工技术规范》(JTG/T 3650—2020)。

7.《公路桥梁抗震设计规范》(JTG/T 2231-01—2020)。

8.《城市桥梁设计规范》(CJJ 11—2011)。

四、地质、气象

1.地质:据勘探资料揭露,桥位处场地地形较平坦,地貌为冲洪积平原。地层由人工填土、细砂、卵石和砾砂组成。详见地勘报告。

2.标准冻结深度0.85 m。

3.气象:××市属暖温带半湿润季风型大陆性气候。本区地处季节性冰冻区。本区主导风向受季风控制,风向以西北风频率最高,北西西和北东东次之。冬季多北风和东北风,夏季多西南风和南风。全年平均风速3.0 m/s左右,最大可达26 m/s。1980—2001年期间,年平均气温10.5 ℃,最热7月份,平均气温25 ℃,1月温度最低,平均温度—6.5 ℃,极值—24.3 ℃ (2000年1月)。

五、工程概况及设计要点

1.本桥设计桥型为1跨空腹式混凝土无铰拱桥。

2.桥梁上部结构采用净跨径为10 m的空腹式钢筋混凝土圆弧拱桥,主拱净矢高2.8 m。腹拱采用净跨径为1.0 m的圆弧拱,净矢高0.35 m。桥梁横断面宽7.3 m,中间车行道宽4.0 m,每侧人行道宽1 m,护栏及拱眉宽0.65 m。桥面设置0.5%的纵坡。桥面不设横坡。

3.主拱圈厚度为45 cm,采用C40钢筋混凝土结构;桥面铺装采用20 cm厚C40防水混凝土;下面为拱桥填料,采用C15陶粒混凝土。

4.下部结构:桥台采用U形台,承台采用C30混凝土,桩基均采用C30钢筋混凝土钻孔桩,直径为120 cm。

5.其他工程:拱桥侧面用蘑菇石镶面。栏杆采用汉白玉栏杆,细部尺寸可以根据美观及安全适当调整。

6.桥梁在桥台侧横墙上方设置4 cm贯通伸缩缝,缝内填柔性材料。除伸缩缝外还设置多处变形缝。

7.因本桥坡长较短,桥面较窄,同时考虑桥梁侧面景观效果,故桥面上未设泄水管,但桥梁两头接线应做好排水引流措施。

六、材料

1.主、腹拱圈采用C40混凝土,桥面铺装采用C40防水混凝土。

2.拱上横墙及底梁采用C40混凝土。

3.拱上填料采用C15陶粒混凝土。

4.拱上侧墙及桥台前墙、侧墙采用C30片石混凝土。

5.栏杆基座及侧石采用C30混凝土。

6.人行道采用 A2.5 级加气混凝土,表面及桥侧面贴铺 4 cm 厚青石板。

7.桩基、承台采用 C30 混凝土。

8.普通钢筋采用 HPB300 和 HRB400 钢筋,钢筋应符合《钢筋混凝土用钢　第 1 部分:热轧光圆钢筋》(GB/T 1499.1—2017)和《钢筋混凝土用钢　第 2 部分:热轧带肋钢筋》(GB/T 1499.2—2018)的规定。

9.拱桥侧面用蘑菇石镶面。栏杆采用汉白玉栏杆。

七、施工要点及注意事项

1.施工顺序:开挖基坑→施工钻孔灌注桩、承台,养护至设计强度达到 100%→台后填土至桥台填料一半高度位置→搭设支架并进行预压,现浇主拱圈及横墙,养护至设计强度达到 100%→吊装固定腹拱,填充拱腹填料至强度达到 100%→台后填土至设计标高→施工桥面系→对称、均衡、缓慢地卸落拱架→安装栏杆。

2.基坑顶面应设置防止地面水流入基坑的设施,基坑开挖必须保证周围建筑的安全,并做好防护,确保边坡稳定,最后 50 cm 采用人工开挖,开挖完毕抓紧验槽、复核标高,并施工桩基和承台。

3.承台、台上前墙、侧墙混凝土浇筑时,应采取相应的有效措施降低水化热的影响,确保混凝土质量。

4.基础施工的全过程均应对地质资料进行校核,若实际地质情况与本设计所用的地质资料不符,应酌情变更基础设计。

5.当承台混凝土强度达到 85% 设计值时,承台顶面和台上前墙、侧墙相接处凿毛,凿毛后冲刷多余混凝土,并保温养护,直到前墙、侧墙混凝土浇筑开始。

6.采取措施,缩短台上前墙、侧墙与承台之间浇筑混凝土的间隔时间,间歇期不宜大于 10 d。

7.后填料施工要求:要求全桥对称施工,分层(每层不大于 30 cm)回填并压实,密实度不小于 98%,采用人工或小型机械压实,严禁采用大型机械碾压。

8.拱架施工前,首先对地基碾压密实,然后在其上浇筑混凝土基础,在地基周围应做好排水沟,避免地基浸泡。

9.拱圈采用满堂支架现浇施工,应严格控制支架的沉降,浇筑混凝土前应对支架进行预压,以减小非弹性变形并确保支架的承载能力,支架预压荷载不应小于支架承受的上部恒载和模板重量之和的 1.1 倍,支架预压时间不得小于 7 d,待支架沉降稳定后(24 h 变化不大于 1 mm)方可施工。支架施工时,应考虑支架的弹性变形和未消除的非弹性变形,施工中应准确估算并设置预拱度予以调整。拱圈支架及模板必须有足够的强度和稳定性。

10.主拱圈施工时沿拱跨方向由拱脚向拱顶分段对称浇筑。混凝土连续浇筑不得中断,保证在初凝时间内浇筑完毕。

11.承台拱座位置钢筋密布,施工时应注意混凝土的密实性,另外,混凝土的养护要保证良好。

12.主拱圈施工时要注意养护,要做到保湿和防晒,防止因收缩或温度变化而引起早期裂缝。

13.应严格控制主拱圈的轮廓尺寸,施工误差应限制在施工规范允许范围之内,防止主拱圈混凝土开裂和棱边碰损,待混凝土强度达到有关要求时方可拆模。

14.混凝土的配合比应通过试验确定,以确保混凝土的强度。分段施工时,新旧混凝土接缝必须凿毛、清洗,以确保新旧混凝土结合良好。

15.拱上建筑及填料应在拱圈混凝土达到设计强度的 100% 并不少于 10 d 龄期后进行,拱上建筑及填料的施工,应按对称均衡原则进行,避免使拱圈产生过大的不均匀变形。拱上建筑应由拱脚向拱顶对称浇筑,当侧墙及防水层施工完成以后,再填筑拱腹填料,拱腹填料下的防水层施工必须保证质量,达到隔离填料和拱圈的效果。

16.侧墙及栏杆基座施工在主拱圈达到设计强度的 100% 后方能进行,并且对称均匀浇筑,在与主拱圈实腹段相交处预留 50 cm 长合龙段,待达到设计强度的 85% 后再浇筑合龙段混凝土,以减小混凝土早期收缩和徐变对桥梁结构的影响。

17.卸落拱架应按提前拟定好的卸落程序进行,在横向应同时一次卸落,在纵向应同时对称分步从拱顶向拱脚依次循环卸落。落架的总原则为:对称、缓慢、少量、多次逐渐完成。卸落拱架时,应设专人对拱圈的挠度和承台位移等情况进行监测,当有异常时,应暂停卸落,查明原因并采取相应措施后方可继续进行。

18.上部结构施工的每个阶段均要进行施工观测,严格控制主拱圈的变形,如发现主拱圈变形过大,应及时查明原因,并上报监理工程师采取措施解决,以确保安全。

19.外立面安装及施工要十分注意施工误差控制,并注意美观度影响,确保施工质量。

20.凡因施工需要而断开的钢筋再次连接时,必须进行焊接,并应符合《公路桥涵施工技术规范》(JTG/T 3650—2020)的有关规定。

21.严格控制各部位截面尺寸,施工误差控制在施工规范允许的偏差范围之内。要重视施工观测和施工控制。

22.本桥所用立面装饰石材施工时均需提供样品并经设计方及业主认可后方可采用。

23.钻孔内的任何操作,不得损坏成孔的孔壁,钻孔后应进行二次清孔,特别要求混凝土灌注以前清孔一次。

24.施工时应根据场地的特点选择合适的机械设备和成孔工艺,采取必要的护孔措施,避免塌孔、沉渣过厚,以确保成桩质量。

25.每根桩钻孔至设计深度后,须进行成孔质量检查,内容包括:孔壁形状(孔径)、孔深垂直度、孔底沉渣。如被检测桩的孔径、垂直度、孔壁稳定和回淤等现场实测指标不符合规范和设计要求,应查出原因,及时采取补救措施,便于今后改进施工工艺。

26.采取措施严格控制钻孔灌注桩的桩底沉淀土厚度,沉淀土厚度不得大于 10 cm。

27.按规范从严控制钻孔桩的竖向偏差。

28.混凝土搅拌、输送和灌注方法应进行充分认真研究,钻孔桩混凝土的灌注应连续进行,不得中断,并应同时量测孔内混凝土的高程,监视和调整导管的位置,确保桩基施工质量。

29.钻孔灌注桩完成后 24 h 内,其相邻的任何桩位不得进行开挖或钻孔作业,以免影响桩基混凝土的凝固。

30.桥位放样施工:施工前应通读整个设计文件,对有关设计标高、桩位等进一步校核。在进行基础以上部分施工前,须对上、下部结构的各特征点标高进行核对,特别是衔接部位的标高。水准点宜采用相邻路基施工控制高程用水准点,或与路基施工用水准点进行联测或相互校核,以免出现路、桥高程错位。

31.施工中的各种材料、成品及半成品的质量均应进行检验,并按规定进行抽样试验。

32.施工质量评定标准包括:《城市桥梁工程施工与质量验收规范》(CJJ 2—2008)以及其他相关标准。

33.未尽事宜,应严格按照有关施工技术规范进行。

任务 4：识读拱桥构造图。

任务目标：能读懂拱桥各结构构造图，并复核工程量。

任务内容：识读每张构造图，并复核各结构的工程量，进而复核全桥总工程量。具体实施参照第 2 章任务 9。

任务评价：参照第 2 章任务 9。

3.3　拱桥的施工

【任务引入】

完成上述前期工作后，洋河景观工程桥进入了施工阶段，孙工将洋河景观工程桥施工方案拿给了小李，要求小李参照该施工方案跟着施工进度一步一步学习。小李曾经在做毕业设计时做过梁桥的施工方案，对于施工方案主要内容有一定的概念，但是关于拱桥的施工技术，他发现自己有很多知识都不甚了解。

知识储备

拱桥的施工按其主拱圈成型的方法可以分为就地浇筑法、预制安装法和转体施工法三大类。

3.3.1　就地浇筑法

就地浇筑法就是把拱桥主拱圈混凝土的基本施工工艺流程（立模、扎筋、浇筑混凝土、养护及拆模等）直接在桥孔位置来完成。按照所使用的设备来划分，其包括有支架施工法和悬臂浇筑法。

1. 有支架施工法

有支架施工法是指在事先设置的拱架上进行拱体的浇筑、砌筑、安装，最后落架并完成剩余部分施工的施工方法。其适用于拱桥的跨径不是很大、拱圈净高较小或孔数不多时，石拱桥、混凝土预制块砌筑的拱桥以及现浇混凝土拱桥，都可采用有支架施工法修建。

有支架施工法的主要施工工序包括材料准备、拱圈放样、拱架制作与安装、拱圈及拱上建筑施工、拱架卸落等。

（1）拱架。

拱架是有支架施工建造拱桥必不可少的辅助结构，在整个施工期间，用以支承全部或部分拱圈和拱上建筑的质量，并保证拱圈的形状符合设计要求。因此，拱架应具有足够的强度、刚度和稳定性。常用的拱架有以下几种：

①满布立柱式拱架。

满布立柱式拱架一般采用木材制作。如图 3-3-1 所示，它的上部由弓形木、立柱、斜撑和拉杆组成拱形桁架，又称拱盔；它的下部由立柱和横向联系（斜夹木和水平夹木）组成支架；上下部之间放置卸架设备（木楔和沙桶等）。这种支架的立柱数目很多，只适合桥不太高、跨径不大且无通航要求的拱桥施工时采用。

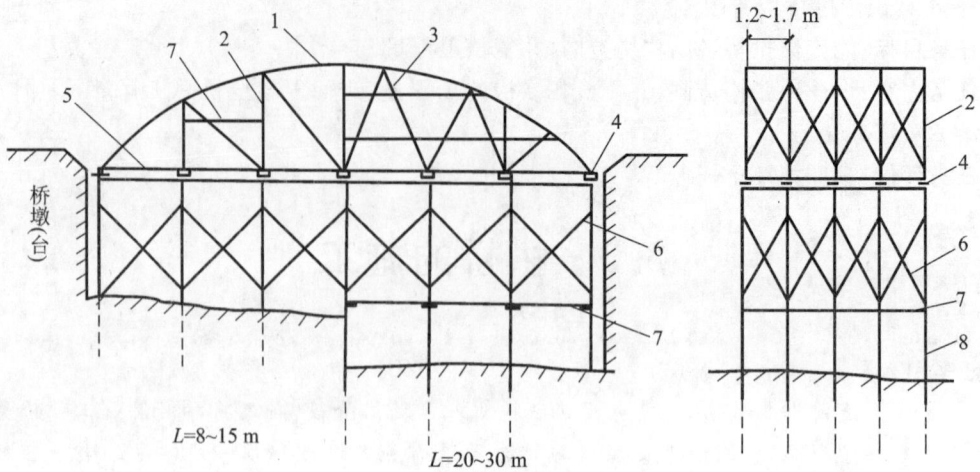

图 3-3-1　满布立柱式拱架

1—弓形木；2—立柱；3—斜撑；4—卸架设备；5—水平拉杆；6—斜夹木；7—水平夹木；8—桩木

L—计算跨径

②撑架式拱架。

撑架式拱架的上部与满布立柱式拱架相同,其下部是用少数框架式支架加斜撑来代替数目众多的立柱,因此木材用量相对较少,如图 3-3-2 所示。这种拱架构造并不复杂,而且能在桥孔下留出适当的空间,减小洪水及漂流物的威胁,并在一定程度上满足通航的要求。因此,它是实际中采用较多的一种形式。

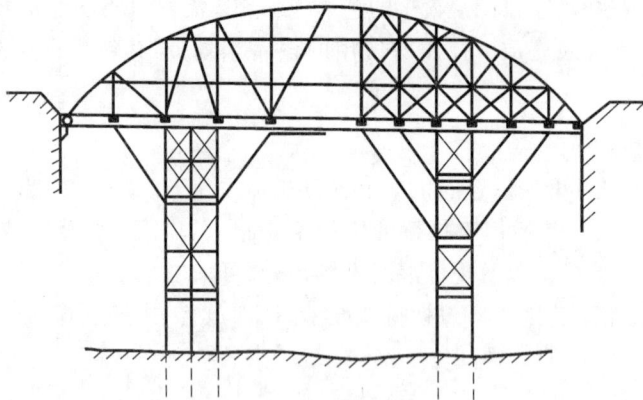

图 3-3-2　撑架式拱架

③三铰桁式木拱架。

三铰桁式木拱架是由两片对称弓形桁架在拱顶处拼装而成的,其两端直接支承在墩台所挑出的牛腿上,或者紧贴墩台的临时排架,跨中一般不另设支架,如图 3-3-3 所示。这种拱架不受洪水、漂流物的影响,在施工期间能维持通航,适用于墩高、水深、流急或者要求通航的河流。与满布立柱式拱架相比,三铰桁式木拱架木材用量少,弓形桁架可重复使用,损耗率低;但对木材规格和质量要求较高,同时要求有较高的制作水平和架设能力。由于在拱铰处结合较弱,因此,除在结构构造上须加强纵横向联系外,还需设抗风缆索,以加强拱架的整体稳定性。在施工中应注意对称均匀浇筑混凝土,并加强观测。

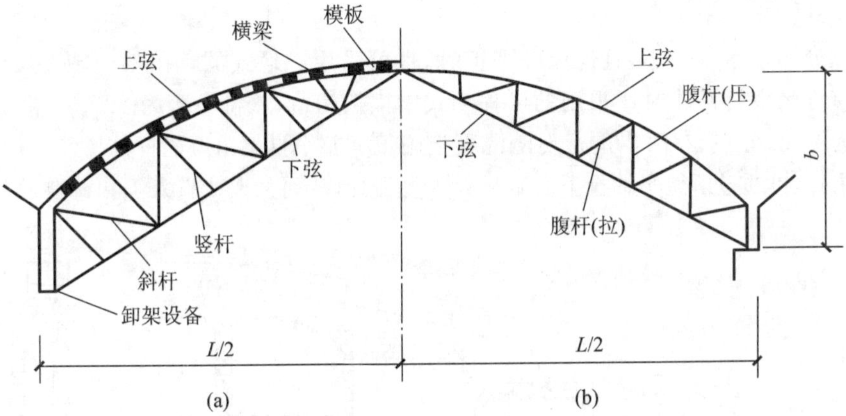

图 3-3-3　三铰桁式木拱架

(a)N式;(b)V式

④钢拱架。

钢拱架一般采用桁架式,由若干单片拱形桁架构成,它们可以被拼接成三铰、两铰或无铰拱架。当跨径小于 80 m 时多用三铰拱架,当跨径大于 80 m 但小于 100 m 时多用两铰拱架,当跨径大于 100 m 时多用无铰拱架。

钢拱架构造如图 3-3-4 所示,由于钢拱架多用在大跨径拱桥的建造上,它本身具有很大的重量,故在安装时还需借助临时墩和起吊设备,将它分成若干节段后再拼装而成。施工时拆除临时墩与钢拱架的联系,施工完毕后,又借助临时墩逐段将它拆除。

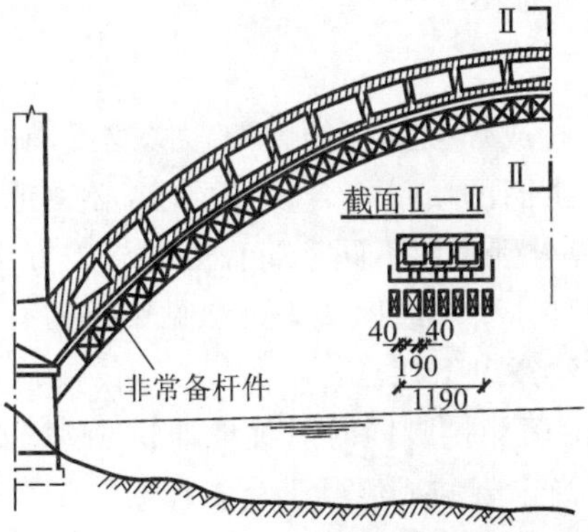

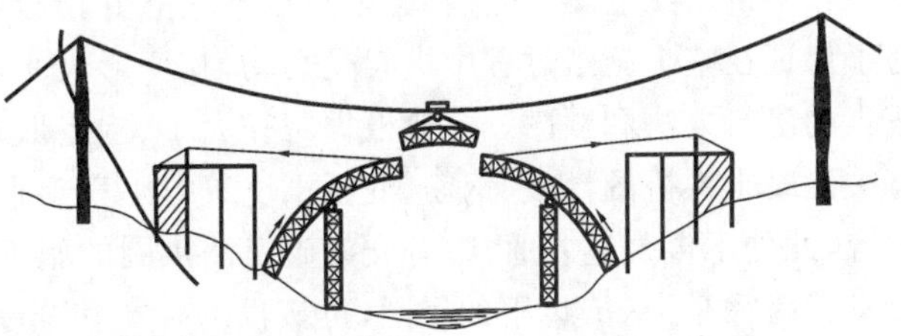

图 3-3-4　钢拱架(尺寸单位:cm)

⑤可移动式钢拱架。

当桥位处的常水位较小,且河床较平坦时,也可采用着地式的钢拱架。图 3-3-5 所示是河南省义马市许沟大桥修建时所采用的可移动式钢拱架构造,该桥主跨为 220 m,箱形截面主拱圈的箱宽为 9 m,分左、右两幅进行现浇混凝土施工。整个拱架由万能杆件拼装而成,待上游半幅拱箱合龙后,再通过滑轨平移至下游半幅处重复使用,从而大大节省人工和材料,缩短工期。

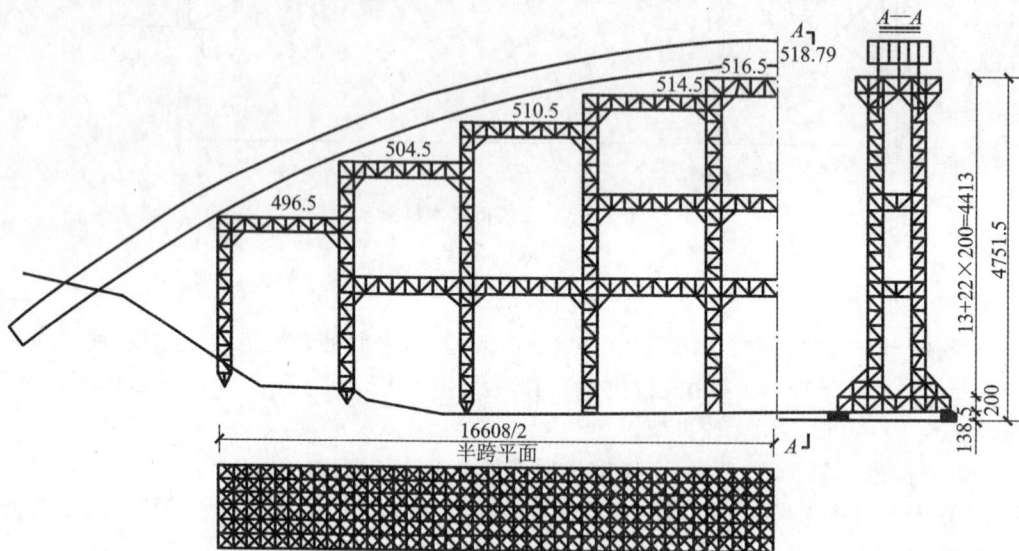

图 3-3-5 可移动式钢拱架(尺寸单位:cm)

(2)拱圈的施工。

在浇筑拱圈混凝土之前,必须在拱架上立好模板,绑扎或焊接好钢筋骨架。修建拱圈时,为了保证在整个施工过程中拱架受力均匀、变形最小,使拱圈的质量符合设计要求,必须选择适当的浇筑方法和顺序。一般根据跨径大小、构造形式等分别采用不同繁简程度的施工方法。有关混凝土拱桥的模板、钢筋、混凝土浇筑等工程项目的具体要求或构造等可参见梁桥的有关内容,此处不再赘述。通常,有支架施工法拱圈的施工应注意以下几点:

①跨径在 10 m 以下的拱圈,可按拱的全宽和全厚,由两侧拱脚同时对称地向拱顶砌筑或浇筑混凝土,但应争取在拱顶合龙时,拱脚处砌缝的砂浆尚未凝结或混凝土尚未初凝。

②跨径在 10~15 m 范围内的拱圈,如预计不能在拱脚处砌缝的砂浆凝结或混凝土初凝前完成,则应在拱脚预留空缝,由拱脚向拱顶按全宽、全厚进行砌筑或浇筑混凝土,为了防止拱架的拱顶部分上翘,可在拱顶区段预先压重。待拱圈砌缝的砂浆达到设计强度的 70%或混凝土达到设计强度后,再将拱脚预留空缝用砂浆或混凝土填塞。

③跨径大于或等于 15 m 的拱圈或拱肋,应沿拱跨方向分段浇筑。分段位置的设置应以能使拱架受力对称、均匀和变形较小为原则,通常设在拱顶、$L/4$ 部位、拱脚、拱架节点以及拱架受力反弯点处。

各段的接缝面应与拱轴线垂直,各分段点应预留间隔槽,其宽度一般为 0.5~1.0 m,当安排有钢筋接头时,其宽度尚应满足钢筋接头的要求。如预计拱架变形较小,可减少或不设间隔槽,而采取分段间隔浇筑,如图 3-3-6 所示。

间隔槽混凝土,应待拱圈分段浇筑完成且其强度达到设计强度的 75%以上后,由拱脚向

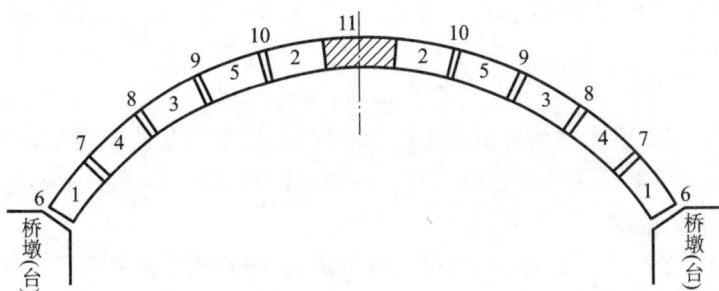

图 3-3-6　拱圈分段施工的一般程序

拱顶对称进行浇筑,但拱顶和两拱脚间隔槽混凝土应留在最后封拱时浇筑。如浇筑大跨径拱圈,纵向钢筋接头应安排在设计规定的最后浇筑的几个间隔槽内,并应在浇筑这些间隔槽时再连接。

　　由于温度下降对拱圈受力不利,封拱合龙温度宜尽可能在低温时进行,一般最高不超过15 ℃,否则需采取一定的措施调整拱圈内力。封拱合龙前采用千斤顶施加压力的方法调整拱圈应力时,拱圈(包括已浇间隔槽)内的混凝土强度应达到设计强度。

　　④当拱圈跨径大、厚度亦较大时,可采用分环分段施工的方法。将拱圈全厚分层(即分环),先按分段施工法建好拱腹侧的一环并合龙成拱,待混凝土强度达到设计要求后,再浇筑上面的一环。这样,第一环拱圈就能起到拱结构的作用,与拱架共同承受第二环拱圈结构的重力。以后各环均照此进行。分环分段施工法可以大大减小拱架的设计荷载,同时,分环施工合龙快,能保证施工安全,节省拱架材料。

　　对于箱形板拱和肋拱,拱圈一般分成两环或三环。当分两环浇筑时,可先分段浇筑底板,然后分段浇筑腹板、隔板与顶板;当分三环浇筑时,先分段浇筑底板,再分段浇筑腹板与隔板,最后分段浇筑顶板。在分环分段浇筑时,可采用分环填充间隔槽合龙和全拱完成后一次填充间隔槽合龙两种合龙方式。图 3-3-7 所示为箱形拱圈按分三环、九段浇筑的方法施工。

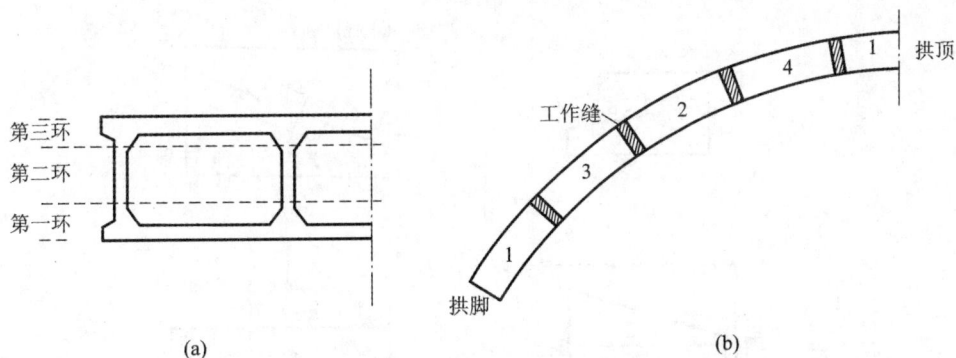

图 3-3-7　箱形拱圈分环分段浇筑施工方法示例

(a)拱圈沿厚度分环;(b)拱圈沿轴向分段

　　(3)拱上建筑的施工。

　　拱上建筑的施工,应在拱圈合龙、混凝土强度达到要求强度后进行,如设计无规定,可按设计强度的 30% 以上控制,一般不少于合龙后的三昼夜。

　　对于实腹式拱上建筑,应由拱脚向拱顶对称浇筑,当侧墙浇筑好以后,再填筑拱腹填料;对于空腹式拱上建筑,一般是先从底到顶一次完成腹拱墩的浇筑,腹拱墩浇筑完后就卸落主拱圈的拱架,然后对称均匀地砌筑腹拱圈,以免由于主拱圈不均匀下沉导致腹拱圈开裂。

(4)拱架的卸落。

①卸架程序。

卸架必须待拱圈混凝土达到一定强度后才能进行,为了保证拱圈或整个上部结构逐渐均匀降落,使拱架所支承的桥跨结构重量逐渐转移给拱圈自身来承担,拱架不能突然卸除,而应按照一定的卸架程序进行。

一般卸架的程序是:对于中小跨径拱桥,可从拱顶开始,逐渐向拱脚对称卸落;对于大跨径拱桥,为了避免拱圈发生"M"形的变形,也有从两边 $L/4$ 处逐次对称地向拱脚和拱顶均衡卸落。卸架的时间宜选在白天气温较高时进行,这样便于卸落拱架。

多孔连续拱桥施工时,还应考虑相邻孔间的影响。若桥墩设计允许承受单孔施工荷载,就可以单孔卸架;否则应多孔同时卸落拱架,以避免桥墩不能承受单向推力而产生过大的位移,甚至引起严重的施工事故。

②卸架设备。

为保证拱架能按设计要求均匀下落,必须设置专门的卸架设备。卸架设备一般采用木楔、砂筒和千斤顶,通常中、小跨径多用木楔,大跨径则多用砂筒或其他专用设备(如千斤顶等)。

a. 木楔。木楔可分为简单木楔、双向木楔和组合木楔,如图 3-3-8 所示。

(a)简单木楔。

简单木楔由两块 $1:10\sim1:6$ 的斜面硬木楔块件组成。落架时,用铁锤轻敲木楔小头,将木楔移出后,拱架随即下落。它的构造简单,但在敲出时震动较大,容易造成下落不匀,因此仅适用于跨径小于 10 m 的满布式拱架。

(b)双向木楔。

双向木楔由互相垂直的两对简单木楔构成。其优点是不用铁件、载重较大、卸模方便,适用于跨径在 30 m 以下的满布式拱架。

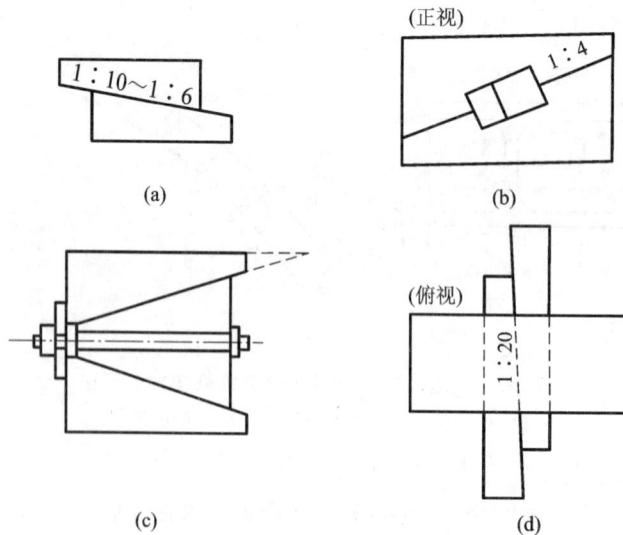

图 3-3-8　木楔
(a)简单木楔;(b)双向木楔(正视);(c)组合木楔;(d)双向木楔(俯视)

（c）组合木楔。

组合木楔由三块楔形木和拉紧螺栓组成。卸架时只需扭松螺栓,木楔就徐徐下降,它的下落比较均匀,可用于跨径在 40 m 以下的满布式拱架或跨径在 20 m 以下的拱式拱架。

b.砂筒。砂筒由内装砂子的钢制(或木料)筒及活塞(木制或混凝土制)组成,如图 3-3-9 所示,承载力较大,能使拱架均匀下降而不受震动,可用于跨径在 40 m 以上的满布式拱架和跨径在 20 m 以上的拱式拱架。

拱架卸落时砂子从筒的下部预留的泄砂孔流出,由砂子泄出量控制拱架卸落高度,并由泄砂孔的开与关进行分次卸架。砂筒卸架设备要求筒里的砂子干燥、均匀、清洁,砂筒与活塞间用沥青填塞,以免砂子受潮不易流出。

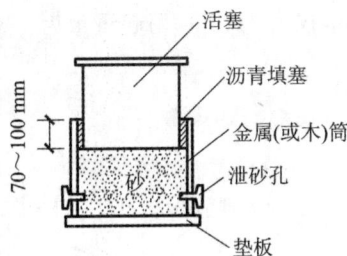

图 3-3-9　砂筒

c.千斤顶。采用千斤顶卸落拱架常与调整拱圈内力同时进行,一般在拱顶预留出放置千斤顶的缺口。千斤顶用来消除混凝土因收缩、徐变及弹性压缩而产生的内力,并使拱圈脱离拱架。

2.悬臂浇筑法

拱桥的悬臂浇筑法与梁桥的悬臂浇筑法类似,图 3-3-10 是采用悬臂浇筑法浇筑箱形截面主拱圈的示意图。

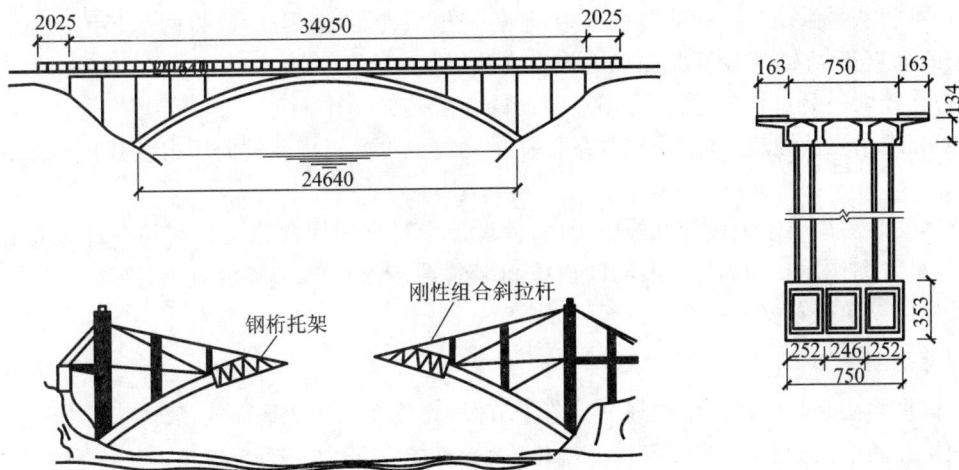

图 3-3-10　悬臂浇筑法浇筑箱形拱示意图(尺寸单位:cm)

拱桥的悬臂浇筑法是把主拱圈划分为若干个节段,并用专门设计的钢桁托架结构作为现浇混凝土的工作平台。钢桁托架的后端铰接在已完成的悬臂结构上,前端则用刚性组合斜拉杆经过临时支柱和塔架,再由尾索锚固在岸边的锚碇上。由于钢桁托架本身较重,它的转移必须借助起重量大的浮吊船,而钢筋骨架和混凝土的运输则借助缆索吊装设备,施工比较麻烦,拱轴线上各点的高程也较难控制,故目前较少采用这种施工方法。

3.3.2　预制安装法

预制安装法按主拱圈结构所采用的材料可以分为整体安装法和节段悬拼法两种。

1.整体安装法

整体安装法适用于钢管混凝土系杆拱的整片起吊安装,因为钢管混凝土拱肋在未灌混凝土之前具有质量轻的优点。例如图 3-3-11 中,跨径为 45 m 的系杆拱片,经组合后,其吊装质量仅为 18.7 t,用起重量为 20 t 的浮吊,仅用了一天就把两片拱片全部安装完毕。

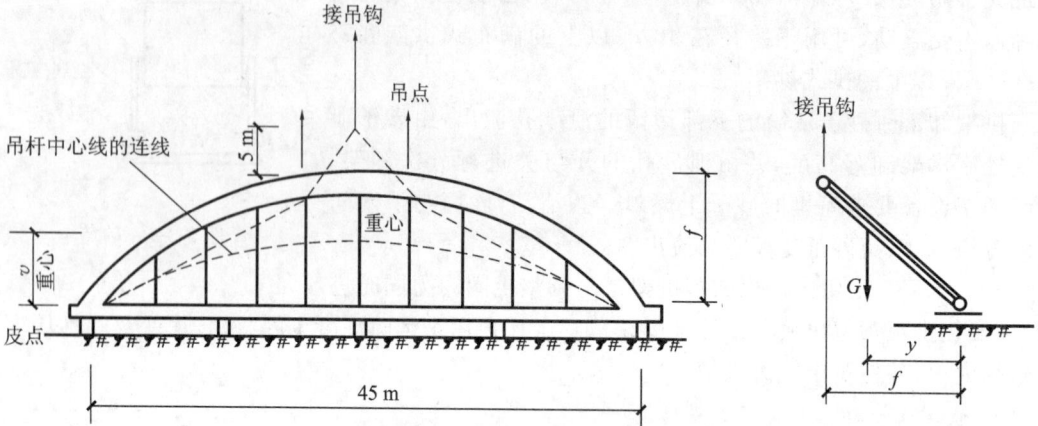

图 3-3-11　钢管混凝土系杆拱整体起吊

被起吊的拱片应做以下三点验算:

(1)拱肋从平卧到竖立的翻转过程中,形若一根简支曲梁,因此,应将两个起吊点视为作用于其上的垂直集中力,来验算此曲梁的强度和刚度。

(2)在竖向吊运过程中,需验算吊点截面的强度。

(3)当两吊点间距较近时,需验算系杆在吊运过程中是否出现轴向压力及其拱片面外的稳定性。

整体安装法应科学地设计其施工顺序,使设计中对全桥横向稳定有利的杆件先安装或浇筑,以尽早发挥作用。例如先安装肋间横撑和端横梁、浇筑支承节点混凝土,接着安装内横梁,再沿系杆的纵向分条安装桥面板直至合龙等。

2.悬臂拼装法

悬臂拼装法是将主拱圈结构划分为若干节段,先放在现场的地面或场外工厂进行预制,然后送到桥孔的下面,利用起吊设备提升就位,进行拼接,逐渐加长直至成拱。每拼完一个节段,必须借助辅助设备临时固定悬臂段。这种方法适用于钢筋混凝土或钢管混凝土主拱圈的施工。

悬臂拼装法根据所采用的起重设备又可以分为缆索吊装法和伸臂式起重机吊装法。

(1)缆索吊装法(图 3-3-12)。

缆索吊装法具有跨越能力大,水平和垂直运输机动灵活,适应性广,施工稳妥方便等优点,目前在修建公路拱桥时较多采用。

拱桥缆索吊装法的施工顺序大致包括:拱圈节段的预制、移运和吊装,拱圈施工,拱上建筑施工,桥面结构的施工等。可以看出,除缆索吊装设备,以及拱圈节段的预制、移运和吊装,拱圈施工等几项工序外,其余工序都与有支架施工法相近。故在此主要介绍缆索吊装法的施工特点,其基本内容也适用于其他无支架施工方法。

图 3-3-12　缆索吊装法

①拱圈节段的预制。

拱圈节段的预制方法按构件预制时所处的状态可分为立式预制和卧式预制两种。

a.拱肋立式预制。拱箱一般多采用立式预制,这样构件在预制后即可直接运输和吊装,不需进行翻转作业来改变构件竖立状态。拱肋立式预制又可分为土牛拱胎立式预制、木架立式预制和条石台座立式预制。

(a)土牛拱胎立式预制。底模采用土牛拱胎,具有减小预制场地,方便起吊,节省木材的优点,是预制拱肋最常用的方法。填筑土牛拱胎时应分层夯实,表面土中宜掺入适量石灰,并加以拍实,然后用栏板套出圆滑的弧线。土牛拱胎的表面可铺一层木板、油毛毡或水泥袋,也可抹一层水泥砂浆;侧模可采用 4~5 cm 厚的木板或其他适宜材料。

(b)木架立式预制。当取土及填土不方便时,可采用木架进行装模和预制,但拆除支架时必须注意拱肋的强度和受力状态,防止拱肋发生裂纹。

(c)条石台座立式预制。条石台座由若干条石支墩、底模支架和底模等部分组成,如图 3-3-13所示。

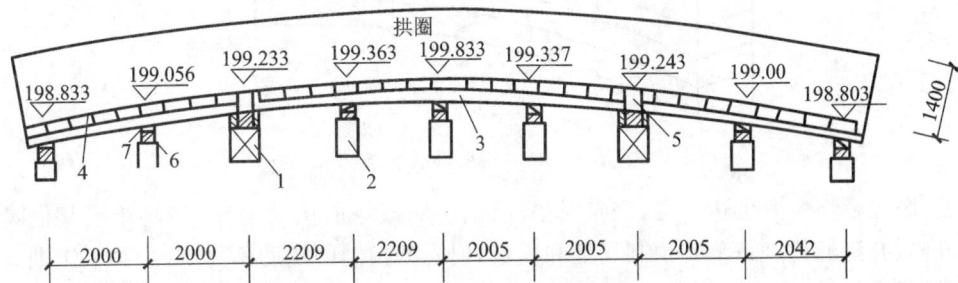

图 3-3-13　条石台座

1—滑道支墩;2—条石支墩;3—底模支架;4—底模;
5—船形滑板;6—木楔;7—混凝土帽梁

条石支墩用 M5 砂浆砌筑块石而成。支墩平面尺寸应根据拱肋的长度和宽度确定,支墩高度则根据拱肋端头的下标高及便于横移拱肋确定。

条石台座预制拱肋具有以下优点:脱模方便;由于滑道支墩处设有滚筒和船形滑板,梁的移动较容易,因此不需要专门的起重设备,施工简便。

b.拱肋卧式预制。桁架拱桥的桁架预制段或肋拱桥中拱肋宽度小而腹板面积大的构件,必须采用卧式预制。拱肋采用卧式预制时,其形状及尺寸较易控制,浇筑混凝土操作方便且节省木材,但拱肋起吊时容易损坏。拱肋卧式预制又可分为土模卧式预制、木模卧式预制和卧式叠浇。

(a)土模卧式预制。如图 3-3-14(a)所示,先在平整好的土地上,根据放样尺寸挖出与拱肋尺寸相同的土槽;接着将土槽壁仔细抹平、拍实,铺上油毛毡或水泥袋;然后便可浇筑拱肋。虽然此方法节省模板材料,但土槽开挖较困难且容易损坏,尺寸也不如木模准确,因此,仅适用于中、小跨径拱桥少量拱圈节段的预制。

(b)木模卧式预制。当预制拱肋的数量较多时,宜采用木模。如图 3-3-14(b)所示,浇筑截面为 L 形或倒 T 形时,拱肋的缺口部分可用黏土砖或其他材料垫砌。

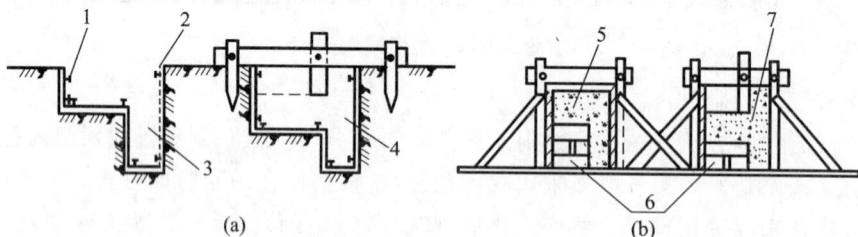

图 3-3-14　拱肋卧式预制

(a)土模卧式预制拱肋;(b)木模卧式预制拱肋

1—圆钉;2—油毛毡;3、5—边肋;4、7—中肋;6—砖砌垫块

(c)卧式叠浇。如图 3-3-15 所示,采用卧式预制的拱肋混凝土强度达到设计强度的 30% 以后,在其上面安装侧模,以其为底模,浇筑下一片拱肋,如此连续浇筑。

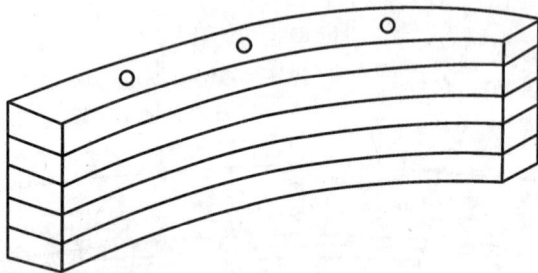

图 3-3-15　拱肋卧式叠浇

拱肋卧式叠浇一般可达 5 层,浇筑时,每层拱肋的接触面用油毛毡、塑料布或其他隔离剂隔开。卧式叠浇的优点是节省预制场地和模板,但先期预制的拱肋不易取出,影响工期。

②缆索吊装设备。

按用途和作用,缆索吊装设备可分为主索、工作索、塔架和锚固装置四个基本组成部分,其中主要机具设备包括主索、起重索、牵引索、结索、扣索、缆风索、塔架(包括索鞍)、地锚(地垄)、滑车、电动卷扬机或手摇绞车等。其布置形式如图 3-3-16 所示。

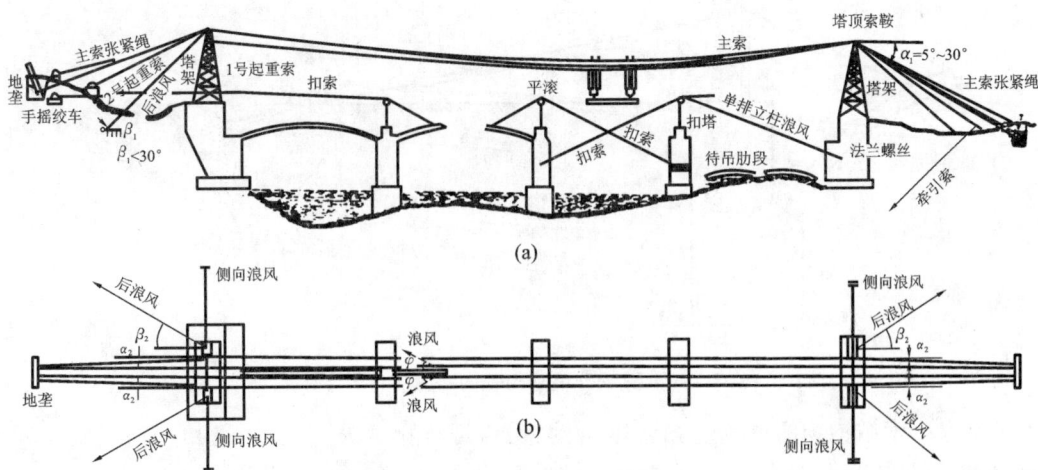

图 3-3-16　缆索吊装布置示意

(a)立面；(b)平面

缆索吊装各机具设备及其主要功能如下。

a.主索。主索亦称为承重索或运输天线。它横跨桥渡，支承在两侧塔架的索鞍上，两端锚固于地锚，吊运构件的行车支承在主索上。横桥向主索的组数，根据桥面宽度、塔架高度及设备供应情况等合理选择，一般可选为 1~2 组。

b.起重索。起重索用于控制吊物的升降（即垂直运输），一端与卷扬机滚筒相连，另一端固定于对岸的地锚上。当行车在主索上沿桥跨方向往复运行时，可保持行车与吊钩间的起重索长度不随行车的移动而改变，如图 3-3-17 所示。

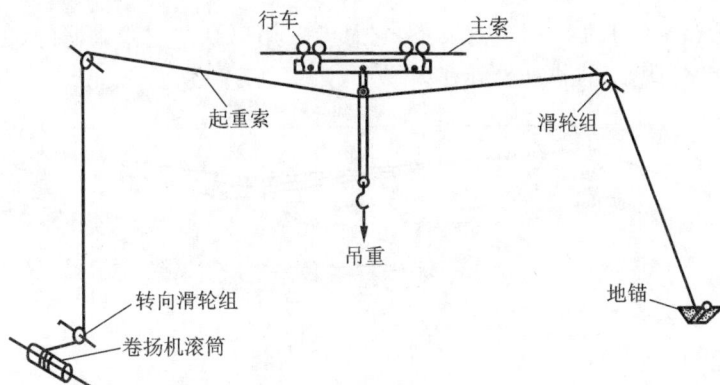

图 3-3-17　起重索的布置

c.牵引索。牵引索用来牵引行车在主索上沿桥跨方向移动（即水平运输），在行车两端各设置一根牵引索。这两根牵引索的另一端分别连接在两台卷扬机上，或合拴在一台双滚筒卷扬机上。

d.结索。结索用于悬挂分索器，使主索、起重索、牵引索不致相互干扰。

e.扣索。当拱肋分段吊装时，需用扣索悬挂端肋及调整端肋接头处高程。扣索的一端系在拱肋接头附近的扣环上，另一端通过扣索排架或塔架固定于地锚上。为了便于调整扣索的长度，可设置手摇绞车及张紧索，如图 3-3-18 所示。

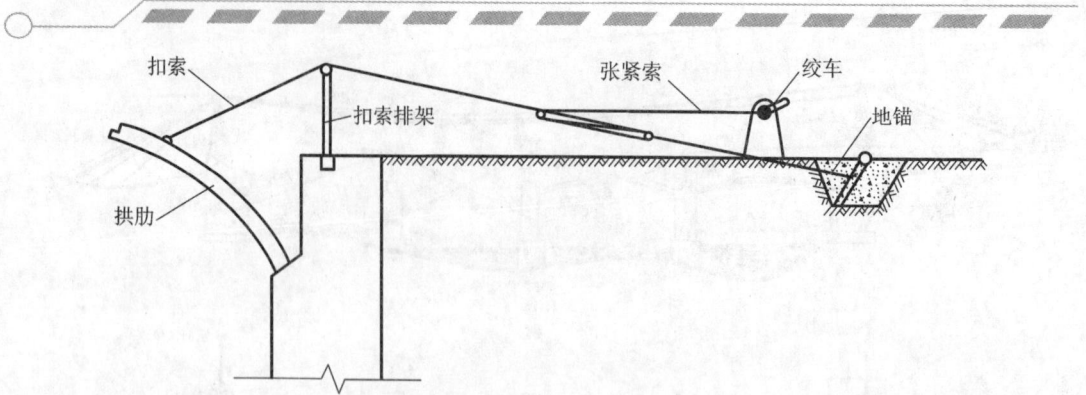

图 3-3-18　扣索的布置

　　按支撑扣索结构物的位置和扣索本身的特点,可将扣索分为天扣、塔扣、通扣、墩扣等类型,可根据其具体情况选用,也可混合使用,如图 3-3-19 所示。

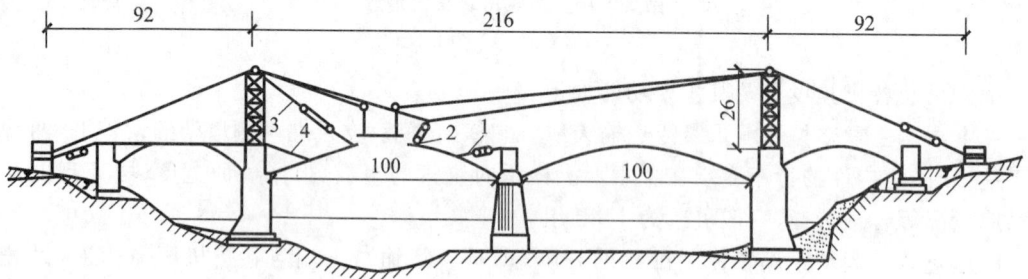

图 3-3-19　扣索的分类

1—墩扣;2—天扣;3—塔扣;4—通扣

　　(a)天扣。天扣实质上是一组主索设备,它是专门用以悬挂边段拱肋的,因此不需另设扣架,而是用一组主索"跑车"将拱肋悬挂在天线上,如图 3-3-20 所示。

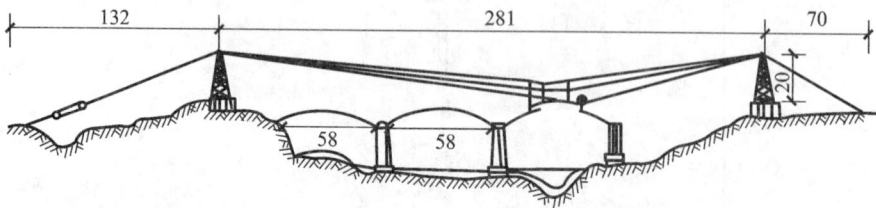

图 3-3-20　天扣

　　(b)塔扣。塔扣是直接利用主索的索塔作为扣索的支撑,节省了扣架,因此在单跨拱桥中应用较多,如图 3-3-21 所示。

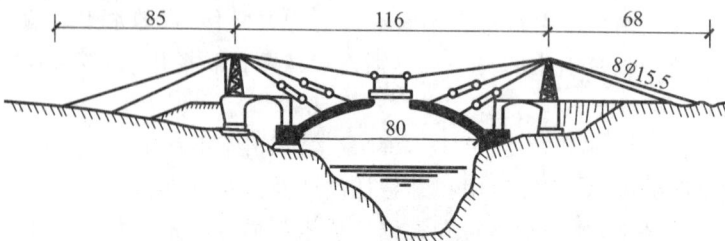

图 3-3-21　塔扣

（c）墩扣。当桥墩（台）已砌筑到接近桥面标高，而且本身又具有足够的强度时，可以直接用来锚固扣索、悬挂边段拱肋，如图 3-3-22 所示。

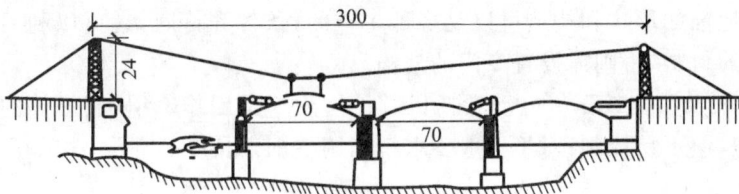

图 3-3-22　墩扣

（d）通扣。通扣是先在桥墩上立一个扣架，或直接利用接近桥面标高的桥墩立柱、横墙或桥台，用一根钢丝绳作为扣索。扣索的一端固定在拱肋扣点上，另一端连续通过各扣架的端顶，一直贯通至两岸地锚前，再用滑轮组予以收紧，如图 3-3-23 所示。通扣具有扣索较长、伸展范围广；扣架与拱肋扣点间的自由长度较短；扣索与主索系统分开，干扰较少；收紧滑轮固定，施工操作方便等优点，因此，在多孔跨的拱桥中得到普遍应用。

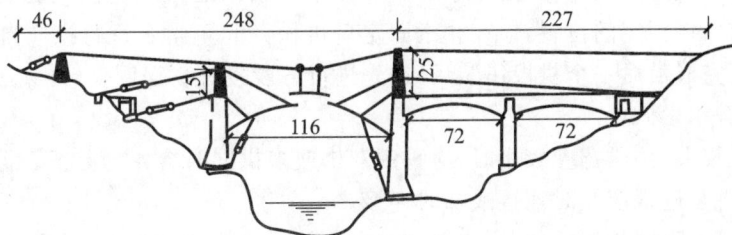

图 3-3-23　通扣

f. 浪风索。浪风索亦称缆风索，用来保证塔架、扣索排架等的纵、横向稳定及拱肋安装就位后的横向稳定。

g. 塔架及索鞍。塔架是用来提高主索的临空高度及支承各种受力钢索的重要结构。塔架的形式多种多样，按材料可分为木塔架和钢塔架两类。

木塔架的构造简单，制作、架设均很方便，但使用木材数量较多，一般用于高度在 20 m 以内的场合。当高度在 20 m 以上时较多采用钢塔架，钢塔架可采用龙门架式、独脚扒杆式或万能杆件拼装成的各种形式。

塔架顶上设置了为放置主索、起重索、扣索等用的索鞍，如图 3-3-24 所示。索鞍可以减小钢丝绳与塔架间的摩阻力，使塔架承受较小的水平力，并减少钢丝绳的磨损。

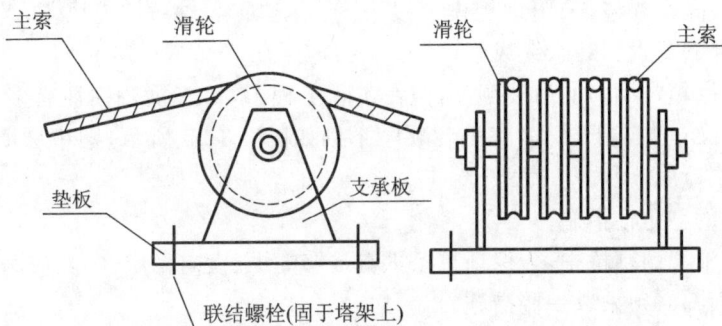

图 3-3-24　索鞍的构造

h.地锚。地锚亦称地垄或锚碇,用于锚固主索、起重索、扣索和绞车等。地锚的可靠性对缆索吊装的安全有决定性影响,设计和施工都必须高度重视。按照承载能力的大小及地形、地质条件的不同,地锚的形式和构造可以是多种多样的,条件允许时,还可以利用桥梁墩(台)作锚碇,这样能节约材料,否则需设置专门的地锚。

i.电动卷扬机及手摇绞车。电动卷扬机及手摇绞车是用作牵引、起吊等的动力装置。电动卷扬机速度快,但不易控制;对于一般要求精细调整钢索长度的部位,多采用手摇绞车,以便于操作。

缆索吊装设备的形式及规格非常多,必须因地制宜地结合各种工程的具体情况合理选用。

③拱段的吊装方法。

拱圈是吊装施工的关键,为了满足施工吊装、构造及受力要求,拱圈的横截面和轴向被划分成若干节段。这些拱肋或拱箱节段(以下简称"拱段"),一般在桥址处的河滩或桥头岸边预制,并进行预拼试验。

a.拱段的吊装。

预制拱段运移至缆索之下,由起重索起吊并经牵引索吊运至预定位置安装。为了使边拱段在拱圈合龙前保持预定的位置,应在扣索固定后再松开起重索。每跨拱应自两端向跨中对称吊装施工。在完成最后一个拱段吊装后,须先进行各段接头高程调整,再放松起重索而后成拱,最后才将所有扣索撤去。

当拱桥跨径较大、拱段宽度较小时,应采用双拱或多拱同时合龙的方案。每条单拱横向相邻拱段之间,随拼装进程应及时连接或临时连接。

边拱段就位后,除用扣索拉住,还应在左右两侧用一对缆风索牵住,以免左右摇晃;中拱段就位时,务必使各接头顶紧,尽量避免形成简支搁置与冲击作用。

下面以一个轴向按五段划分的钢筋混凝土箱形拱为例,说明每条拱箱的吊装顺序(每条拱肋的吊装顺序同理):

(a)吊装一侧拱脚处的边段拱箱,拱箱段在拱座处与墩(台)直接顶接,安装该边段拱箱相应的扣索、缆风索,放松起重索。

(b)吊装次边段拱箱,用螺栓与边段拱箱相接,安装该次边段拱箱相应的扣索、缆风索,放松起重索。

(c)按上述顺序吊装另一侧拱脚处的边段拱箱和次边段拱箱[此步骤亦可与(a)步骤、(b)步骤同时进行]。

(d)将跨中合龙段拱箱吊运至合龙位置上方,缓慢降落并与次边段拱箱相接、合龙。

(e)各段接头高程调整,采用钢板楔紧接头,放松起重索、扣索、缆风索,各段接头焊接牢固,最后去掉全部起重索、扣索、缆风索。

以上为单条拱箱(拱肋)的吊装顺序,但在实际工程中,每座拱桥往往有多条拱箱(拱肋),每条拱箱(拱肋)又包含若干拱段,其吊装顺序举例如图 3-3-25 所示,图中圆圈中的数字表示拱段吊装序号。

b.拱段吊装的稳定性措施。

在缆索吊装施工的拱桥中,为保证单条拱有足够的纵、横向稳定性,除应满足计算要求外,在构造、施工方面都必须采取一些措施。

施工实践表明,如果拱段的截面高度过小,不能满足纵向稳定的要求,而要在施工中采取

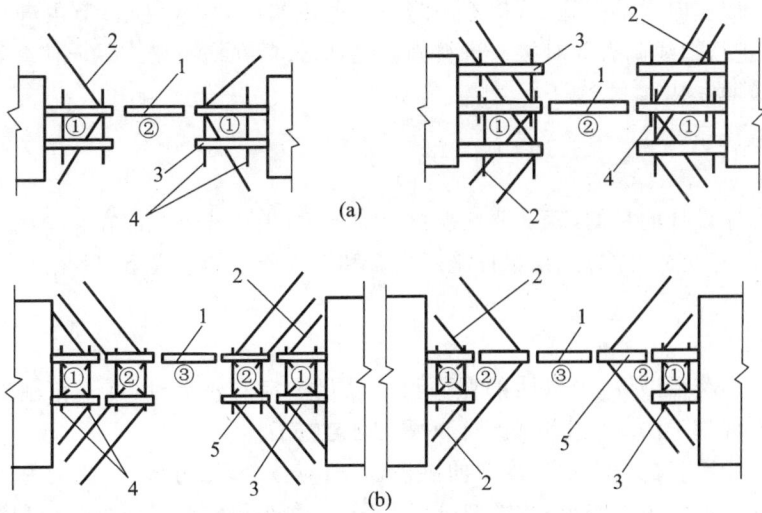

图 3-3-25 拱段吊装方式示意

(a)3 段吊装单肋合龙；(b)5 段吊装单肋合龙

1—跨中合龙段；2—缆风索；3—边段；4—横夹木；5—次边段

措施来保证其满足纵向稳定的要求是很困难的。因此，所拟定或划分拱段的截面高度，一般都应大于纵向稳定所需要的最小高度。

为了减小吊装重量，拱段的宽度不宜取得过大，通常设计中选择的拱段宽度往往小于单拱合龙所需要的最小宽度。在这种情况下，可采用图 3-3-26 所示的次序和方式进行双拱或多拱的吊装和合龙，图中圆圈内的数字表示拱段。一般来说，跨径在 50 m 以内时可以采用单肋合龙，跨径大于 50 m 时宜采用双肋合龙。这时，拱肋(拱箱)之间需用横夹木或斜撑木临时连接，以便形成横向框架，增强横向稳定性。

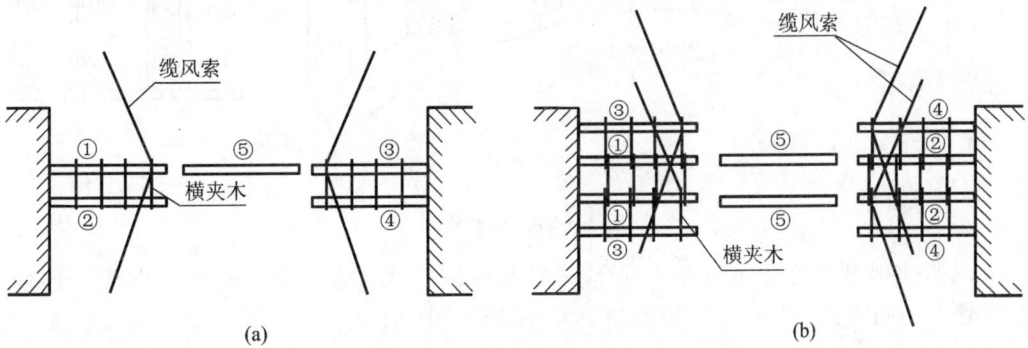

图 3-3-26 双拱或多拱的吊装次序和合龙方式

(a)单肋合龙；(b)双肋合龙

无论是单肋合龙或是双肋合龙，都要结合具体情况设置横向缆风索，以增强拱的横向稳定性。而且在安排施工进度时，还应尽快地完成拱间横向联系的施工。

综上所述，拱段吊装施工工序为：通过平车或其他运输设备将预制好的拱肋(或拱箱)节段移运到缆索吊装设备下的合适位置；由起重索和牵引索将预制边段、次边段吊运至待拼桥孔处安装就位，立即用扣索将它们临时固定，用缆风索增强其横向稳定性，如同时吊装多条拱肋(或拱箱),应及时完成横向联系的施工;接着吊跨中合龙段的拱肋(或拱箱)节段进行单肋合龙或双肋合龙;然后进行轴线调整并对接头进行固结处理;最后在横系梁或纵向接缝均处理结束后再进行拱上建筑的安装。

④施工加载程序设计。

a.目的。

施工加载程序设计的目的,就是要在裸拱上加载时,拱肋各个截面在整个施工过程中都能满足应力、强度和稳定的要求,并在保证施工安全和工程质量的前提下,尽量减少施工工序,便于操作,加快施工进度。

b.一般原则。

(a)对于中、小跨径拱桥,当拱肋的截面尺寸满足一定的要求时,可不作施工加载程序设计。但应按有支架施工法对拱上建筑进行对称、均匀施工。

(b)对于大、中跨径的箱形拱桥或双曲拱桥,一般应按分环、分段、均匀对称加载的总原则进行设计。即在拱的两个半跨上,按需要分成若干段,并在相应部位同时进行相等数量的施工加载。但对于坡拱桥,一般应使低拱脚半跨的加载量稍大于高拱脚半跨的加载量。

(c)在多孔拱桥的两个相邻孔之间,也须均衡加载。两孔间的施工进度不能相差太远,以免桥墩承受过大的单向推力而产生过大的位移,造成施工快的一孔的拱顶下沉,邻孔的拱顶上冒,从而导致拱圈开裂。

c.示例。

图 3-3-27 所示是一座跨径 85 m 的箱形拱桥的施工加载程序,拱箱吊装节段采用闭合箱。图中圆圈内的数字代表施工步骤,其加载程序简单叙述如下:

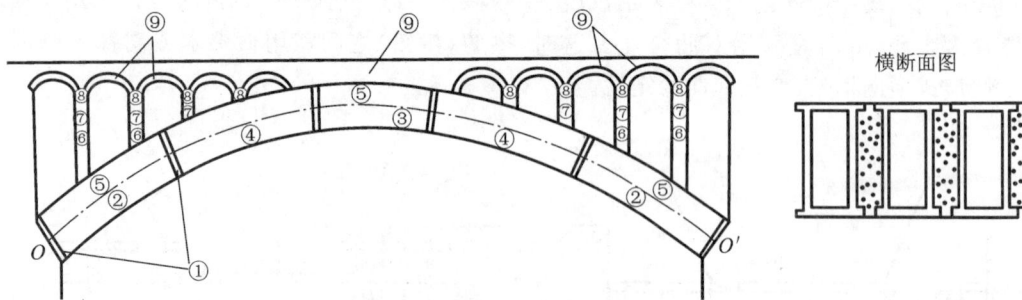

图 3-3-27　加载程序

(a)先将各片拱箱逐一吊装合龙,形成一孔裸拱圈。然后将全部纵横接头处理完毕,浇筑接头混凝土,完成第一阶段加载,如图 3-3-27 中步骤①所示。

(b)浇筑拱箱间的纵缝混凝土。纵缝应分两层浇筑,先只浇筑到大约箱高的一半处,待其初凝后再浇满全高使与箱顶齐平,横桥向各纵缝齐头并进。注意,下层纵缝应分段浇筑,图 3-3-27 中②、③、④、⑤各步骤为纵缝浇筑顺序。

(c)拱上各横墙加载。先砌筑 1 号、2 号横墙至 3 号横墙底面高度(图 3-3-27 步骤⑥);再砌筑 1 号、2 号、3 号横墙至 4 号横墙底面高度(图 3-3-27 步骤⑦);最后全部横墙(包括小拱拱座)同时砌筑完毕(图 3-3-27 步骤⑧),施工按左、右两半拱对称、均匀同时进行。

(d)安砌腹拱圈及主拱圈拱顶实腹段侧墙。由于拱上横墙截面单薄,为避免其长时间承受一侧预制腹拱圈块件的单向推力,在安砌腹拱圈时,应沿纵向逐条对称安砌,直至完毕

（图 3-3-27 步骤⑨）。

（e）以后各步骤，包括拱顶填料、腹拱填料、桥面系，可按常规工艺要求进行，无须作加载验算。

（2）伸臂式起重机吊装法。

图 3-3-28 是利用伸臂式起重机在已拼接好的悬臂端逐次起吊和拼接下一节段的施工示意图。每拼接好一个节段，即用辅助钢索临时拉住，每拼完三节，便改用更粗的主钢索拉住，然后拆除辅助钢索，供重复使用。这种方法适用于特大跨径的拱桥施工。

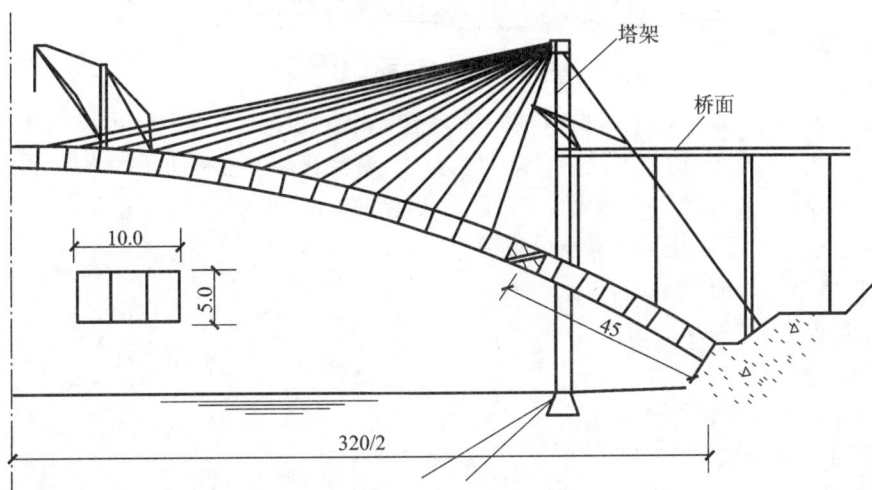

图 3-3-28　伸臂式起重机悬臂拼装示意图（单位：cm）

缆索吊装法和伸臂式起重机吊装法实质上同属于悬臂拼装法，二者的不同之处在于后者直接在已完成的悬臂节段上设置伸臂式起吊设备，但由于受到伸臂外伸长度和起重量的限制，拼装节段划分得比较多，因而施工工期较长；而前者采用架空起吊设备，在相同跨径的前提下，主拱圈的节段划分得少一些，因而加快了施工进度。

3.3.3　转体施工法

转体施工法的特点是将主拱圈从拱顶截面分开，把主拱圈混凝土高空浇筑作业改为放在桥孔下面或者两岸进行，并预先设置好旋转装置，待主拱圈混凝土达到设计强度后，再将它就地旋转就位成拱。按照旋转的几何平面，其又可分为平面转体施工法、竖向转体施工法和平-竖向转体施工法三种。

1. 平面转体施工法

图 3-3-29 是主拱圈正处在平面转体过程中的示意图。这种施工方法的特点是：将主拱圈分为两个半跨，分别在两岸利用地形作简单支架（或土牛拱胎），现浇或者拼装拱肋，再安装拱肋间横向联系（横隔板、横系梁等），把扣索的一端锚固在拱肋的端部（靠拱顶）附近，经引桥桥墩延伸至埋入岩体内的锚碇中，最后用液压千斤顶收紧扣索，使拱肋脱模，借助环形滑道和手摇卷扬机牵引，慢速地将拱肋转体 180°（或小于 180°），最后进行主拱圈合龙段和拱上建筑的施工。

平面转体施工法分为有平衡重转体和无平衡重转体两种。

（1）有平衡重转体。

有平衡重转体是一种在旋转过程中自平衡的转体，对于单跨拱桥通常需要利用桥台背墙

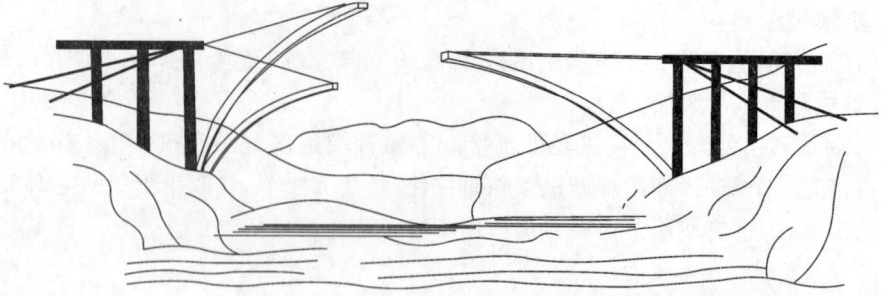

图 3-3-29　平面转体施工示意图

重量及附加平衡压重,以平衡半跨拱圈(肋)的自重力矩。如图 3-3-30 所示,有平衡重转体的转动系统由底盘、上转盘、锚扣系统、拱体结构、拉索、桥台背墙及平衡压重等组成,其特点是转体重量大(最大可达上万吨),旋转稳妥、安全,转动装置灵活、可靠。

有平衡重转体的主要施工步骤及内容为:

①底盘、转盘轴、环形滑道制作。

②转盘球面磨光,涂抹润滑脂,上转盘试转。

③拱体结构及桥台背墙施工。

④布置旋转牵引或顶推驱动系统。

⑤设置锚扣系统并张拉脱架。

⑥转体,合龙成拱。

⑦放松锚扣系统,封固转盘。

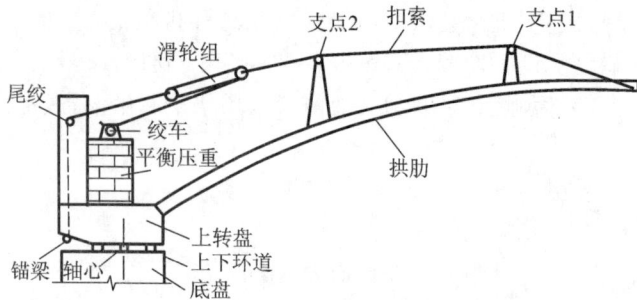

图 3-3-30　有平衡重转体施工系统

(2)无平衡重转体。

无平衡重转体是把有平衡重转体施工中的扣索直接锚固在两岸岩体中,以两岸山体岩石的锚碇锚固半跨拱在悬臂状态平衡时所产生的水平拉力,借助拱脚处立柱下转盘和上转轴使拱体实现平面转动,如图 3-3-31 所示。本方法适用于建在地质条件好的深谷形河床上的大跨径拱桥。由于无平衡重,大大减轻了转动体系的重量及圬工数量。锚碇的拉力由尾索以预压力的形式储备在引桥上部的梁体内,预压力随着拱体旋转方位的不同而不同。

无平衡重转体的转动系统由三大部分组成。

①锚固体系:由锚碇、尾索、轴平撑、锚梁及立柱组成。

②转动体系:由上下转动构造、拱体及扣索组成。

③位控体系:由缆风索、无极调速卷扬机、光电测试装置及控制台等组成。

无平衡重转体的主要施工步骤及内容为：

①下转盘、下转轴、环形滑道制作。

②旋转拱座制作,转盘试转。

③立柱、拱体结构施工。

④上转轴安装。

⑤锚固体系施工。

⑥转体,合龙成拱。

⑦放松锚扣系统,封固转盘。

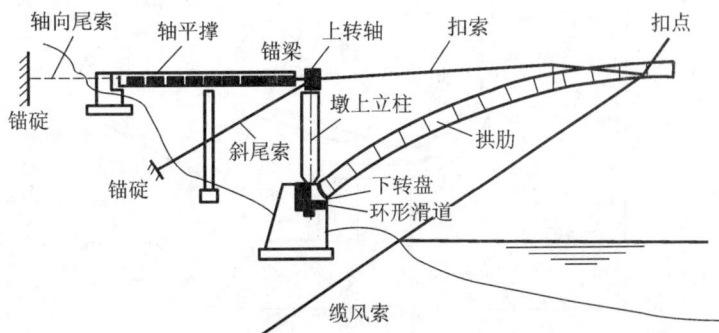

图 3-3-31　无平衡重转体施工系统

　　无论有无平衡重转体,转体施工法的关键设备是转盘,它由转盘轴心、环形滑道上板、底板等组成。实践表明,转盘滑道采用摩阻力很小(动摩擦系数为 0.04~0.05)的镀铬钢板与聚四氟乙烯板环道面接触方案较好。

2.竖向转体施工法

　　当桥位处无水或水很浅时,可以将拱肋分成两个半跨放在桥孔下面预制。如果桥位处水较深,可以在桥位附近预制,然后浮运至桥轴线处,再用起吊设备和旋转装置进行竖向转体施工,如图 3-3-32 所示。这种方法最适宜于钢管混凝土拱桥的施工。因为钢管混凝土拱桥的主拱圈必须先让空心钢管成拱以后再灌注混凝土,故在旋转起吊时,不但钢管自重相对较轻,而且钢管本身强度也高,易于操作。

图 3-3-32　竖向转体施工法

拱脚旋转装置采用厚度为 36 mm 的钢板在工厂进行配对冲压而成,使两个弧形钢板密贴,两弧形钢板之间涂上黄油,以减小摩阻力,如图 3-3-33 所示。

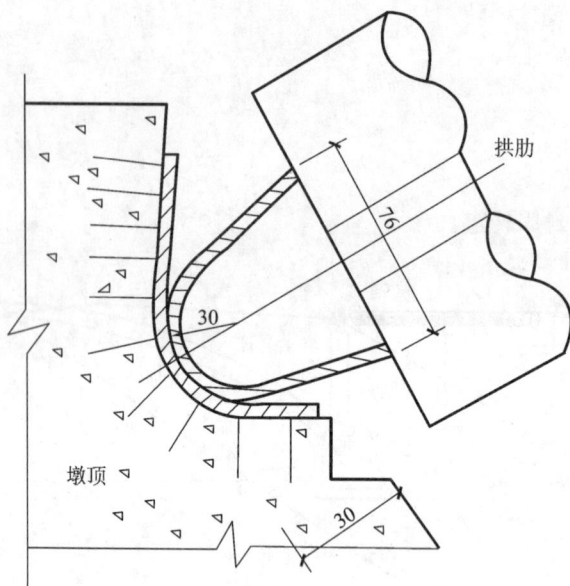

图 3-3-33　拱脚旋转装置(尺寸单位:cm)

3. 平-竖向转体施工法

平-竖向转体施工法在我国广州市丫髻沙大桥上首先采用。丫髻沙大桥是三孔连续自锚中承式钢管混凝土系杆拱桥,如图 3-3-34 所示。

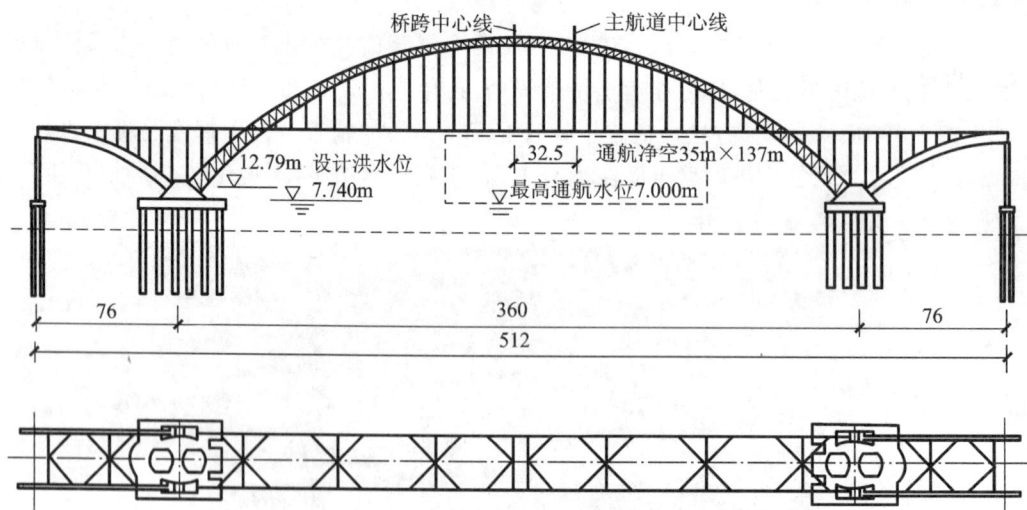

图 3-3-34　广州丫髻沙大桥总体布置图(尺寸单位:m)

平-竖向转体施工法综合吸收了平面转体施工法和竖向转体施工法的优点,具体体现在:

(1)利用竖向转体施工法的优点,变高空作业为地上作业,避免了长、大、重安装单元的运输和起吊。

（2）利用平面转体施工法的优点，将全桥三孔分为两段，放在主河道的两岸进行预制和拼装，将桥跨结构的施工对主航道航运的影响降到最低程度。

（3）利用边孔作为中孔半拱的平衡重，使整个转体施工形成自平衡体系，免除了在岸边设置锚碇构造。

图 3-3-35 是该桥转体施工的平面布置，图 3-3-36 是其半结构在岸边制作后竖向转体的示意图。

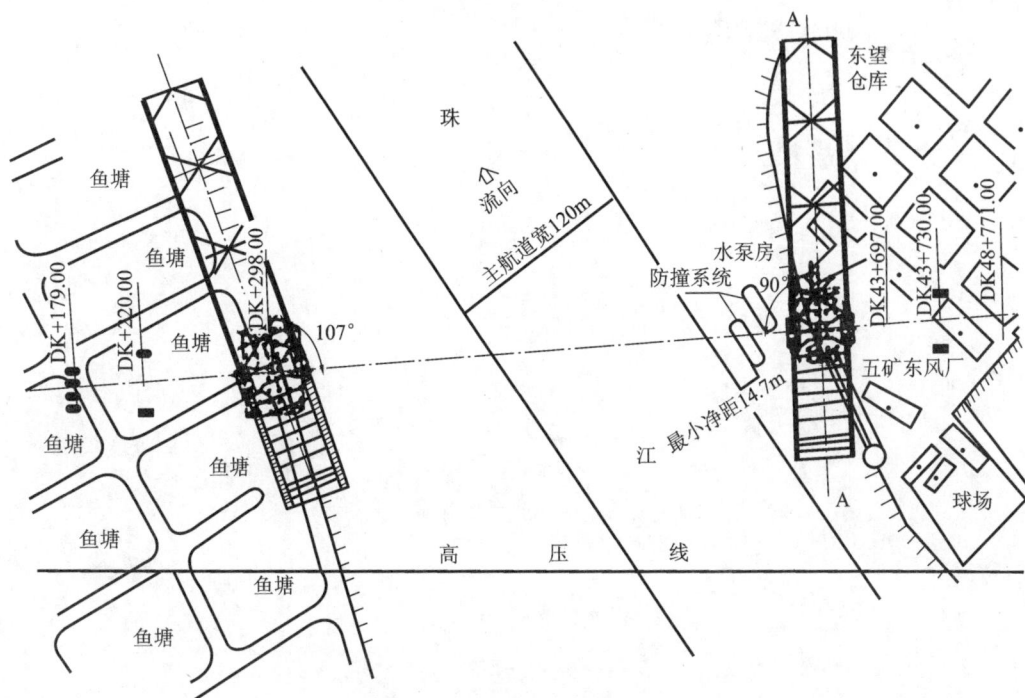

图 3-3-35　施工平面布置图

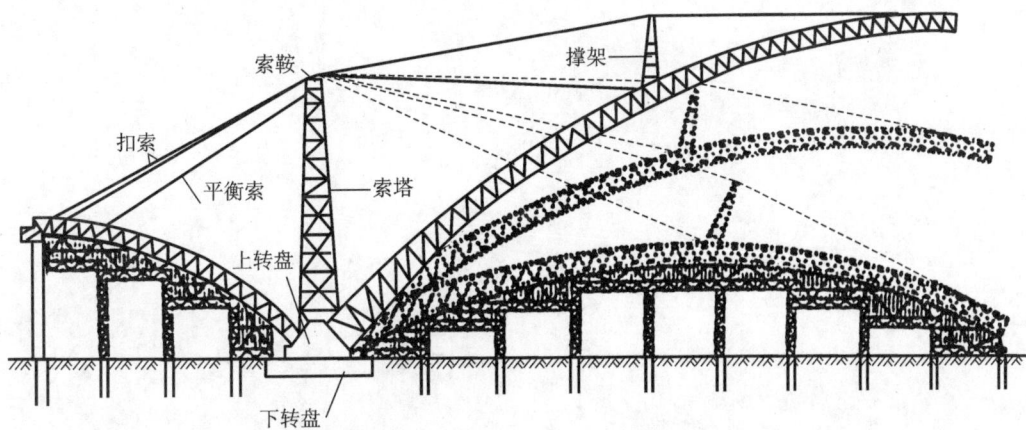

图 3-3-36　半结构的施工台座及竖向转体

任务实施

任务 5:编制拱桥施工方案。

任务目标:能根据拱桥的构造特点编制施工方案。

任务内容:结合"3.3 拱桥的施工"的学习,再次识读整套洋河景观工程桥施工图纸,思考该拱桥适用哪种施工方法,选择你认为最合适的施工方法,完成洋河景观工程桥施工方案的编制。

4

其他桥型的认知

4.1　刚架桥的认知

【任务引入】
　　小李通过之前在项目部的学习，对梁桥、拱桥有了一定了解，但是，他在生活中发现除了梁桥、拱桥以外还有很多类型的桥，比如城市里面有些立交桥的梁与墩柱刚性连接。怀揣着强烈的求知欲望，他查阅了多种资料，得知这种桥的类型是刚架桥，是一种介于梁与拱之间的结构体系，但是，他在翻阅资料的过程中，还是遇到了很多问题。

知识储备

4.1.1　概述

　　刚架桥是一种介于梁与拱之间的结构体系，它是由受弯的上部梁（或板）结构与承压的下部柱（或墩）整体结合在一起的结构。梁和柱的刚性连接，梁因柱的抗弯刚度而得到卸荷作用，整个体系是压弯结构，也是有推力的结构。

　　由于采用墩梁固结的构造，使之既可以省掉昂贵的支座装置，又不必在施工中进行体系的转换，故一般用于跨径不大的城市桥或公路高架桥和立交桥。

4.1.2 T形刚架桥

将悬臂梁桥的墩柱与梁体固结后便形成了带挂梁或带铰的结构,称为 T 形刚架桥,是具有悬臂受力特点的梁式桥。同样,与简支梁桥相比,T 形刚架桥具有较大的跨越能力。若采用预应力混凝土结构,则结构的跨越能力可得到进一步提高。

1.分类及力学特点

T 形刚架桥又可分为两种类型:两 T 构之间带挂梁和两 T 构之间带铰,如图 4-1-1 所示。

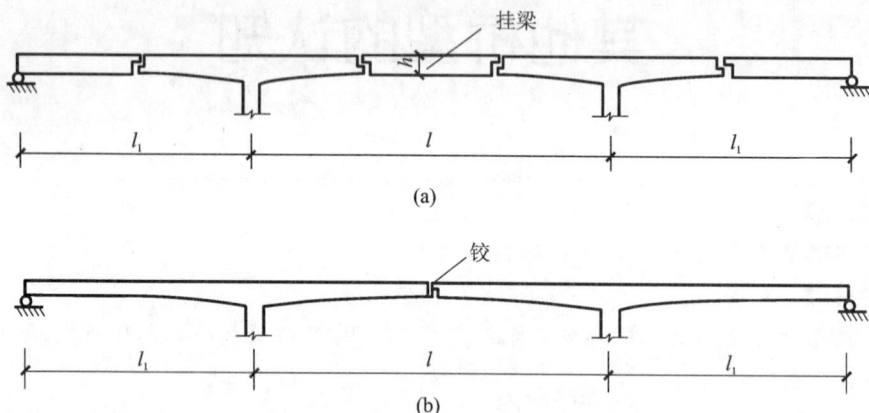

图 4-1-1 T 形刚架桥的分类
(a)带挂梁的 T 形刚构;(b)带铰的 T 形刚构

(1)带挂梁的 T 形刚构桥型。

它属于静定结构,其基础的不均匀沉降、混凝土收缩徐变及温度变化等因素都不会对结构产生次内力。它与连续梁相比,具有悬臂法施工阶段的受力状态与运营阶段一致,无须体系转换,省掉设置大吨位支座装置及更换支座等优点,当挂梁与两岸引桥的简支跨尺寸和构造相同时,更能加快全桥施工进度,以获得良好经济效益。与带剪力铰的 T 形刚构桥型相比,其受力和变形性能均略差一些,但其受力明确,对施工阶段的高程控制的精度可以稍放宽些,没有像后者为设置剪力铰进行强迫合龙的可能以及更换剪力铰处支座的麻烦;与连续刚架桥相比,其不受温度及基础沉降产生次内力的影响。

(2)带铰的 T 形刚构桥型。

它属于超静定结构,两个大悬臂在端部借所谓"剪力铰"相连接,剪力铰是一种只能传递竖向剪力而不传递水平力和弯矩的连接构造。当在一个 T 形刚架桥面上作用有竖向荷载时,相邻的 T 形刚构结构通过剪力铰而共同受力。因而,从结构受力和牵制悬臂端变形来看,剪力起到了有利的作用。

2.构造特点

带挂梁的 T 形刚构桥型结构布置以每个 T 形刚构单元与两侧配等跨长的挂梁最为简单合理,在此情况下,刚架两侧恒载是对称的,墩柱中无不平衡的恒载弯矩。对于钢筋混凝土 T 形刚构桥,挂梁的经济长度一般为跨径的 0.5~0.7;而预应力混凝土 T 形刚构的挂梁经济长度一般为跨径的 0.22～0.50。主孔跨径大时,取较小比值,并应使挂梁跨径不超过 35～40 m,以利于安装。悬臂受力的 T 形刚构承受的全是负弯矩,上缘受拉,因而配筋比较简单。

T 形刚架桥的悬臂梁,可以是箱形截面,也可以做成桁架结构。当在墩柱一侧的桥跨上布载时,墩柱将承受较大的不平衡力矩,因此墩柱尺寸一般较大,墩宽可取(0.7～1.0)H(H 为墩柱高)。

3.适用范围

此种桥型结合了刚架桥和多孔静定悬臂梁桥的特点,是我国 20 世纪 70—80 年代修建较多的一种桥型。同悬臂梁桥一样,T 形刚架桥也非常适宜于悬臂施工方法。预应力技术的发展和悬臂施工工艺的结合以及受力简单明确是其发展的一个主要原因。

钢筋混凝土 T 形刚构常用跨径为 40～50 m,预应力混凝土 T 形刚构的常用跨径为 60～120 m。目前最大跨径已达 174 m。

然而,几十年来的实践证明,T 形刚构带挂梁的桥型在混凝土的长期收缩徐变作用下和汽车荷载的冲击力作用下,T 形刚构悬臂梁端会发生下挠,从而导致悬臂端与挂梁之间易形成折角,增大冲击作用,使伸缩缝的处理和养护较困难;且各 T 形刚构之间不能共同工作,使其跨径受到限制。而在 T 形刚构带铰的桥型中,由于铰的存在,铰的左右两侧主梁变形不一致,难以调整,引起行车不平顺;施工过程中有时还需强迫合龙;当 T 形刚构的两边温度变化不同时,易产生不均匀变形,引起较大次内力;剪力铰的构造与计算图式中的理想铰尚存在差异,难以准确地计算出各种因素产生的次内力。因此,带挂梁和带铰的 T 形刚构桥型目前均已较少采用。

4.1.3　连续刚架桥

预应力混凝土连续刚架桥是连续梁桥与 T 形刚架桥的组合体系,也称为墩梁固结的连续梁桥,如图 4-1-2 所示。

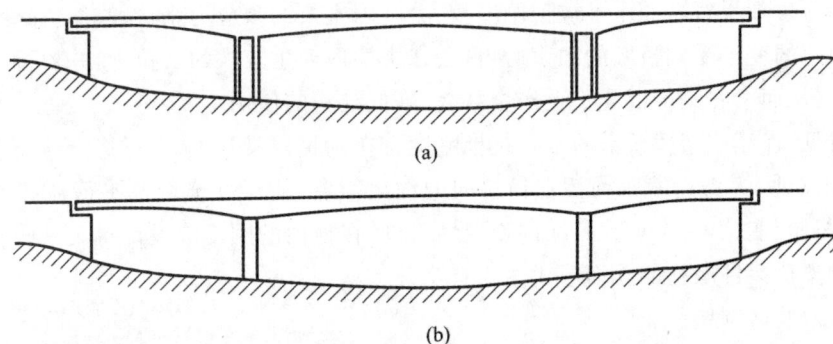

图 4-1-2　连续刚架桥

(a)竖直双肢薄壁墩连续刚架桥;(b)竖直单薄壁墩连续刚架桥

1.力学特点

大跨径连续刚架桥结构的受力特点主要为:梁体连续,墩、梁、基础三者固结为一个整体共同受力。在恒载作用下,连续刚架桥与连续梁桥的跨中弯矩和竖向位移基本一致,但在采用双肢薄壁墩的连续刚架桥中,墩顶截面的恒载负弯矩要较相同跨径连续梁桥的小;其次,由于墩梁固结共同参与工作,连续刚架桥由活载引起的跨中正弯矩较连续梁小,因而可以降低跨中区域的梁高,并使恒载内力进一步降低。因此,连续刚架桥的主跨径可以比连续梁桥设计得大一些。

2. 构造特点

(1)主梁。

连续刚架桥的主梁在纵桥向大都采用不等跨变截面的结构布置形式,以适应主梁内力的变化。主梁底部的线形基本上与变截面连续梁桥相类似,可以是曲线形、折线形、曲线加直线形等,具体应根据主梁内力的分布情况,按等载强比原则选定。

国内外已建成的连续刚构桥,边跨和主跨的跨径比值为 0.5~0.692,大部分比值为 0.55~0.58。这说明变截面连续刚架桥的边跨比值要比变截面连续梁桥的比值范围(0.6~0.8)小。其原因在于墩梁固结,边跨的长短对中跨恒载弯矩调整的影响很小,而边、主跨跨径之比为 0.54~0.56 时,不仅可以使中墩内基本没有恒载偏心弯矩,而且由于边跨合龙段长度小,可以在边跨悬臂端用导梁支承于边墩上,进行边跨合龙,从而取消落地支架,施工十分方便和经济。

(2)主梁截面高度。

大跨连续刚架桥主梁一般采用箱形截面,箱梁根部截面的高跨比一般为 1/20~1/16,其中大部分为 1/18 左右,也有少数桥梁达到或低于 1/20。跨中截面梁高通常为支点截面梁高的 1/3.5~1/2.5,略小于连续梁的跨中梁高,这是由于连续刚架桥墩梁固结,活载作用于中跨时与相同跨径的连续梁相比,连续刚架跨中正弯矩较小的缘故。

(3)桥墩。

顶应力混凝土连续刚构桥主要适用于高桥墩的情况。大跨度连续刚构桥的桥墩不仅应满足施工、运营等各阶段支承上部结构重量和稳定性等方面的要求,而且桥墩的柔度应适应由于温度变化,混凝土收缩、徐变以及制动力等因素引起的水平位移,以尽量减小这些因素对结构产生的次内力。如果桥墩的水平抗推刚度较大,则因主梁的预应力张拉、收缩、徐变、温度变化等因素所引起的变形受到桥墩的约束后,将会在主梁内产生较大的次拉力,并对桥墩产生较大的水平推力,从而会在结构混凝土上产生裂缝,降低结构的使用功能。

由此可见,连续刚架桥桥墩的水平抗推刚度宜在满足桥梁施工、运行稳定性要求的前提下尽量小。相反地,大跨连续刚构桥在横桥向的约束很弱,桥梁在横向不平衡荷载或风载作用下,易产生扭曲、变位,为了增大其横向稳定性,桥墩在横向的刚度应设计得大一些。

连续刚架桥柔性墩柱的立面形式主要有三种。

①竖直双肢薄壁墩。

竖直双肢薄壁墩是用两个相互平行的薄壁与主梁固结作为桥墩,如图 4-1-2(a)所示。这是连续刚架桥中应用得较多的一种形式,适用于桥墩不是很高的情形。竖直双肢薄壁墩可增加桥墩纵桥向竖向荷载作用下的刚度,同时其水平抗推刚度小,在桥梁纵向允许的变位大,这不仅可以减小主梁附加内力,而且由于主梁的负弯矩峰值出现在两肢墩的墩顶,且较单壁墩小一些,故可减小主梁在墩顶截面处的尺寸,增加桥梁美感。因此,其在大跨径预应力混凝土连续刚构桥中是理想的墩身形式。但是双肢薄壁墩占据的宽度较大,防撞设施需保护的范围也较大,这部分增加的费用可能较多。偶然的船撞力往往作用在其中的一肢薄壁墩上,当一肢薄壁墩遭到破坏后,另一肢薄壁墩很容易因承载力和稳定性不够而随之破坏,这一点需引起重视。

每肢薄壁墩又有空心和实心之分。实心双壁墩施工方便,抗撞能力强,空心双壁墩可以节约混凝土40%左右,设计中应根据具体条件通过分析后选用。

②竖直单薄壁墩。

在深谷和深水河流的高桥墩上经常采用竖直单薄壁墩,如图4-1-2(b)所示。它在外观上呈"一"字形,其截面形式一般为箱梁截面的空心桥墩,具体尺寸需根据对柔性的要求确定。

一般来说,单薄壁墩特别是箱形截面单薄壁墩的抗扭性能好,稳定性强,能增大通航孔的有效跨径,但其柔性不如双肢薄壁墩大。随着墩身高度的不断增强,单薄壁墩的柔性逐渐增强,允许的纵向变位增大。因此,对于墩身很高的大跨径连续刚架或中等跨径的连续刚架来说,箱形单薄壁墩也是理想的墩身形式。

③V形墩(或Y形柱式墩)。

在刚架桥中为了减小内支点处的负弯矩峰值,可将墩柱做成V形墩形式,如图4-1-3所示,V形托架可使主梁的负弯矩峰值降低一倍以上。

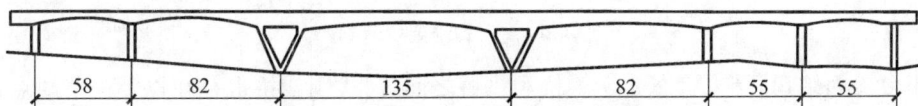

图 4-1-3　V形墩连续刚架桥(尺寸单位:m)

Y形柱式墩的上部为V形托架,下部为单柱式,两者在立面上构成Y字形。下部的单柱具有一定的柔性,可满足纵向变形的要求。

3.适用范围

连续刚架桥常用于大跨高墩的结构中,桥墩纵向刚度较小,在竖向荷载作用下,基本上属于一种无推力的结构,而上部结构具有连续梁施工的特点,因此有较好的技术经济性。由于预应力技术在近年来发展迅速,连续刚架桥近年来得到了较快的发展,可以说连续刚架桥是大跨径桥梁选型中具有竞争力的桥型之一。我国跨径在180 m以上的梁桥,均采用连续刚架桥。

连续刚架桥的另一个特点是主梁保持连续,这样既保持了连续梁无伸缩缝、行车平顺的优点,又保持了T形刚构无须设大吨位支座的优点,同时避免了连续梁(存在临时固结和体系转换)和T形刚构(存在伸缩缝问题)两者的缺点,养护工作量小。此外,连续刚架施工稳固性好,可以减少或避免边跨梁端搭架合龙的难度。

但连续刚架桥对地基承载力的要求更高,若地基发生过大的不均匀沉降,连续梁可通过调整墩顶支座的高程抵消下沉来补救,而连续刚架则做不到。对于大跨度连续刚架,当其主墩刚度过大时,中跨梁体因会产生过大的温差拉力而对结构受力不利。此外,梁墩联结处应力复杂也是连续刚架的一个缺点。

4.1.4　门式刚架桥

图 4-1-4 所示是一座跨越城市交通干线的门式刚架桥,它的主要特点是将桥台台身与主梁固结,既省掉了主梁与桥台之间的伸缩缝,改善了桥头行车的平顺性,又提高了结构的刚性。在竖向荷载作用下,可以利用固结端的负弯矩部分地降低梁跨中弯矩,从而达到减小梁高的目的。在城市中当遇到线路立体交叉或需要跨越不太宽的河流时,采用这种桥型就能降低线路高程,改善纵坡和减少路堤土方量。当桥面高程已经确定时,采用这种桥型可以增加桥下的净空。

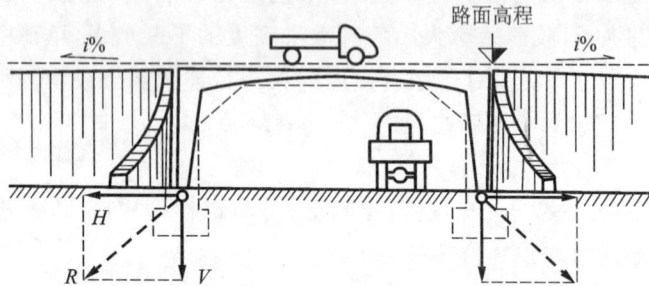

图 4-1-4　门式刚架桥示例

由于台梁固结,其受力状态介于梁桥和拱桥之间,门式刚架桥也存在以下一些缺点:

(1)薄壁台身(或立柱)除承受轴向压力外,还承受横向弯矩,并且在基脚处还产生水平推力。因此,要求必须有良好的地基条件,或者采用较深的基础和特殊的构造措施来抵抗水平推力的作用。

(2)基脚无论采用固结或者铰结构造,都会因预应力、徐变、收缩、温度变化以及基础变位等因素而产生较大的次内力,如图 4-1-5 所示。

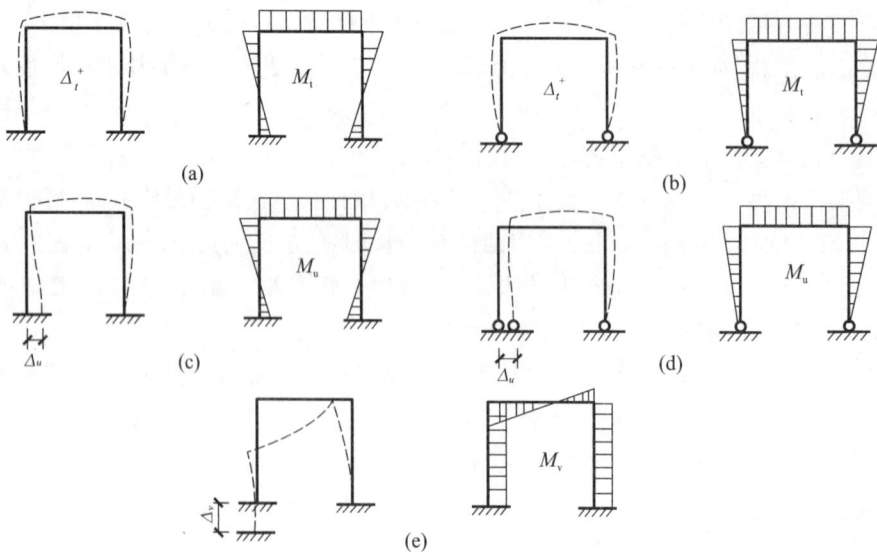

图 4-1-5　温升及基础变位引起的次内力

(3)当基脚采用铰结构造(图 4-1-6)时,固然可以改善基底的受力状态,使地基应力趋于均匀,但铰的构造比较复杂,特别是当铰支承修建在河水中或被接线路堤掩埋时,不仅施工困难而且易于腐蚀,难以养护和维修。

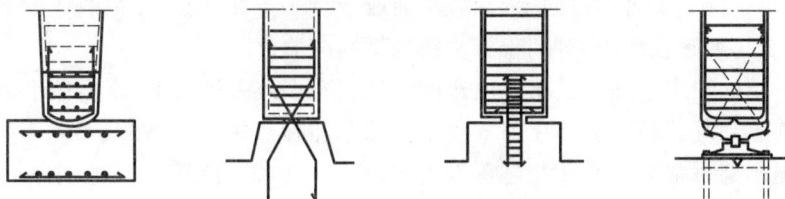

图 4-1-6 各种铰的构造

(4)角隅节点(台身与主梁连接处)的截面承受较大的负弯矩,因此节点内缘的混凝土会产生很高的压应力,而节点外缘的拉应力虽然由钢筋来承担,但此处的主拉应力常常会使角隅截面产生劈裂的裂缝,如图 4-1-7(a)所示。因此,工程设计中必须在此处设置防劈钢筋予以特别加强,如图 4-1-7(b)所示。

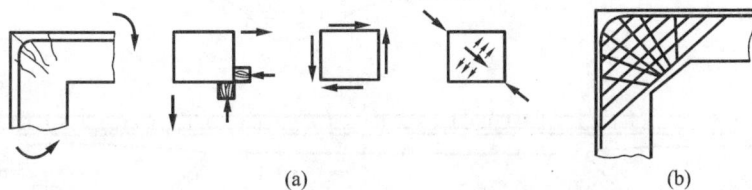

(a)   (b)

图 4-1-7 角隅节点的受力与防劈钢筋构造

(a)角隅节点受力示意图;(b)角隅节点普通钢筋的设置

(5)这种桥型宜采用有支架的整体浇筑法施工,相对于采用普通的装配式简支梁桥而言,施工工期往往较长。

基于以上一些原因,这种桥型在目前较少采用。

4.1.5 斜腿刚架桥

由一对斜置的撑杆与梁体固结后来承担车辆荷载的桥梁称为斜腿刚架桥(图 4-1-8),这种桥型可以克服门式刚架桥中存在的某些缺点。

图 4-1-8 斜腿刚架桥

(1)斜腿刚架桥的主跨相当于一座折线形拱式桥,其压力线接近于拱桥的受力状态,斜腿以受压为主,比门式刚架的立墙或立柱受力更合理,故其跨越能力也大。

(2)斜腿刚架桥的两端具有较长的伸臂长度,通过调整边跨与中跨的跨长比,可以使两端支座成为单向受压铰支座而不致向上起翘,从而改善行车条件,同时在恒载作用下边跨对主跨的跨中弯矩也能起到卸载作用,有利于将主跨的梁高减薄。

(3)斜腿下端的铰支座一般坐落在岸边的坚硬岩石上或者桥台上,不会被水淹没或者被土堤掩埋,故在施工和维护保养上都比门式刚架桥简单和容易些。

因此,斜腿刚架桥常常建造在跨越深谷地带[图 4-1-9(a)]或跨越其他线路(公路或铁路)[图 4-1-9(b)]的立交桥上。

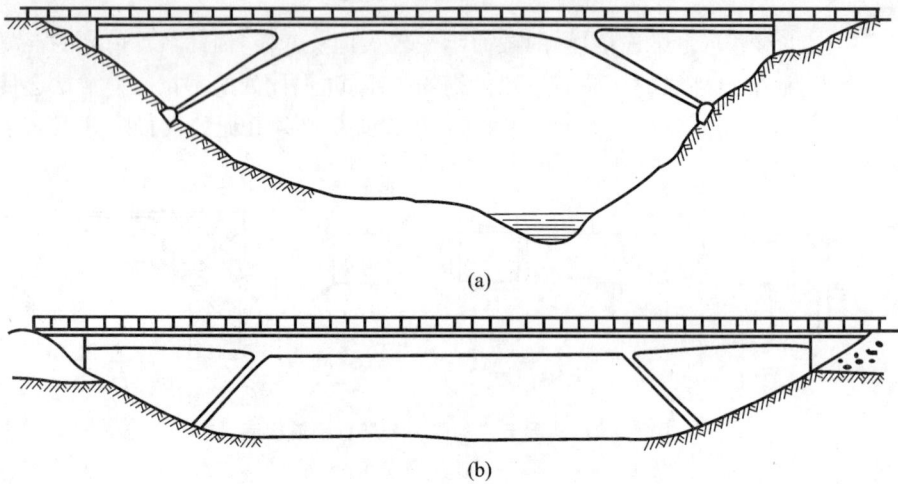

图 4-1-9 斜腿刚架桥示意图

(a)跨越有坚岩陡坡或深谷地带的刚构桥;(b)高速公路上的跨线桥

然而,斜腿刚架桥也存在某些与门式刚架桥相类似的缺点,具体如下:

(1)主梁的恒重和车辆荷载都是通过主梁与斜腿相交处的横隔板[图 4-1-10(a)],再经过斜腿传至地基上。这样的单隔板或呈三角形的隔板将使此处梁截面产生较大的负弯矩峰值,使得通过此截面的预应力钢筋十分密集,在构造布置上比较复杂,如图 4-1-10(b)所示。

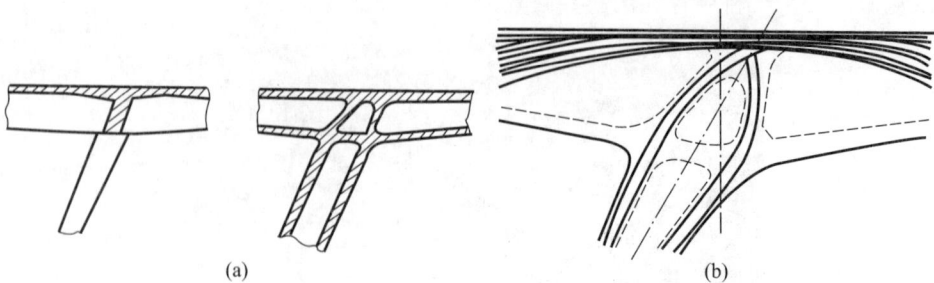

图 4-1-10 斜腿与主梁相交节点构造

(a)横隔板形式;(b)节点预应力钢筋

(2)预应力、徐变、收缩、温度变化以及基础变位等因素都会使斜腿刚架桥产生次内力,受力分析上也相对较复杂。因此,为了减少超静定次数,同时使斜腿基脚处的地基应力均匀些,一般将斜脚基脚处设计成铰支座。

（3）斜腿刚架桥还存在另一个缺点，那就是它具有与地面呈 $40°\sim50°$ 夹角的斜腿，施工上有一定的难度，这也是限制这种桥型获得进一步推广的主要原因之一。

4.1.6　全无缝式连续刚架桥

全无缝式连续刚架桥与普通连续刚架桥在构造上的唯一差别在于，它除了将所有的桥墩与主梁固结以外，还将两端的桥台也与主梁刚性固结，形成一座在全桥范围内没有伸缩缝装置的桥梁，如图 4-1-11 所示。

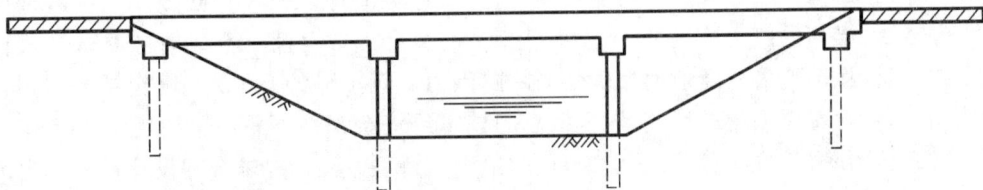

图 4-1-11　全无缝式连续刚架桥

普通连续刚架桥是利用中间桥墩的墩梁嵌固作用和边跨的自重平衡作用，共同来提高中间主跨的结构刚度，从而达到扩大主跨跨越能力的目的。由温度引起的伸缩变形则依靠较高的柔性桥墩（如双肢薄壁墩）和在两端桥台上设置活动铰支座来解决。其伸缩量一般较大，需要设置专门的伸缩缝装置来满足大变形量和行车平顺的问题。

全无缝式连续刚架桥对于温度引起的变形量则依靠桥台台后的特殊构造和在一定范围内的路面变形来吸收，故其跨径和桥梁全长都不能太大，一般其全长以 100 m 以内为宜。由于它省掉了支座和伸缩缝装置的设置、维护以及更换的麻烦，同时又能解决桥头跳车的弊端，故这种桥型适合应用在量大面广的中、小跨径桥梁上。

任务实施

通过对刚架桥的学习，请回答下列问题：

1.什么是刚架桥？

2.门式刚架桥有哪几种形式？

3.全无缝式连续刚架桥与普通连续刚架桥有何区别？

4.2　斜拉桥的认知

【任务引入】

　　小李在项目部成长非常迅速，更加深刻地体会到了理论结合实践的重要性。工作之余，他偶然看到了《中国正在说》这档节目，观看的这一集正好讲的是港珠澳大桥的建成，这项历时近九年的伟大的桥梁工程再次刷新了桥梁史上很多纪录。港珠澳大桥主体桥梁工程共设有青州航道桥、江海直达航道桥、九洲航道桥三座通航孔桥，都是采用的斜拉桥，这又引起了小李浓厚的学习兴趣。

4.2.1 概述

斜拉桥主要由主梁、索塔和斜拉索三大部分组成,如图 4-2-1 所示。主梁一般采用混凝土结构、钢-混凝土组合结构或者钢结构,索塔大多是采用混凝土结构,而斜拉索则采用高强度材料(高强度钢丝或钢绞线)制成。斜拉桥中荷载的传递路径是:斜拉索的两端分别锚固在主梁和索塔上,将主梁的恒载和车辆荷载传递至索塔,再通过索塔传至地基。因而主梁在斜拉索的各点支承作用下,像多跨弹性支承的连续梁一样,使弯矩值得以大大降低,这不但可以使主梁尺寸大大减小(梁高一般为跨度的 1/200～1/50,甚至更小),而且由于结构自重显著减轻,既节省了结构材料,又能大幅度地增大桥梁的跨越能力。斜拉桥属于高次超静定结构,与其他体系桥梁相比,包含着更多的设计变量,全桥总的技术经济合理性不易简单地由结构体积小、质量轻或者满应力等概念准确地表示出来,这就给选定桥型方案和寻求合理设计带来一定困难。

图 4-2-1 斜拉桥

在斜拉桥的发展历史中,以下几座斜拉桥具有里程碑意义:

1955 年瑞典建成的第一座现代钢斜拉索桥:主跨 182.6 m 的斯特罗姆海峡桥。

1962 年委内瑞拉建成的第一座混凝土斜拉桥:主跨 5×235 m 的马拉开波桥。

1978 年美国建成的第一座密索体系混凝土斜拉桥:主跨 299 m 的 P-K(帕斯卡-肯尼斯克)桥。

1992 年挪威建成的斯卡恩圣特桥:主跨 530 m 的混凝土斜拉桥,梁高仅 2.15 m,至今仍保持混凝土最大跨径的纪录。

1993 年上海建成的杨浦大桥:主跨 602 m,建成时为世界上最大跨径的钢-混凝土组合梁斜拉桥。

1995 年法国建成的诺曼底大桥:主跨 856 m,建成时为世界上最大跨径的主钢边混凝土混合梁斜拉桥。

2008 年中国江苏建成的苏通长江公路大桥:主跨 1088 m,双塔双索面钢筋梁斜拉桥,是世界上首座跨径千米的斜拉桥。

2018年中国建成的港珠澳大桥:世界上最长的跨海大桥,其中青洲航道桥主跨458 m,为三座斜拉桥中最长的,采用双塔双索面钢筋梁斜拉桥,全桥采用半漂浮体系,索塔采用门型框架塔。

4.2.2 孔跨布局

1.双塔三跨式

图4-2-2所示双塔三跨式斜拉桥是一种常见的孔跨布置方式。它的主跨跨径较大,一般适用于跨越较宽的河流。

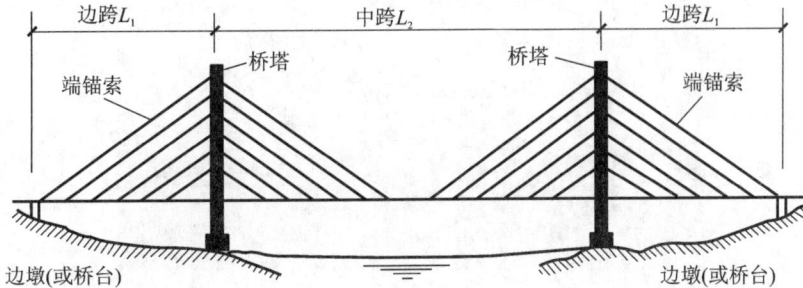

图 4-2-2 双塔三跨式斜拉桥

在这类桥中,边跨与主跨的比例非常重要,为了在视觉上清楚地表现主跨,边主跨之比应小于0.5。从受力上看,边主跨之比与斜拉桥的整体刚度、端锚索的应力变幅有着很大的关系。当主跨有活载时边跨梁端点的端锚索产生正轴力(拉力),而当边跨有活载时端锚索又产生负轴力(拉力松减),由此引起较大应力幅而产生疲劳问题。边跨较小时,边跨主梁的刚度较大,边跨拉索较短,刚度也就相对较大,因而边跨对索塔的锚固作用就大,主跨的刚度也就相应增大。对于活载比重较小的公路和城市桥梁,合理的边主跨之比为0.40~0.45,而对于活载比重大的铁路桥梁,边主跨之比宜为0.20~0.25,同理,钢斜拉桥的边跨应比相同跨径混凝土斜拉桥的跨径小。

2.独塔双跨式

图4-2-3所示独塔斜拉桥也是一种较常见的孔跨布置方式,由于它的主孔跨径一般比双塔三跨式的主孔跨径小,适用于跨越中小河流和城市通道。

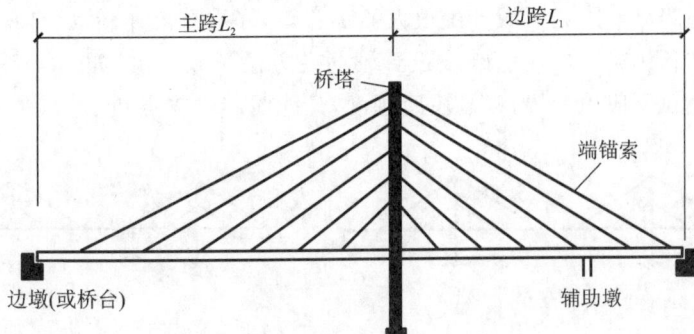

图 4-2-3 独塔斜拉桥

独塔双跨式斜拉桥的主跨跨径 L_2 与边跨跨径 L_1 之间的比例关系一般为 $L_1 = (0.5 \sim 0.8)L_2$，但多数接近于 $L_1 = 0.66L_2$。两跨相等时，由于失去了边跨及辅助墩对主跨变形的有效约束作用，因而这种形式较少采用。

3. 三塔四跨式和多塔多跨式

斜拉桥与悬索桥一样，很少采用三塔四跨式（图 4-2-4）或多塔多跨式。一个极简单的原因是多塔多跨式斜拉桥中的中间塔塔顶没有端锚索来有效地限制它的变位。因此，已是柔性结构的斜拉桥或悬索桥采用多塔多跨式将使结构柔性进一步增大，从而引起变形过大。

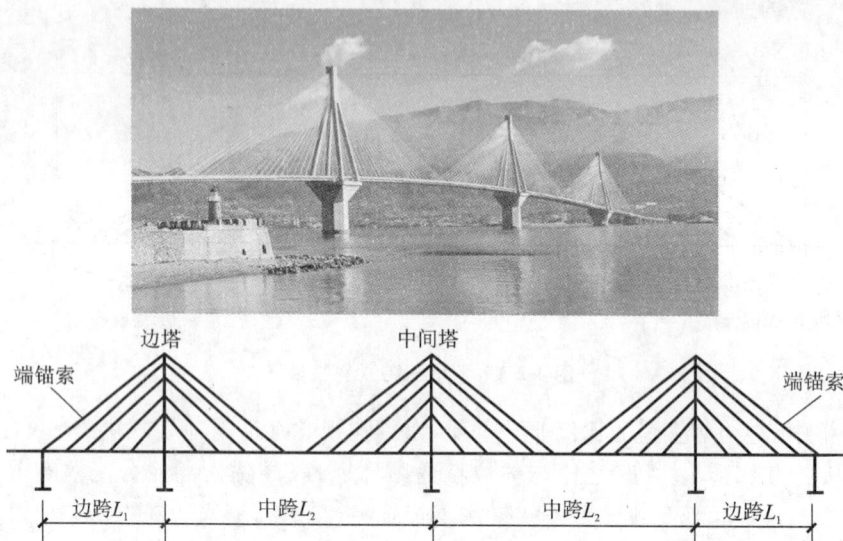

图 4-2-4　三塔四跨式斜拉桥

增加主梁的刚度可以在一定程度上提高多塔斜拉桥的整体刚度，但这样做必然会增加桥梁的自重，如必须采用多塔多跨式斜拉桥，则可将中间塔做成刚性索塔（如马拉开波桥），但此时索塔和基础的工程量将会增加很多；或用长拉索将中间塔顶分别锚固在两个边塔的塔顶或塔底（如香港汀九桥），这种方式的缺点是长索下垂量很大，索的刚度较小，大风有可能将其破坏；还有一种方法是加粗尾索并在锚固尾索的梁段上压重，以增加索的刚度（如洞庭湖大桥）。

4. 辅助墩和边引跨

活载往往在边跨梁端附近区域产生很大的正弯矩，并导致梁体转动，伸缩缝易受损，在此情况下可以通过加长边梁以形成引跨或设置轴肋的方法予以解决，如图 4-2-5 所示。同时设辅助墩既可以减小拉索应力变幅，提高主跨刚度，又能缓和端支点负反力，是大跨度斜拉桥常用的方法。

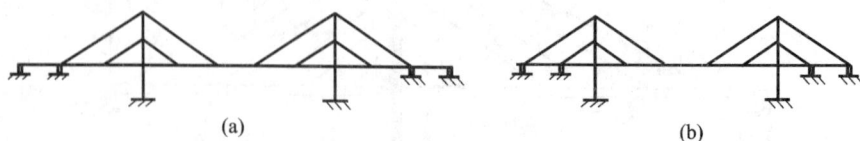

(a) (b)

图 4-2-5　边引跨和辅助墩
(a)设引跨；(b)设辅助墩

4.2.3　索塔布置

1.索塔的形式

索塔是表达斜拉桥个性和视觉效果的主要结构物,因而对于索塔的美学设计应予以足够的重视。索塔设计必须适合于拉索的布置,传力应简单明确,在恒载作用下,索塔应尽可能处于轴心受压状态。单索面斜拉桥和双索面斜拉桥索塔塔架的纵、横向布置形式如图 4-2-6、图 4-2-7 所示。

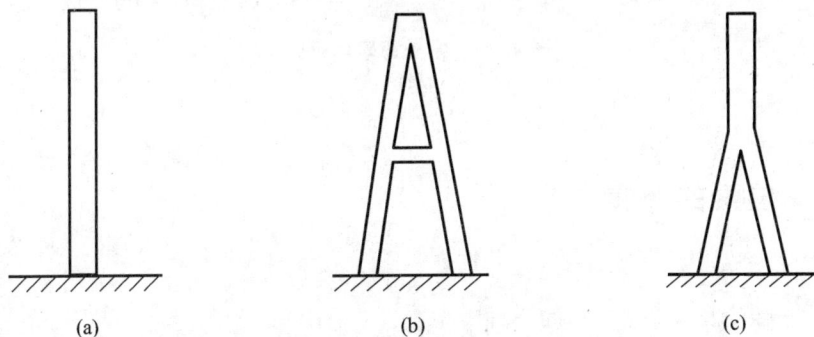

(a)　　　　　　　　　　(b)　　　　　　　　　　(c)

图 4-2-6　索塔的纵向布置形式

(a)独柱式;(b)A 字形;(c)倒 Y 形

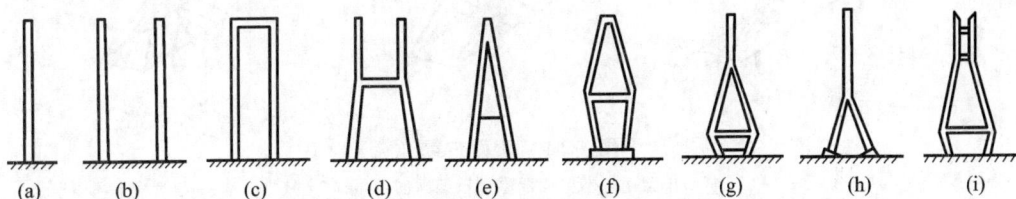

(a)　　(b)　　(c)　　(d)　　(e)　　(f)　　(g)　　(h)　　(i)

图 4-2-7　索塔的横向布置形式

索塔沿桥纵向的布置有独柱式、A 字形、倒 Y 形等几种,单柱式主塔构造简单;A 字形和倒 Y 形在顺桥向刚度大,有利于承受索塔两侧斜拉索的不平衡拉力;A 字形还可减小搁置在塔上主梁的负弯矩。

索塔横桥方向的布置方式,可分为独柱型、双柱型、门形或 H 形、A 形、宝石形或倒 Y 形等。

索塔纵横向布置均呈独柱型的索塔,仅适用于单索面斜拉桥。当需要加强横桥向抗风刚度时,可以配合采用图 4-2-7(g)或图 4-2-7(h)的形式。图 4-2-7(b)、(d)一般适用于双平面索的情况;图 4-2-7(e)、(f)和(i)一般适用于双斜索面的斜拉桥上。

2.塔的高跨比

索塔的高度决定着整个桥梁的刚度和经济性,对于每一座斜拉桥,都存在着一个最佳塔高,使得索和塔对主梁的支承刚度达到最大。

图 4-2-8 是双塔和独塔斜拉桥索塔的常见高跨比范围。

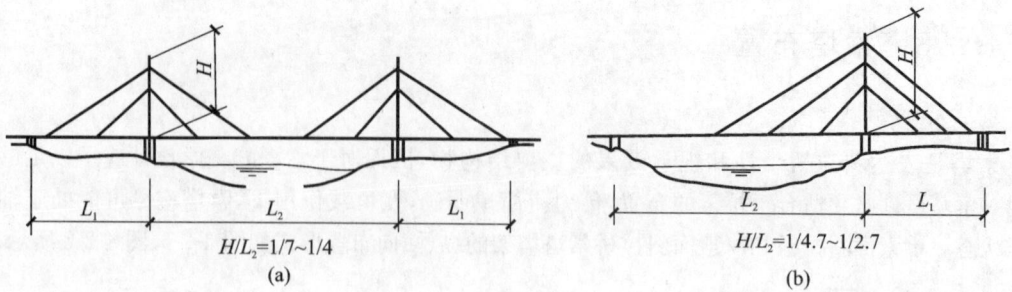

$$H/L_2=1/7\sim1/4$$

(a)

$$H/L_2=1/4.7\sim1/2.7$$

(b)

图 4-2-8　索塔高跨比范围

(a)双塔;(b)独塔

4.2.4　拉索的布置

1.索面位置

索面位置一般有图 4-2-9 所示的三种类型。

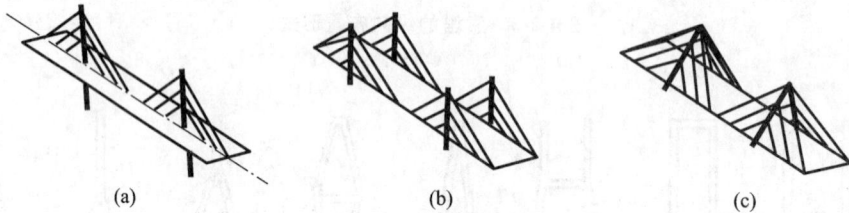

(a)　　　　　　　　　(b)　　　　　　　　　(c)

图 4-2-9　索面布置

(a)单索面;(b)竖向双索面;(c)斜向双索面

从力学角度来看,采用单索面时拉索对抗扭不起作用。因此,主梁应当采用抗扭刚度较大的截面。单索面的优点是桥面上视野开阔。采用双索面时,作用于桥梁上的扭矩可由拉索的轴力来抵抗,主梁可采用较小抗扭刚度的截面。至于斜向双索面,它对桥面梁体抵抗风力扭振特别有利(斜向双索面限制了主梁的横向摆动)。倾斜的双索面应采用倒 Y 形、A 形或双子形索塔。

2.索面形状

索面形状主要有辐射形、竖琴形和扇形三种基本类型,如图 4-2-10 所示。它们各自的特点如下。

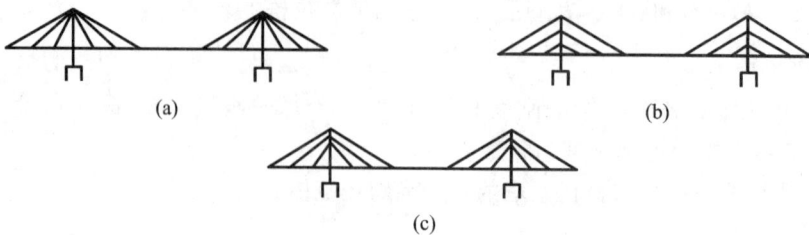

(a)　　　　　　　　　　　　　　　(b)

(c)

图 4-2-10　斜拉索立面布置方式

(a)辐射形;(b)竖琴形;(c)扇形

（1）辐射形布置的斜拉索沿主梁为均匀分布，而在索塔上则集中于塔顶一点。由于其斜拉索与水平面间的平均交角较大，故斜拉索的垂直分力对主梁的支承效果也大，与竖琴形布置相比，可节省钢材15％～20％，但塔顶上的锚固点构造过于复杂。

（2）竖琴形布置中的斜拉索成平行排列，在索数少时显得比较简洁，并可简化斜拉索与索塔的连接构造，塔上锚固点分散，对索塔的受力有利，缺点是斜拉索的倾角较小，索的总拉力大，故钢索用量较多。

（3）扇形布置的斜拉索是不相互平行的，它兼有上面两种布置方式的优点，故在设计中获得广泛应用。

3. 索距的布置

索距的布置可以分为稀索与密索。在早期的斜拉桥中都为稀索（超静定次数少），现代斜拉桥则多为密索（必须利用电子计算机计算）。密索优点如下：

（1）索距小，主梁弯矩小。

（2）索力较小，锚固点构造简单。

（3）锚固点附近应力流变化小，补强范围小。

（4）利于悬臂架设。

（5）易于换索。

斜拉桥采用悬臂法架设时，索间距宜为5～15 m，混凝土主梁因自重大，索距应密些，较大的索距适合于钢或钢-混凝土组合主梁。

4.2.5　主要结构体系

斜拉桥的结构体系，按照塔、梁、墩相互结合方式，可划分为漂浮体系、半漂浮体系、塔梁固结体系和刚构体系；按照主梁的连续方式，有连续体系和T形刚构体系等；按照斜拉索的锚固方式，有自锚体系、部分地锚体系和地锚体系；按照塔的高度不同，有常规斜拉桥体系和矮塔部分斜拉桥体系。

现将几种主要的斜拉桥体系分别介绍如下。

1. 漂浮体系

漂浮体系（图4-2-11）的特点是塔墩固结、塔梁分离。主梁除两端有支承外，其余全部用拉索悬吊，属于一种在纵向可稍作浮动的多跨弹性支承连续梁。

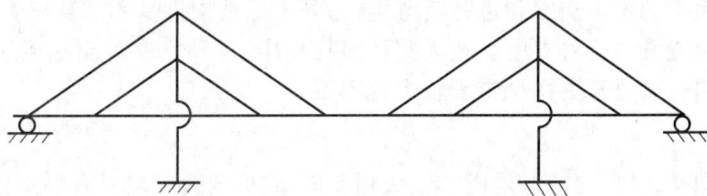

图 4-2-11　漂浮体系斜拉桥

该体系的主要优点是主跨满载时，塔柱处的主梁截面无负弯矩峰值；由于主梁可以随塔柱的缩短而下降，因此温度收缩和徐变次内力均较小；密索体系中主梁各截面的变形和内力的变化较平缓，受力较均匀；地震时允许全梁纵向摆荡，做长周期运动，从而吸震消能。

目前，大跨斜拉桥（主跨400 m以上）多采用此种体系。

为了防止纵向风和地震荷载使漂浮体系斜拉桥产生过大的摆动，影响安全，十分有必要在斜拉桥塔上的梁底部位设置高阻尼的主梁水平弹性限位装置。

2.半漂浮体系

半漂浮体系(图 4-2-12)的特点是塔墩固结,主梁在塔墩上设置竖向支承,成为具有多点弹性支承的三跨连续梁。其可以是一个固定支座,三个活动支座,也可以是四个活动支座,但一般均设活动支座,以避免由于不对称约束而导致不均匀温度变位,水平位移将由斜拉索制约。

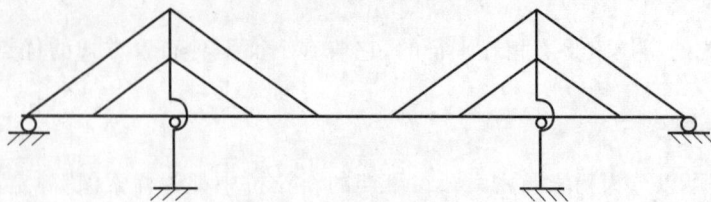

图 4-2-12　半漂浮体系斜拉桥

半漂浮体系若采用一般支座来处理则无明显优点,因为当两跨满载时,塔柱处主梁有负弯矩峰值,温度、收缩、徐变次内力仍较大。若在墩顶设置一种可以用来调节高度的支座或弹簧支承来替代从塔柱中心悬吊下来的拉索(一般称"零号索"),并在成桥时调整支座反力,以消除大部分收缩、徐变等的不利影响,这样就可以与漂浮体系相媲美,并且在经济和减小纵向漂移方面将会有一定好处。

3.塔梁固结体系

塔梁固结体系(图 4-2-13)的特点是将塔梁固结并支承在墩上。主梁的内力与挠度直接同主梁与索塔的弯曲刚度比值有关。这种体系的主梁一般只在一个塔柱处设置固定支座,而其余均为纵向可以活动的支座。

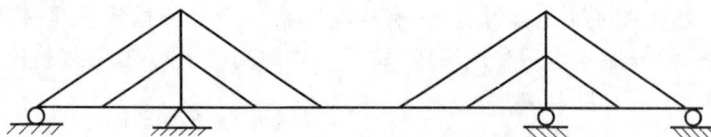

图 4-2-13　塔梁固结体系斜拉桥

这种体系的优点是显著减小主梁中央段承受的轴向拉力,并且索塔和主梁中的温度内力极小。缺点是中孔满载时,主梁在墩顶处转角位移导致塔柱倾斜,使塔顶产生较大的水平位移,从而显著增大主梁跨中挠度和边跨负弯矩;另外上部结构重量和活载反力都需由支座传给桥墩,这就需要设置大吨位的支座。在大跨径斜拉桥中,这种支座甚至达到上万吨级,这给支座的设计制造及日后养护、更换均带来较大的困难。

4.刚构体系

刚构体系(图 4-2-14)的特点是塔、梁、墩相互固结,形成跨度内具有多点弹性支承的刚构。

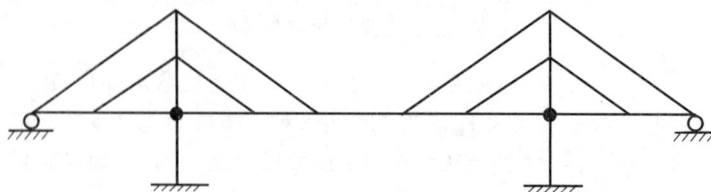

图 4-2-14　刚构体系斜拉桥

这种体系的优点是既免除了大型支座又能满足施工的稳定要求;结构的整体刚度比较好,主梁挠度又小。缺点是主梁固结处负弯矩大,使固结处附近截面需要加大;再则,为消除温度应力,应用于双塔斜拉桥中时要求墩身具有一定的柔性,常用于高墩的场合,以避免出现过大的附加内力。另外,这种体系比较适合于独塔斜拉桥。

5.矮塔部分斜拉桥体系

矮塔部分斜拉桥结构如图 4-2-15 所示。由力学知识可知,在截面相同的情况下,塔的抗水平变位刚度与塔高的三次方成反比,因而塔高降低则塔身刚度迅速提高。但塔高降低后拉索的水平倾角也将减小,拉索对主梁的支撑作用减弱,而水平压力增大,这相当于拉索对主梁附加了一个较大的体外预应力。矮塔部分斜拉桥由于拉索不能提供足够的支撑刚度,故要求主梁的刚度较大。因拉索只提供部分刚度,"部分斜拉桥"由此得名。其受力性能介于梁式和斜拉桥之间。

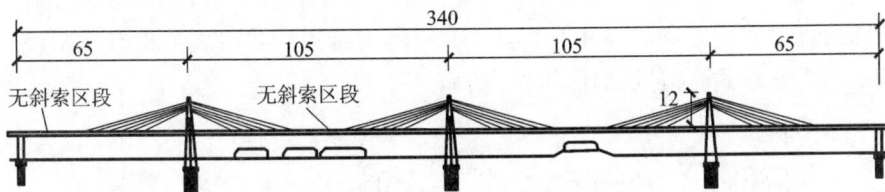

图 4-2-15　矮塔部分斜拉桥结构(尺寸单位:m)

任务实施

通过对斜拉桥的学习,请回答下列问题:

1.斜拉桥由哪几个部分组成?

2.斜拉桥的索面位置有哪几种类型?

3.斜拉桥的索面有哪几种形式?

4.按照塔、梁、墩相互结合方式可将斜拉桥分为哪几种体系?

4.3　悬索桥的认知

【任务引入】

小李的公司实力越来越强,承揽的业务范围也越来越大。这一次,小李的公司承接了一个悬索桥的施工项目,小李被派到该项目上做施工员,这可是一次不小的挑战,什么是悬索桥?悬索桥有哪些结构特点?这些都有待小李去学习和探索。

知识储备

补充阅读:
泸定桥

4.3.1　概述

悬索桥也叫吊桥,行车和行人的桥道梁(通常叫加劲梁)通过吊索挂在主缆上。悬索桥通常由桥塔、锚碇、主缆、吊索、加劲梁及鞍座等部分组成,主缆一般用许多根高强度钢丝组成,大缆两端用锚碇固定。通常还用两个高塔给大缆提供中间支承。悬索桥承重主要靠主缆。主缆的钢丝强度高且可根据需要增加钢丝数,所以悬索桥的跨越能力特别大。

早在 1931 年,美国人就修建了跨度超过 100 m 的悬索桥。多年过去了,全世界跨度超过 100 m 的悬索桥已有 30 余座。这说明悬索桥是一种最适合于大跨度的桥。由于跨度大,相对来讲,悬索桥的桥塔高耸挺拔而主缆又显得轻柔飘逸,刚柔相济,雄伟壮观,特别美观。因此,大跨度悬索桥的所在地几乎均将其作为重要的旅游景点。

4.3.2 悬索桥的结构特点

悬索桥的桥面通过长短不同的吊索悬吊在悬索(主缆、大缆)上,使桥面具有一定的平直度。与拱桥不同的是,作为承重结构的拱肋是刚性的,而作为承重结构的悬索则是柔性的。为了避免在车辆驶过时桥面随着悬索一起变形,悬索桥一般均设有刚性梁(又称为加劲梁),以保证车辆走过时不致发生过大的局部挠度。悬索桥的主缆一般均支承在两个塔柱上,塔顶设有鞍形支座,主缆的端部通过锚碇固定在地基中。图 4-3-1 所示为悬索桥的组成。也有将主缆固定在加劲梁的端部,称为自锚式悬索桥,如图 4-3-2 所示。

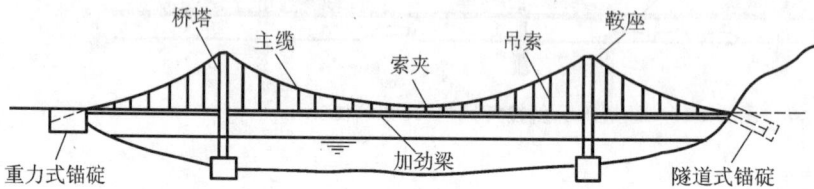

图 4-3-1 悬索桥的组成

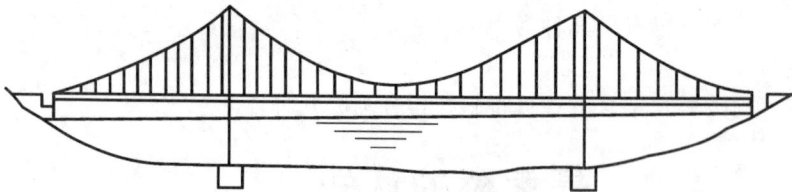

图 4-3-2 自锚式悬索桥

悬索桥的加劲梁支承在柔性的主缆上,且加劲梁本身的刚度也不大,其能够提供活载刚度的原因是重力刚度。柔性主缆的几何形状是由其在外力作用之下的平衡条件决定的,外力包括恒载和活载。如果恒载相当大,则其由恒载所决定的几何形状就不会因相对较小的活载上桥而有多大改变。于是,对活载讲,桥就有了刚度,叫作重力刚度(巨大的恒载提供了重力)。桥梁结构刚度一般以活载作用下桥梁的挠度来衡量。对于弯曲刚度假定为零的悬索,重力在悬索中产生了自相平衡的初始拉力并决定了索的形状,在考虑几何非线性效应时,额外增加的活载要与原先的恒载一起使悬索达到新的拉力及形状平衡状态,两个形状之间的差就是活载变形量。悬索中初始拉力越大,活载拉力增量及变形量就越小,桥梁刚度就越大。相对于梁桥刚度主要由截面尺寸决定而言,悬索桥的刚度由初始悬索拉力及形状决定,因此称其为重力刚度。跨度较小的悬索桥自重较轻,重力刚度较小,活载对主缆变形的影响较大。大跨悬索桥自重大,重力刚度很明显,因此活载对主缆刚度的影响就很小。图 4-3-3 表明其概念。

如上所述,悬索桥的主要承重构造是主缆、塔和锚碇。随着跨度的加大,这三者的承载能力都需要增加。而从技术上讲,加大主缆和塔的截面,加大锚碇尺寸,借以提高其承载能力,并无多大困难,同时主缆是受拉构件,不存在失稳的问题。因此可以认为,尽管悬索桥的跨度纪录已近 2000 m,但其潜力并未用足,若有需要,还可以让跨度再增大许多。当然超大跨度将使结构非线性、风效应等因素的影响更加明显,从而增加了其建造难度。

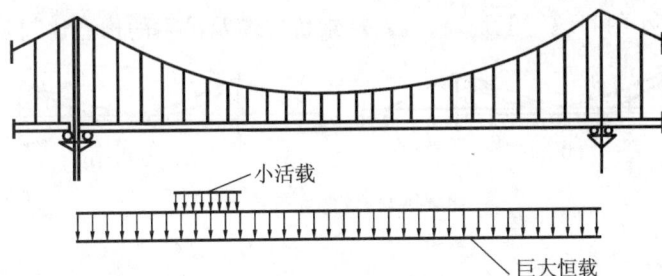

图 4-3-3　重力刚度概念

4.3.3　总体布置

悬索桥通常布置成三跨式,跨度比一般受具体桥位处的地形与地质条件制约,取值的自由度并不大,悬索桥的边中跨度比一般为 0.3～0.5,特大跨度时,为了提高结构的总体刚度取为 0.2～0.4。

在主跨长及边中跨比一定的情况下,主缆的拉力(代表主缆所需截面面积)随垂跨比的减小而增大,即垂度越大主缆力越小,但是垂度的增大增加了主缆的长度,同时增加了塔的高度,因此存在最优垂度的问题。在受力性能方面,垂度越大竖向整体刚度越小,同时,垂度的大小还影响悬索桥的竖向、扭转固有振动频率,从而影响结构抗风性能。综合上述因素,大跨度悬索桥的垂跨比一般为 $1/12～1/10$,公铁两用悬索桥通常取 $1/11$,公路悬索桥取 $1/10$。

在恒载下,悬索桥的加劲梁基本只承担局部弯曲,但是在活载作用下主梁的刚度对结构总体竖向刚度有很大贡献。从世界大跨度悬索桥看,桁架式加劲梁的高跨比为 $1/180～1/70$,钢箱形加劲梁的高跨比为 $1/400～1/300$。梁高除了与结构的竖向刚度有关外,还与全桥的抗风稳定性有关,梁高太低时截面扭转刚度削弱很多,容易产生涡振与抖振,造成结构疲劳,箱形梁的高宽比一般控制在 $1/11～1/7$。

4.3.4　主要结构体系

1.地锚式与自锚式悬索桥

绝大部分悬索桥,特别是大跨度悬索桥,都是地锚式悬索桥。地锚式悬索桥主缆的拉力由桥梁端部的锚碇传递给地基,因此在锚碇处要求地基具有较大的承载力,最好是有良好的岩层做地基持力层。

自锚式悬索桥主缆水平拉力直接传递给加劲梁,但水平分力则使加劲梁产生巨大的轴向压力,为了抵抗巨大的主缆水平分力,加劲梁的截面必须增大,因此,自锚式悬索桥的跨度不宜过大,在中小跨径下采用混凝土主梁时具有一定的竞争力。自锚式悬索桥一般必须先架设加劲梁,然后架设主缆,这也限制了其在特大跨径桥梁上的应用。

2.双链式悬索桥

在小跨度悬索桥中可以采用双链式主缆来提高结构的刚度。加劲梁可以在全跨范围内均匀悬吊在双主缆上[图 4-3-4(a)],左右两个半跨也可以分别悬吊在下主缆上[图 4-3-4(b)]。双链式主缆可以减小主梁在非对称的半跨布置活载作用下的 S 形变形,因此提高了全桥的刚度,克服了重力刚度小的问题。但是,双链式悬索桥主缆及吊索的构造比较复杂。

图 4-3-4　双链式悬索桥

3.悬索桥的孔跨布置形式

三跨悬索桥是最常见的悬索桥布置形式[图 4-3-5(b)],它的结构特性也比较合理,迄今为止大跨度悬索桥大部分采用这种形式。

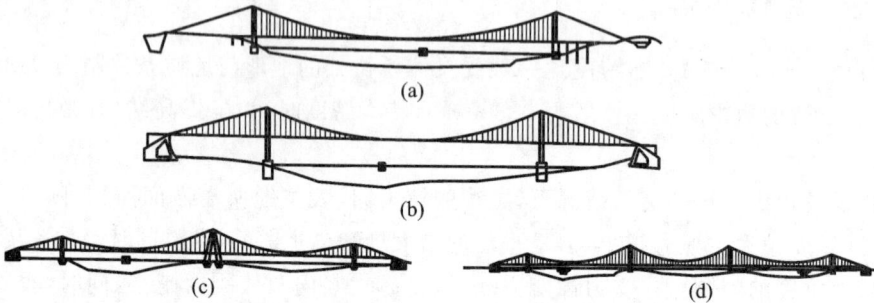

图 4-3-5　悬索桥的孔跨布置形式

(a)单跨悬索桥;(b)三跨悬索桥;(c)四跨悬索桥;(d)五跨悬索桥

单跨悬索桥[图 4-3-5(a)]适合于边跨地面较高,采用桥墩来支承边跨的梁体结构,是比较经济的情况。单跨悬索桥由于边跨主缆的垂度较小,因此活载刚度较大,但在架设时主塔顶部须设置较大的鞍座预偏量。我国江阴长江大桥主跨 1385 m,建成时是世界上跨度最大的单跨悬索桥。

当只有一岸的边跨地面较高时,可以采用两跨悬索桥的布置形式。香港主跨 1377 m 的青马大桥,建成时是跨度最大的两跨式悬索桥,如图 4-3-6 所示。

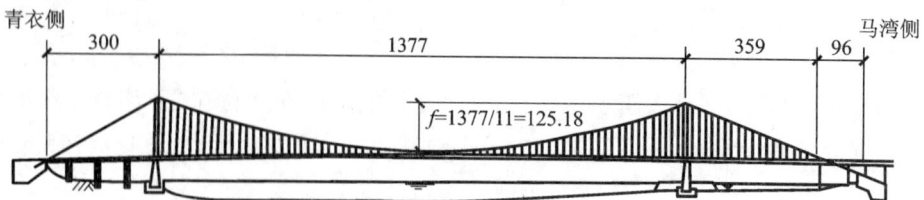

图 4-3-6　香港青马大桥(尺寸单位:m)

　　超过三跨的悬索桥必须设置3个以上桥塔,由于相邻跨的主缆不锚固在锚碇中,当其中一跨作用荷载时塔柱将向受荷跨弯曲,使悬索桥的整体刚度减小,因此,大跨径多跨悬索桥比较少见。如果要采用,中间桥塔必须加大其刚度,如采用在桥梁纵向呈A形的4柱立体桥塔。加大中间桥塔的刚度将大大增加中间桥塔及其基础的造价,因此,需要建多跨悬索桥时宁可采用两座三跨悬索桥和一个共用的主缆锚碇来布置成一前一后相连的形式,如图4-3-7所示。

图4-3-7　美国旧金山奥克兰海湾大桥西桥双联悬索桥(尺寸单位:m)

4.加劲梁的支承体系

　　一般三跨悬索桥中加劲梁在塔柱处是非连续的,而主跨和边跨分别简支在塔柱横梁上,称为三跨双铰加劲梁。但是,目前也有相当多的大跨径悬索桥将全桥设计成连续加劲梁。单跨悬索桥一般均采用双铰式,悬臂式较少见,如图4-3-8所示。

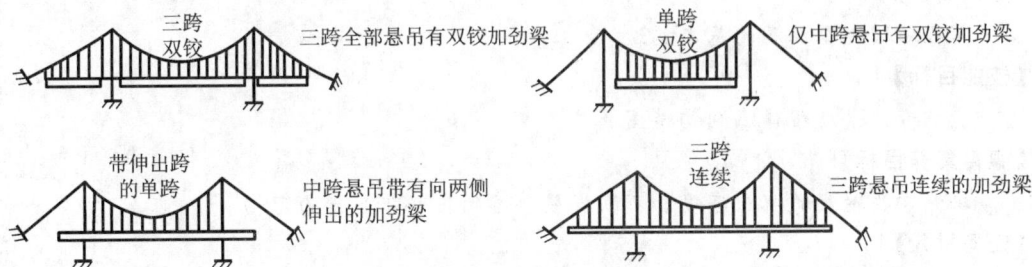

图4-3-8　加劲梁的支承体系

　　三跨双铰式加劲梁的布置在受力上较合理,加劲梁的弯矩比较小,对桥塔基础不均匀沉降的适应性也比较好。但采用非连续的双铰加劲梁时,梁端的角变位和伸缩量以及跨中的最大挠度均较大。对于对变位要求较低的公路桥,采用三跨双铰加劲梁较合理,而对于有铁路通过的悬索桥,必须进行连续加劲梁和双铰加劲梁的比较。

任务实施

　　通过对悬索桥的学习,请回答下列问题:

　　1.悬索桥主要由哪几个部分组成?

　　2.悬索桥主要有哪几种孔跨布置形式?

5

涵洞的构造与施工

5.1 认 知 涵 洞

【知识目标】

　　掌握不同类型涵洞的基本构造。

【技能目标】

　　能从专业角度解释涵洞构造图。

【德育素养目标】

　　培养学生踏实的职业态度和不断发展学习的良好职业行为习惯。

【任务引入】

　　小李和孙工一起来到了福元路涵洞施工项目,他将跟着师傅孙工继续从看施工图开始,一步步地学习并完成福元路的涵洞项目。在项目进行前,小李跟着师傅学习了涵洞的相关知识,清楚了涵洞的基本构造以及常见的涵洞类型。随后小李进行了福元路涵洞施工项目施工图的识读,并且完成了师傅布置的相关工作任务。

知识储备

5.1.1 涵洞的概念

　　涵洞是公路工程中的小型构造物,虽然在总造价中其所占比例很小,但涵洞施工质量直接影响公路工程的整体质量及使用性能,以及周围农田的灌溉、排水。

　　涵洞本身的作用主要是排水,它是公路路基通过洼地或跨越水沟(渠)时设置的,或为把汇集在路基上方的水流宣泄到下方而设置的横穿路基的小型地面排水结构物,是公路上广泛使用的一种人工结构物。

5.1.2 涵洞的分类

1.按建筑材料分

　　按建筑材料不同,涵洞可以分成以下几类:

（1）石涵。

石涵是以石料为主要材料建造的涵洞，这是公路上常见的涵洞类型。

（2）混凝土涵。

混凝土涵洞是以混凝土为主要材料建造的涵洞。按力学性能不同，混凝土涵洞又有四铰管涵、混凝土圆管涵、混凝土盖板涵、混凝土拱涵之分。

（3）钢筋混凝土涵。

钢筋混凝土涵是以钢筋混凝土为主要材料建造的涵洞。钢筋混凝土材料坚固耐用、力学性能好，是高等级公路上常采用的结构类型。

（4）其他材料组成的涵洞。

对于小孔径涵洞有时也可以采用其他材料建造，如砖、陶瓷、铸铁、钢波纹管、石灰三合土等。这类涵洞有砖涵、陶瓷管涵、波纹管涵、石灰三合土涵。

2.按构造形式分

按构造形式不同，涵洞可分为管涵（圆管涵）、盖板涵、拱涵、箱涵、倒虹吸管涵。其中圆管涵和盖板涵又是最常见的涵洞类型。

（1）圆管涵。

圆管涵主要由管身、基础、接缝及防水层构成，如图 5-1-1 所示。

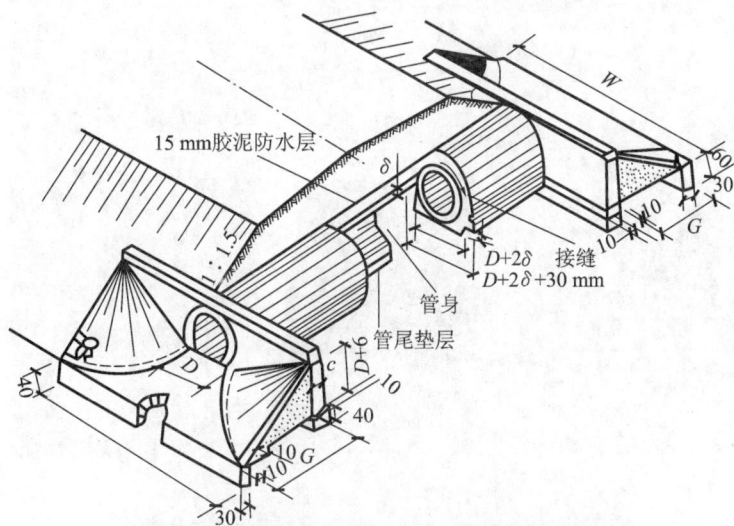

图 5-1-1　管涵（圆管涵）

（2）盖板涵。

盖板涵主要由盖板、涵台、洞身铺底、伸缩缝、防水层等构成，如图 5-1-2 所示。

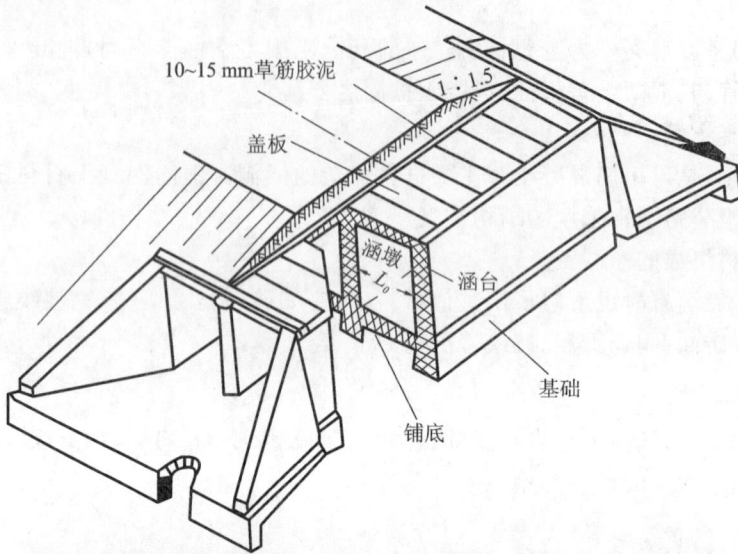

10~15 mm草筋胶泥

1：1.5

盖板

涵墩 L_0

涵台

基础

铺底

图 5-1-2　盖板涵

（3）拱涵。

拱涵主要由拱圈、护拱、涵台、基础、铺底、沉降缝及排水设施组成，如图 5-1-3 所示。

（4）箱涵。

箱涵（图 5-1-4）主要由钢筋混凝土涵身、翼墙、基础、变形缝等组成。箱涵为整体闭合式钢筋混凝土框架结构，所以具有良好的整体性及抗震性能，一般仅在软土基上采用。

3.按涵洞顶填土高度分

按涵洞顶填土高度不同，涵洞可分为暗涵和明涵两类。

（1）暗涵：当涵洞洞顶填土高度大于或等于 0.5 m 时叫作暗涵，一般用在高填方路段。

（2）明涵：当涵洞洞顶填土高度小于 0.5 m 时叫作明涵，常在低填方或挖方路段采用。当涵洞洞顶填土不能满足大于或等于 0.5 m 时必须按明涵设计。

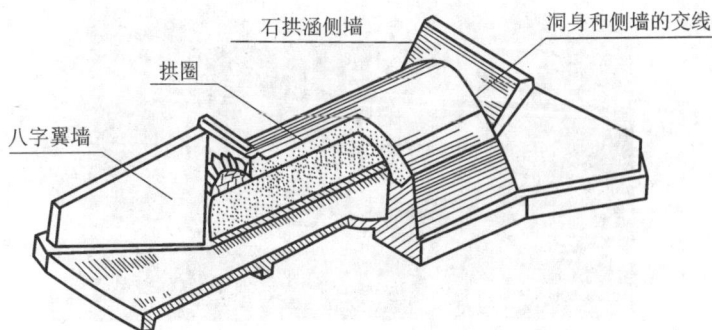

图 5-1-3 拱涵

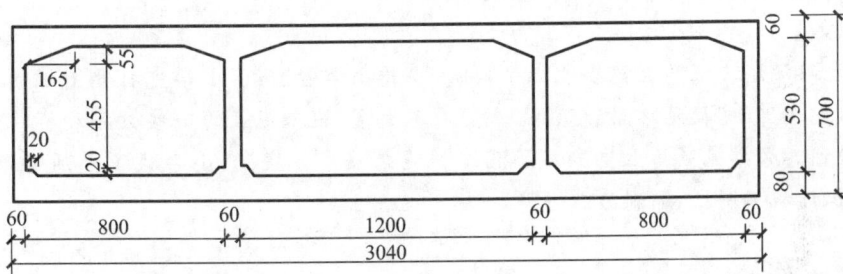

图 5-1-4 箱涵

4. 按水力性质分

水流通过涵洞的深度不同,直接影响涵洞过水的水力状态,从而产生不同涵洞水力计算的图式。因此,按涵洞过水的水力性质不同,涵洞可分为无压力式、半压力式和压力式三种。

任务实施

通过对涵洞的学习,请回答如下问题:

1. 涵洞的主要作用是什么?

2. 按构造形式,涵洞又可分为哪几种类型?

3. 将盖板涵的各部分构造标记在图 5-1-5 上。

图 5-1-5　盖板涵练习图

5.2　涵洞的施工

知识储备

5.2.1　施工准备

　　(1)涵洞开挖前应根据设计文件资料进行现场核对;核对时还应注意农用排灌要求;如需变更设计,按变更程序进行处理。

　　(2)根据施工详图,做好测量放样工作。基础的底宽度为基础的尺寸加上两侧预留排水或砌筑站人的宽度,如图 5-2-1 所示。

　　涵洞测量放样时应注意以下事项:

　　①应核对涵洞纵横轴线的地形剖面图是否与设计图相符。

　　②注意涵洞长度、涵底标高的正确性。

　　③对斜交涵洞、曲线上和陡坡上的涵洞,应考虑交角、加宽、超高和纵坡对涵洞具体位置、尺寸的影响。

④注意锥坡翼墙、一字墙和涵洞墙身顶部位置、方向、长度、高度、坡度,使之符合技术要求。

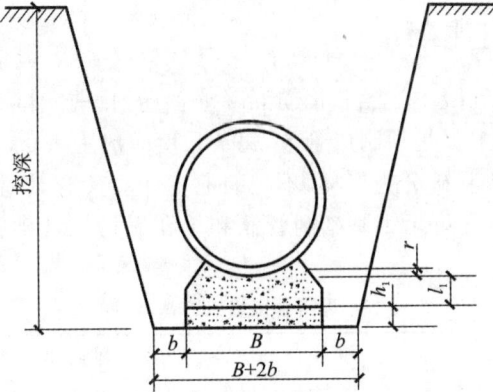

图 5-2-1　基础宽度示意图

(3)根据土壤类别和深度,确定挖基坡度,见表 5-2-1。

表 5-2-1　　　　　　　　　　　　　　　挖基坡度

土的类别	边坡坡度(高:宽)		
	坡顶无荷载	坡顶有静载	坡顶有动载
中密的砂土	1:100	1:1.25	1:1.50
中密的碎石类土(充填物为砂土)	1:0.75	1:100	1:1.25
硬塑的粉土	1:0.67	1:0.75	1:1.00
中密的碎石类土(充填物为黏性土)	1:0.50	1:0.67	1:0.75
硬塑的亚黏土、黏土	1:0.33	1:0.5	1:0.67
老黄土	1:0.10	1:0.25	1:0.33
软土(井点降水后)	1:1.00		

(4)算出上口宽,画出开挖范围,钉好橛。桩橛定位示意图如图 5-2-2 所示。

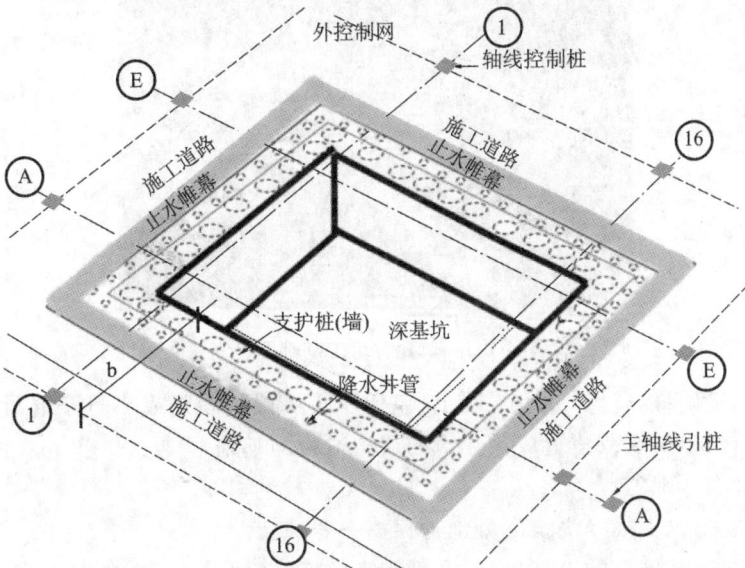

图 5-2-2　桩橛定位示意图

（5）在施工场地附近设置控制桩和检查桩，以便经常核对涵洞位置。

5.2.2 管涵施工技术

公路工程中的管涵有混凝土管涵和钢筋混凝土管涵，目前我国公路工程中多采用钢筋混凝土管涵。公路管涵的施工多是预制成管节，每节长度一般为 1 m，然后运往现场安装。管涵又按照单、双孔和有无坞工基础分为四类，不同的地基性质又有其适应的管涵基础修筑方法，详见表 5-2-2。接下来以单孔有坞工基础圆管涵和单孔无坞工基础圆管涵为例来介绍圆管涵的施工技术。

表 5-2-2 管涵基础修筑方法

地基性质	基础修筑方法
地基土为岩石	无坞工基础，挖去风化层或软层
地基土为砾石土	无坞工基础，用砂填充地基土空隙并压实
地基土为黏性土	采用 0.5 m 厚的坞工基础
地基土为软性土	软基加固处理，包括换填、粉喷拌和、木桩等

1. 单孔有坞工基础圆管涵施工

单孔有坞工基础圆管涵（图 5-2-3）施工的主要施工程序如下：

（1）挖基坑并准备修筑管涵基础的材料。

管涵基础是圆管与地基间经过人工处理过的或专门建造的设施，其作用是将管道上较为集中的荷载均匀分布，减少地基应力，或者是为了解决土壤的特殊性质的要求（如松弱、不均匀性等）而采取的技术措施，如夯实原土、混凝土基础等。

（2）砌筑坞工基础或浇筑混凝土基础。

图 5-2-3 单孔有坞工基础圆管涵

①砌筑坞工基础：以砖、石或者混凝土（包括以其块件和砂浆或小石子混凝土结合而成的砌体）作为建筑材料，砌筑或建造成为建筑物或构造物的基础。

②浇筑混凝土基础。

施工流程：验槽→支模→浇筑混凝土与振捣→养护。

验槽要点：复核基础底的土基标高、宽度和平整度；沟槽内砖、石、木块等杂物清除干净；沟槽内不得有积水。

（3）安装涵洞管节，修筑涵管出入口端墙、翼墙及涵底（端墙外涵底铺装）。

①下管。下管应以施工安全、操作方便、经济合理为原则，考虑管径、管长、管道接口形式、沟深等条件选择下管方法。承插式管道下管前在接口位置开挖工作坑，混凝土基础强度必须达到设计强度的 50％才可下管。

下管方法有人工压绳下管法和机械下管法。人工压绳下管法（图 5-2-4）多用于施工现场狭窄、重量不大的中小型管子。此法适用于管径 400～800 mm 的管道，包括人工撬棍压绳下管法和立管压绳下管法等。

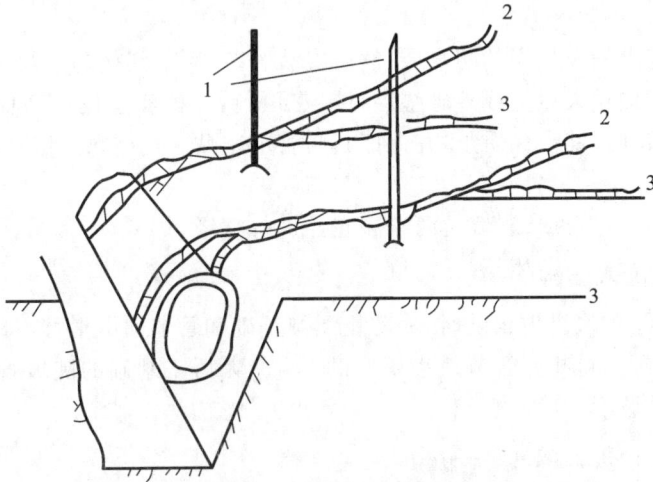

图 5-2-4　人工压绳下管法示意图
1—撬棍；2—手拉端；3—脚踏端

机械下管法用于管重大、管节长的管道施工，视管子重量选择起重机械，常用汽车式或履带式起重机械下管，如图 5-2-5 所示。

图 5-2-5　机械下管法示意图

②端墙、侧墙修筑及涵底铺装。

侧墙基础、八字墙、截水墙及洞口铺砌均为 M7.5 砂浆砌片石，侧墙、缘石为 M7.5 砂浆砌块石。勾好缝或灌好浆的砌体在完工后,视水泥种类及气候情况,应养护 7～14 d。

(4)铺设管涵防水层及修整。

(5)铺设管涵顶部防水黏土(设计需要时),填筑涵洞缺口填土及修建加固工程。

2.单孔无坞工基础圆管涵施工

单孔无坞工基础圆管涵的施工程序主要有:

(1)挖基和备料,与单孔有坞工基础管涵相同。

(2)在捣固夯实的天然土表层或矿砂垫层上,修筑截面为圆弧状的管座,其深度等于管壁的厚度。

(3)在圆弧管座上铺设垫层的防水层,然后安装管节,管节间接缝宜留 1 cm 宽。

(4)在管节的下侧用天然土或砂砾垫层材料作填料,并捣实至设计高程,然后将防水层向上包裹管节,防水层外再铺设黏质土,并保证其与管节密贴。在严寒地区这部分填土必须填筑不冻胀土料。

(5)修筑管涵出入口端墙、翼墙及两端涵底并进行整修。

3.涵底陡坡台阶式基础管涵

如图 5-2-6 所示,沟底纵坡很陡时,为防止涵洞基础和管节向下滑移,每段长度一般为 3～5 m,台阶高差一般不超过相邻管节最小壁厚的 3/4。无坞工基础的陡坡管涵,只可采用管节斜置的办法,斜置的坡度不得大于 5%。

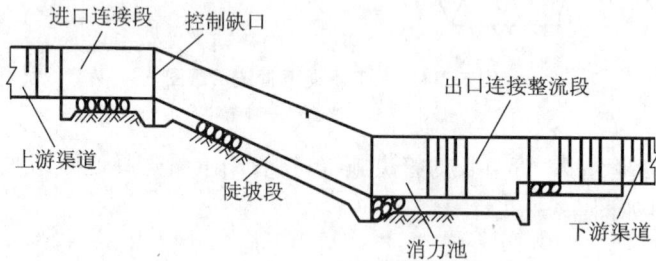

图 5-2-6　陡坡台阶式基础管涵示意图

4.拱涵、箱涵、盖板涵施工技术

(1)就地浇筑的拱涵和盖板涵。

桥涵通常采用钢拱架,在水流不大的情况下,小桥涵施工可以用土牛拱胎代替拱架,这种方法既能节省木料,又经济、安全。

拱架安装要求:支立牢固,拆卸方便,纵向连接稳定,拱架外弧平顺。

拱架拆卸要求:

①拱圈坞工强度达到设计值的 70% 时,拆除拱架后方可填土。

②拱涵拆除拱架可用木楔。

③拆卸拱架时应沿桥涵整个宽度将拱架同时均匀降落,从跨径中点开始逐步向两边拆除。

(2)就地浇筑的箱涵。

箱涵(图 5-2-7)现场浇筑应连续进行,尽量避免施工缝,当涵身较长时,可沿涵长方向分段进行,每段应连续一次浇筑完成,施工缝应设在涵身沉降缝处。

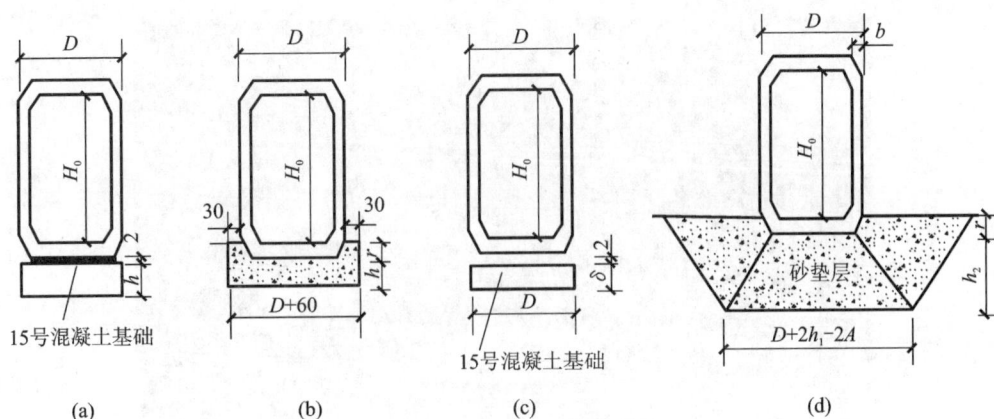

图 5-2-7　箱涵示意图

5.通道箱涵顶进施工

框架式立交桥或圆管涵顶进施工,就是在既有线路(在运营的铁路或公路)的某一侧(一般选择在上坡段,防止顶进时出现扎头现象)开挖工作坑,现浇滑板(管涵顶进采用安装导轨),在滑板上浇筑钢筋混凝土结构,修筑后背,同时对既有线路进行加固,安装顶进设备,当顶进前方挖土完成一个顶程后,开启高压油泵,使顶镐产生顶力,通过传力设备(顶铁、顶柱和横梁),借助于后背的反作用力把预制结构向前推进,待顶进一个顶程后,在空挡处安放顶铁,挖运出土另一个顶程距离,以待下次开顶,如此循环进行,直到整个预制结构顶进就位为止,如图 5-2-8～图 5-2-10 所示。

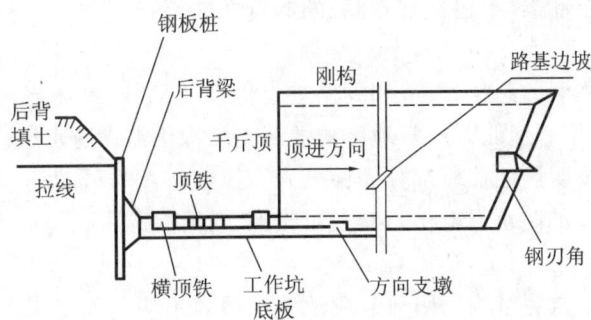

图 5-2-8　箱涵顶进构造图

图 5-2-9　某顶进式箱涵施工现场图

图 5-2-10　某顶进式箱涵实景图

6.其他附属设施施工

(1)防水层的敷设。

设置防水层是为了防止水分侵入混凝土内使钢筋锈蚀,缩短结构寿命。北方严寒地区的无筋混凝土结构需要设置防水层,防止侵入混凝土内的水分冻胀造成结构破坏。

防水层的设置部位:

①各式钢筋混凝土涵洞(不包括圆管涵)的洞身及端墙在基础以上被土掩埋的部分,须涂刷热沥青两道,每道厚1~1.5 mm,不另抹砂浆。

②混凝土及石砌涵洞的洞身、端墙和翼墙被土掩埋的部分,只需将圬工表面凿平,无凹入存水部分,可不设防水层。但北方严寒地区的混凝土结构仍需设防水层。

③钢筋混凝土盖板明涵的盖板部分表面可先涂抹热沥青两次,再于其上设2 cm厚的防水水泥砂浆或4~6 cm厚的防水混凝土。其上可按照设计铺设路面。

(2)沉降缝的设置。

设置沉降缝是为了避免结构物因荷载或地基承载力不均匀而发生不均匀沉陷,产生不规则的多处裂缝而使结构物破坏。

涵洞洞身、端墙、翼墙、进出水口急流槽交接处必须设置沉降缝,但无圬工基础的圆管涵仅于交接处设置沉降缝,洞身范围不设。具体设置位置视结构物和地基土的情况而定。

①沉降缝的设置要求。

a.洞身沉降缝。

一般每隔4~6 m设置1处,但无基础涵洞仅在洞身涵节与出入口涵节间设置,缝宽一般为3 cm。两端与附属工程连接处也各设置1处。

b.其他沉降缝。

凡地基土质发生变化、基础埋置深度不一、基础对地基的荷载发生较大变化处、基础填挖交界处、采用填石垫高基础交界处,均应设置沉降缝。

c.岩石地基上的涵洞。

凡置于岩石地基上的涵洞,不设沉降缝。

d.斜交涵洞。

斜交涵洞洞口正做的,其沉降缝应与涵洞中心线垂直;斜交涵洞洞口斜做的,沉降缝与路基中心线平行;但拱涵与管涵的沉降缝,一律与涵洞轴线垂直。

②沉降缝的施工方法。

沉降缝的施工,要求做到使缝两边的构造物能自由沉降,又能严密防止水分渗漏,故沉降缝必须贯穿整个断面(包括基础)。沉降缝具体施工方法如下:

a.基础部分。

可将原基础施工时嵌入的沥青木板或沥青砂板留下,作为防水之用。如基础施工时不用木板,也可用黏土填入捣实,并在流水面边缘以1∶3水泥砂浆填塞,深度约为15 cm。

b.涵身部分。

缝外侧以热沥青浸制的麻筋填塞,深度约为5 cm,内侧以1∶3水泥砂浆填塞,深度约为15 cm,视沉降缝处圬工的厚薄而定。缝内可以用沥青麻筋与水泥砂浆填满;如太厚,亦可将中间部分先填以黏土。

c.沉降缝的施工质量要求。

沉降缝端面应整齐、方正,基础和涵身上下不得交错,应贯通,嵌塞物应紧密填实。

d.保护层。

有圬工基础涵洞的基础襟边以上,均顺沉降缝周围设置黏土保护层,厚约20 cm,顶宽约20 cm。对于无圬工基础涵洞,保护层宜使用沥青混凝土或沥青胶砂,厚度为10~20 cm。

任务实施

任务目标:能够读懂涵洞的施工图纸,能够编制涵洞施工工艺流程图和基本施工方案。

任务内容:(1)盖板涵施工图的识读。

小李在看"盖板涵施工图"(图5-2-11)的过程中发现了以下几个问题,请你帮小李想想办法。

①该图中盖板涵覆土厚度要求多少?

②该图中盖板涵的宽度和长度分别是多少?

③图中盖板涵的厚度是多少? 采用什么材料?

④该图中八字墙基础厚度是多少?

⑤八字墙与水平方向间的夹角是多少?

⑥图中洞口缘石的材料是什么? 总长多少?

⑦图中洞身排水坡度是多少?

⑧图中道路幅宽度是多少?

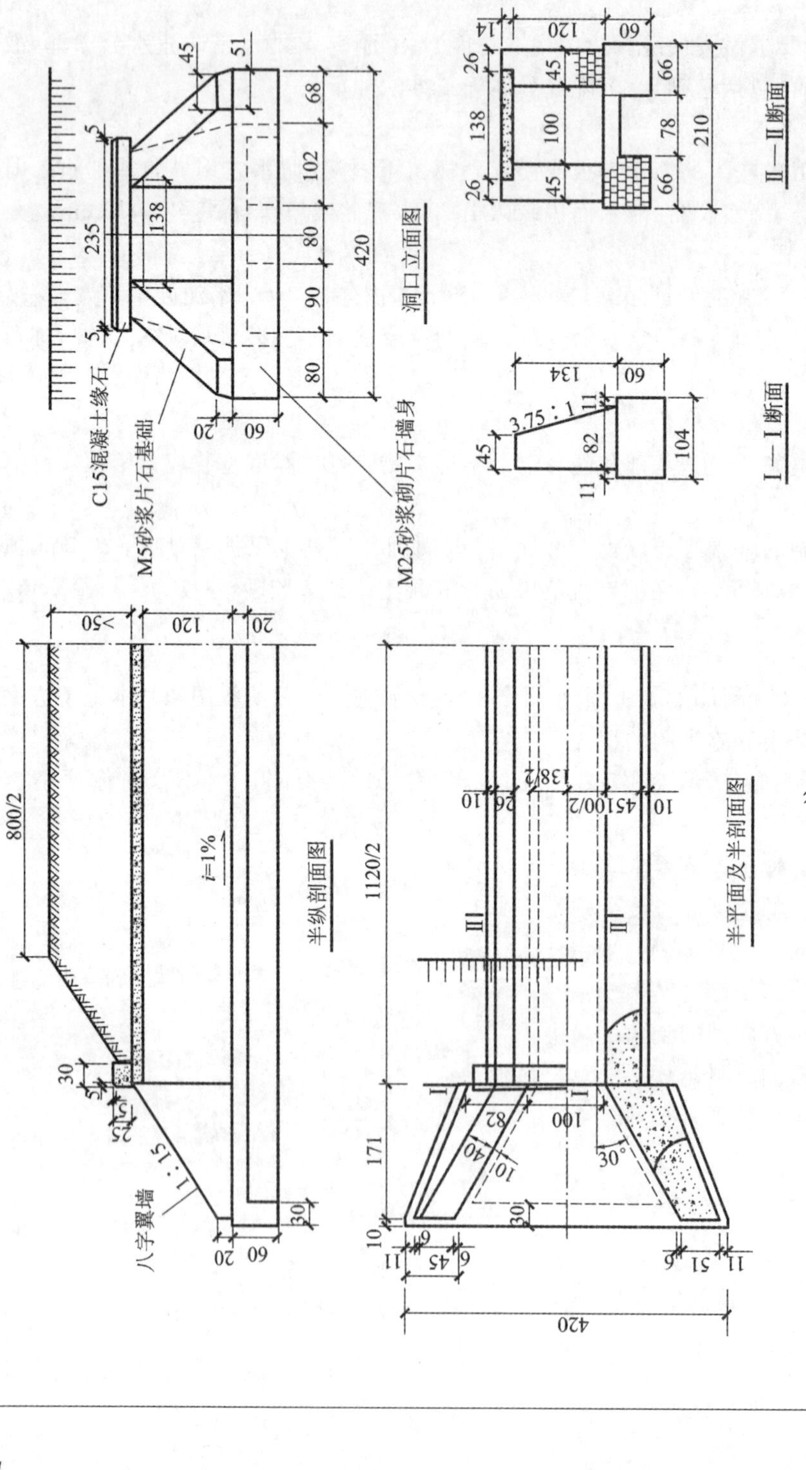

注：
1.本图尺寸均以cm计；
2.洞底铺砌用M5砂浆砌筑，盖板用C20钢筋混凝土；
3.基础深度应视实际情况确定，但是最小不得小于60 cm；
4.本工程施工时，必须安装好上部构造后才能填土。

图 5-2-11　盖板涵施工图

任务评价：完成以上任务后，结合图 5-2-11，根据表 5-2-3 进行评价。

表 5-2-3　　　　　　　　　　　　　**评分表**

评价内容	配分	评分细则	得分
职业素养与操作规范（20 分）	2	语言文明、态度端正、秩序感强	
	3	检查资料是否齐全，做好准备工作	
	5	任务完成后，整齐摆放图纸、作业、工具，整理工作台面	
	5	不损坏工具和设备，故意损坏的本项计 0 分	
	5	严格遵守课堂纪律，故意违背纪律的本项计 0 分	
作品　识图问题回答（80 分）	10	问题：该图中盖板涵覆土厚度要求多少	
		评价：正确计 10 分，错误计 0 分	
	10	问题：该图中盖板涵的宽度和长度分别是多少	
		评价：每问回答正确计 5 分	
	10	问题：图中盖板涵的厚度是多少？采用什么材料	
		评价：每问回答正确计 5 分	
	10	问题：本图中八字墙基础厚度是多少	
		评价：正确计 10 分，错误计 0 分	
	10	问题：八字墙与水平方向间的夹角是多少	
		评价：正确计 10 分，错误计 0 分	
	10	问题：图中洞口缘石的材料是什么？总长多少	
		评价：每问回答正确计 5 分	
	10	问题：图中洞身排水坡度是多少	
		评价：正确计 10 分，错误计 0 分	
	10	问题：图中道路幅宽度是多少	
		评价：正确计 10 分，错误计 0 分	

（2）圆管涵施工方案的编制。

①请你绘制圆管涵施工工艺流程图。

②根据圆管涵的工艺流程图，请任选其中一道主要的工序进行施工技术方案的编制。

注意事项：教师在布置工艺流程图的绘制任务后，要对学生绘制的工艺流程图进行现场点评讲解，然后选定一张较为完善的工艺流程图，布置施工方案编制的任务。引导学生主要针对施工过程中的基坑开挖、基础施工、管节安放、洞口等砌筑施工以及涵背回填这几道主要的施工工序进行施工技术方案的编制。教师按照所需完善施工方案的工序数，将学生相应地分成若干组，每组组长以抢答的形式获得优先选择权，选取一步施工工序，完善该工序的施工方案。

参考答案

任务评价：①施工方案中有没有细化具体的施工步骤；

②施工方案中有没有列出施工要点；

③施工方案中有没有体现安全文明施工的要求和特殊季节施工的具体措施；

④老师作为观察者，记录每组完成任务过程中团队协作和沟通的能力。

参 考 文 献

[1]中华人民共和国交通运输部.JTG D60—2015　公路桥涵设计通用规范[S].北京:人民交通出版社,2015.

[2]中华人民共和国交通运输部.JTG 3362—2018　公路钢筋混凝土及预应力混凝土桥涵设计规范[S].北京:人民交通出版社,2018.

[3]中华人民共和国交通运输部.JTG/T 3650—2020　公路桥涵施工技术规范[S].北京:人民交通出版社,2011.

[4]中华人民共和国交通运输部.JTG/T 3660—2020　公路隧道施工技术规范[S].北京:人民交通出版社,2009.

[5]张俊义.桥梁施工常用数据手册[M].北京:人民交通出版社,2005.

[6]姚玲森.桥梁工程[M].北京:人民交通出版社,2008.

[7]王常才.桥梁施工技术[M].2版.北京:人民交通出版社,2007.

[8]李灵.桥涵施工技术[M].北京:机械工业出版社,2013.